보니 추이 Bonnie Tsui

]며 산다. 하버

·했다. 그가 쓴

J니아 선데이

이드>를 비롯

한 다수의 간행물에 실렸다. 기행산문 《미국의 차이나

타운American Chinatown》은 아시아태평양미국도서관협

회 문학상을 받았고, <샌프란시스코 크로니클>의 베

스트셀러에 올랐다.

www.bonnietsui.com

옮긴이 문희경

서강대학교 사학과를 졸업하고, 가톨릭대학교 대학원

에서 심리학을 전공했다. 옮긴 책으로 《목마름》《폴리

스》《이야기의 탄생》《우리가 모르는 사이에》《대화에

대하여》《신뢰 이동》《우아한 관찰주의자》《인생의 발

견》《타인의 영향력》 등이 있다.

수영의 이유

보니 추이

누구나 수영할 수 있는 것은 아니지만
누구에게나 수영에 얽힌 사연이 하나쯤은 있다

수영의 이유

보니 추이 | 문희경 옮김

WHY
WE
SWIM

김영사

일러두기

• 본문 괄호 안에 부연한 설명은 저자 주이며, 각주는 역자 주입니다.
• 단행본은《 》로, 시, 단편소설, 영화는〈 〉로 표기합니다.
• 본문에서 언급한 외서 단행본이 국내에 출간된 경우에는 국역본 제목으로 표기합니다.
• 인명·작품명은 국립국어원 외래어표기법을 따르되, 등재되어 있지 않은 경우에는 원어 발음과 가장 유사하게 표기합니다.
• 인명은 원어 병기를 기본으로 하지만, 원어를 찾기 어려운 경우에는 영문 병기합니다.
• 온도는 섭씨, 길이는 킬로미터, 무게는 킬로그램을 기본 단위로 합니다.

수영의 이유

1판 1쇄 인쇄 2021. 8. 13.
1판 1쇄 발행 2021. 8. 23.

지은이 보니 추이
옮긴이 문희경

발행인 고세규
편집 길은수 디자인 홍세연 마케팅 김새로미 홍보 반재서
발행처 김영사
등록 1979년 5월 17일 (제406-2003-036호)
주소 경기도 파주시 문발로 197(문발동) 우편번호 10881
전화 마케팅부 031)955-3100, 편집부 031)955-3200 | 팩스 031)955-3111

값은 뒤표지에 있습니다.
ISBN 978-89-349-0465-6 03990

홈페이지 www.gimmyoung.com   블로그 blog.naver.com/gybook
인스타그램 instagram.com/gimmyoung 이메일 bestbook@gimmyoung.com

좋은 독자가 좋은 책을 만듭니다.
김영사는 독자 여러분의 의견에 항상 귀 기울이고 있습니다.

펠릭스와 테디,
나의 물의 아이들에게

차례

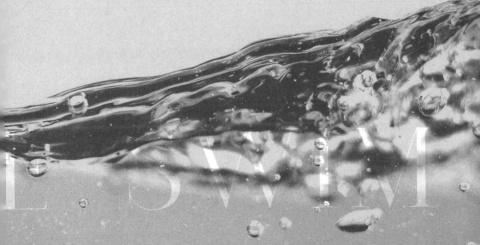

생존
SURVIVAL

≈≈≈

이 땅이 처음 자리 잡을 때의 옛 지도에는
육지가 끝나는 지점 너머로 사방에서 괴물들이 출몰하는데….

– 칼 필립스Carl Phillip, 〈수영 Swimming〉

어느 날 저녁식사를 하다가 남편이 북대서양에 빠져 죽다 살아난 남자의 이야기를 꺼냈다. 1984년 3월 11일, 아이슬란드 남쪽 헤이마에이Heimaey섬에서 동쪽으로 5킬로미터쯤 떨어진 잔잔한 바다에서 저인망어선* 한 척이 조업 중이었다. 하늘은 맑았고, 영하 2도의 쌀쌀한 날이었다.[1] 어선에는 선원 다섯 명이 있었다. 그중에 이제 막 스물두 살이 된 항해사 구드라우구르 프리드소우손Guðlaugur FriðÞórsson도 있었다. 그는 갑판 아래에서 잠시 눈을 붙이고 있었는데, 요리사가 갑자기 깨우며 바다 밑바닥을 끌던 장비가 무언가에 걸렸다고 알렸다. 갑판으로 뛰어올라가 보니 선원들이 윈치**로 장비를 끌어올리고 있었다. 와이어가 팽팽히 당겨지고 배가 옆으로 기울어 난간으로 바닷물이 들어오기 시작했다. 구드라우구르(아이슬란드에서는 사람을 이름으로 부르고 성은 단순히 누구의 아들이나 딸임을 의미하므로, 앞으로 이런 전통에 따라 이름을 적겠다)는 조심하라고 소리쳤다. 히외르튀르 욘손Hjörtur Jónsson 선장이 윈치를 풀라고 급히 지시했지만, 윈치가 그대로 걸린 채 움직이지 않았다. 배가 거대한 파도

* 바다 밑바닥으로 그물을 끌면서 깊은 바닷속 물고기를 잡는 어선.
** 밧줄이나 쇠사슬로 무거운 물건을 들어 올리거나 내리는 기계.

에 떠들려 순식간에 뒤집혔고, 선원들은 차가운 바다로 빠졌다. 그중 두 사람은 그대로 익사했고, 구드라우구르와 다른 두 사람은 가까스로 배의 용골*을 붙잡았다. 배가 이내 가라앉기 시작했지만 세 사람은 배에 묶여 있던 구명보트를 풀지 못했다. 수온이 영상 5도인 바다에서 30분도 안 돼 저체온증에 걸릴 터였다.[2] 세 사람은 섬을 향해 헤엄치기 시작했다. 그러나 얼마 안 가서 둘만 남았다. 히외르튀르와 구드라우구르.

　그들은 헤엄치면서 서로의 이름을 불러 서로에게 힘을 주었다. 그러다 히외르튀르의 대답이 끊겼다. 구드라우구르는 파란색 작업복 바지와 빨간색 플란넬 셔츠와 얇은 스웨터를 입은 채로 계속 헤엄쳤고, 정신을 잃지 않으려고 갈매기에게 말을 걸었다. 100여 미터 앞에 배가 보였다. 있는 힘껏 소리쳤지만 배는 다시 멀어졌다. 그는 헤이마에이섬 남단에 있는 등대를 바라보며 배영으로 헤엄쳤다. 마침내 파도가 해변에 닿아 부서지는 소리가 들렸다. 그는 날카로운 암초에 찢겨 흔적도 없이 사라지지 않게 해달라고 빌었다. 그리고 가파른 절벽 아래에 이르렀다. 힘이 다 빠지고 목이 마르고 사지 말단의 감각이

● 선박 바닥의 중앙을 받치는 길고 큰 재목.

없었다. 육지로 오를 만한 지점이 보이지 않아서 다시 바다로 나갔다. 경로를 조정해서 남쪽으로 더 내려가 드디어 해변으로 올라왔다. 제일 가까운 마을에 이르기까지 뾰족뾰족하고 눈 덮인 용암 지대를 1.6킬로미터쯤 걸어가야 했다. 천천히 걸어가다가 만난 저수지에서 약 2.5센티미터 두께로 덮인 얼음을 녹여 목을 축였다. 결국 마을에 도착했고, 그제야 삶이 눈부시게 빛났다. 그는 맨 처음 보이는, 불 켜진 집의 문을 두드렸다. 맨발로, 온몸에 서리를 뒤집어쓴 채였다. 지나온 길에는 길게 피 묻은 발자국이 찍혔다.

이 이야기는 실화다. 구드라우구르는 차가운 먼바다에서 육지까지 장장 6시간 동안 5.6킬로미터를 헤엄쳤다. 그는 곧바로 병원으로 옮겨졌지만 맥이 잡히지 않았다. 그런데 이상하게도 저체온증은 없고 탈수증만 있었다.[3]

구드라우구르의 몸은 물개와 비슷한 것으로 드러났다. 연구자들은 14밀리미터 두께의 지방층(보통 사람의 두세 배 정도 두께이고 더 단단하다)이 그를 보호해준 것으로 추정했다.[4] 구드라우구르의 몸은 육지 포유류보다 해양 포유류에 더 가까워 보였다. 남다른 생물학적 특징 덕에 살았다. 그 덕에 체온이 유지되고 물에 잘 떠서 계속 헤엄칠 수 있었던 듯하다. 구드라우구르는 살아 있는 '셀키selkie'로 불린다. 셀키는 아이슬란드와 스코틀랜드 전설에 등장하는, 반은 사람이고 반은 물개인 상상의 동물이다. 나에게 구드라우구르는 인간이 바다에서 그렇게 멀리 떨어진 존재가 아니라는 사실을 일깨워준 산증인이다.

인간은 땅에서 걸어 다니는 육지 동물이지만, 먼 옛날에는 물에서 살았다. 내가 구드라우구르의 사연과 같은 이야기에 매료되는 이유는 까마득한 과거에 바다에서 살던 기억이 현재 우리에게 무엇을 남겼는지 궁금해서다. 그리스 신화에 나오는 물의 정령 나이아드Naiad부터 2013년 쿠바에서 출발해 플로리다까지 헤엄친 장거리 수영선수 다이애나 니아드Diana Nyad에 이르기까지, 어찌보면 헤엄치는 이야기는 모두 육지에 적응하며 살아온 인간이 다시 물을 익히려는 시도에 관한 이야기다. 인간은 물속에서 자유롭게 헤엄칠 수 있게 타고나지는 못했지만, 수억 년 전 육지와 바다가 갈라지기 전의 능력을 되찾을 방법을 알아냈다.

우리는 왜 수영을 할까? 이미 육지에서 먹잇감이 지쳐 쓰러질 때까지 쫓아다니면서 살도록 진화하지 않았는가? 수영하는 이유는 물론 생존과 관계가 있다. 인류는 헤엄치면서 살아남았다. 선사시대에 한 호숫가에서 다른 호숫가로 옮겨 다니고, 포식

동물을 피해 달아나고, 더 큰 조개를 따고, 새로운 먹을거리를 구하기 위해 잠수하고, 바다를 건너 새로운 땅에 정착하고, 바다에 도사리는 온갖 위험에 맞서며, 수영에서 새로운 즐거움과 쾌락과 성취감을 느끼게 되었다. 그러다 이제는, 왜 수영을 하는지 이야기하기에 이르렀다.

이 책에서는 우리가 물의 위험성을 알고도 왜 물에 이끌리며 왜 자꾸 물속으로 들어가려 하는지 알아본다. 일단 생존을 위한 수영을 배우고 나면, 이후 수영은 훨씬 더 많은 것을 선사한다. 수영은 치료법이 되기도 하고, 건강하고 행복하게 사는 법이 되기도 한다. 팀으로든 클럽으로든, 여럿이 모여서 수영하면 모두가 공유하고 사랑하는 물을 매개로 공동체의 일원이 될 수 있다. 물속에서 서로를 보기만 해도 물이 놀이 공간이 될 수 있음을 깨닫는다. 물속에서 놀면서 경쟁도 할 수 있다. 수영장이든 바다든, 저마다 패기를 시험하는 장이 되어준다. 수영할 때는 마음 상태도 중요하다. 물속에서 리듬을 찾으면 몰입flow을 통해 세상에 존재하는 새로운 방법을 터득할 수 있다. 이는 인간과 물의 관계에 관한 이야기이자, 물속에 들어가면 얼마나 거대한 상상력이 열리는지에 관한 이야기다.

지표면의 70퍼센트 이상이 물로 덮여 있고, 세계 인구의 40퍼센트가 바다에서 약 100킬로미터 이내에 거주한다.[5] 이 책은 속도와 거리를 정복하기 위해서든, 몰입을 통해 초월성을 경험하기 위해서든, 수영에 관심이 있거나 실제로 수영하는 모든 사람을 위한 책이다. 이 책은 바다에서 들려오는 세이렌●의 노래에 귀 기울이는 사람을 위한 책이다. 그리고 자기를 이해하고 싶은 사람과 현대를 사는 우리가 잊고 사는 상태(과학기술도 없고, "팅" 하는 알림도 없는 순간), 물에서 출발한 인류가 '그저 존재하는' 고요한 상태로 돌아가고 싶은 사람을 위한 책이다.

바다, 호수, 강, 시내, 수영장 등 우리는 모든 종류의 물에 들어간다. 그러다 안전요원과 낭만적 사랑에 빠지기도 한다. 우리 가족도 이렇게 시작했다. 어머니와 아버지는 홍콩의 한 수영장에서 처음 만났다.

나는 다섯 살에 처음 수영을 배웠다. 욕실에서든, 옆집 뒷마당 수영장에서든, 바닷가에서든, 내가 물에 빠져 죽지 않기를 바라신 부모님의 마음 덕분이었다. 어릴 때 나는 새하얀 레이스를 펼쳐놓은 듯 파도가 부서지는 뉴욕 존스Jones 해변에서,

● 그리스 신화에서 아름다운 노래로 선원들을 유혹하여 위험에 빠트리는 바다의 요정.

1미터 남짓의 깊이로 펼쳐진 대서양 바다에서 많이 놀았다. 지금도 그때 기억이 생생하다. 오빠, 사촌들과 함께 얕은 바다에 둥둥 떠서 다음 파도가 밀려와 발이 바닥에서 붕 뜨기를 기다리던 순간. 우리는 팔을 방향타 삼아 부서지는 파도에서 방향을 잡으며, 물과 모래가 만나는 자리의 거품 속으로 떨어졌다. 그리고 웃음을 터트리며 일어나 다시 바다로 들어갔다.

우리는 파도에 몸이 붕 뜨는 그 느낌에 매료되었다. 다른 사람들도 다 그랬는지, 날이 더운 휴일이면 모두가 존스 해변으로 몰려나왔다. 안전요원이 횃대처럼 높은 자리에 보초병처럼 앉아 미러 선글라스를 끼고 사람들을 감시했다.

원시의 물가에서도 이런 장면이 펼쳐졌을 것이다. 온갖 동물이 어슬렁거리며 물웅덩이로 모여들었을 것이다. 물은 인간을 자석처럼 끌어당긴다. 나는 물에 들어갔다가 나오는 사람들을 구경하곤 한다. 누군가는 열만 식히고 얼른 다시 나온다. 누군가는 물장구도 치고 헤엄치면서 한참 물속에 들어가 있다. 또 누군가는 물에서 멀찌감치 떨어져 있을 뿐, 물속으로는 들어가지 않는다. 그래도 굳이 해변으로 가서 태양의 리듬에 홀린 듯, 파도 소리와 소금기를 머금은 바다 내음에 취한다.

나는 일찍부터 물에 끌렸다. 서서히 담근 몸이 빙글빙글 돌면서 가볍게 떠오르고, 세상의 소리가 차단된 수중 세계로 들어가는 느낌에 반했다. 존스 해변에서, 파란색 꽃무늬 비치 타월에 앉아 있는 엄마들이 큰소리로 부르면 들리는 거리에서 몇 시간이고 놀았다. 물속에서 장난치고 모래사장에서 몸을 모래 속에 파묻었다. 바다는 숨을 쉬듯이 잔잔하다가도 벌떡 일어나 출렁였다. 수평선에 떠서 오르내리는 느낌이 좋았다.

한번은 뒤에서 거대한 파도가 나를 덮쳤다. 놀랐다. 몸이 완전히 뒤집혔다. 푸른 물속 공간이 모래로 뿌옇게 흐려졌다. 어디로든 헤엄치고 또 헤엄쳤다.

'어디가 위쪽이지?'

1미터 남짓은 깊지는 않아도 빠져 죽기에는 충분했다. 시간이 무한히 늘어지는 느낌이었다. 폐가 타버릴 것 같은 느낌이라 절박하게 숨을 마시고 싶었다.

누군가 내 머리를 치자 시간이 다시 제 속도로 흘렀다. 옆에서 헤엄치던 사촌이 자기도 모르게 발로 내 머리를 찬 것이다. 나는 급히 수면으로 올라갔고, 머리카락이 물미역처럼 얼굴을 덮었다. 당황해서 숨을 헐떡이며 주위를 둘러보았다. 내가 죽다 살아난 걸 아무도 모르는 것 같아서 그냥 아무 일도 없는 척했다. 오른쪽으로 돌아서 다시 바다로 들어갔다.

나는 왜 공포의 순간을 곧바로 기억에서 지웠을까? 물이 얼마나 매력적이기에 바다가 내게 저지른 살인 기도를 바로 용서했을까? 롱아일랜드 해변에서는 거의 매년 몇몇 사람이 익사한다. 어린 나는 더 큰 마법을 찾아 다시 바다로 돌아갔다. 나와 같은 인간에게 편안한 육지가 아닌, 새로운 공간에서 자연스럽게 스며드는 존재로 거듭나는 환상을 찾아서.

그날의 기억은 내게서 떠나지 않았다. 30년이 지난 뒤 나는 거의 날마다 여가와 운동으로 수영하는 어른이 되었고, 우리를 이끄는 더 심오하고 원시적인 물의 본능에 호기심을 느낀다. 우리는 삶과 죽음의 원천인 물의 역설에 끌리고, 물속에서 움직이는 온갖 방법을 강구한다. 누구나 수영할 수 있는 것은 아니지만 누구에게나 수영에 얽힌 사연이 하나쯤은 있다. 이런 보편적(물을 무서워하든 아니든, 물을 사랑하든, 물에서 떠나든, 누구나 인생의 어느 시점에 물을 만난다는 점에서 보편적이다) 경험을 들여다보면 스스로 생존 근육을 풀고 물속에서 버티면서 조용히 성취감을 느낄 수 있다. 우리는 수영장을 찾아다니고 오아시스를 옮겨 다니며, 우리를 더 깊은 곳으로 끌고 들어갈 미끼를 찾아 헤맨다. 세상을 탐험하는 일이다.

수영하러 가시죠.

우선 조개부터 잡자고요.

1

석기시대의 수영

전복이 바위에 딱 달라붙어 좀처럼 떨어지지 않는다. 전복의 단단한 근육질인 발과 그 발이 꽉 움켜잡은 바위 사이 틈새로 전복칼을 찔러넣어, 어디서 들은 대로 "펑" 소리가 나며 떨어지기를 기다렸다. 아무 일도 일어나지 않았다.

다시 해보았다. 내 몸을 마구 흔들어대는 물살을 버티며 그 자리에 머무르려고 선헤엄을 치느라, 코에서 거품이 나오기 시작했다. 여전히 아무 일도 일어나지 않았다. 전복은 마치 내가 여기 있는 걸 아는 양, 바위에 더 꽉 달라붙었다. 전복을 따는 게 불가능해보였다.

바다에 잠수해서 전복을 따는 일은 매력적이지만 위험한 스포츠다. 나는 이렇게 잡기 힘든 전복을 찾아 샌프란시스코에서 북쪽으로 두 시간 반 거리에 있는, 지그재그 모양인 서노 마Sonoma 해변을 따라 길게 이어진 솔트 포인트Salt point 주립공원의 바다로 들어온 터였다. 도처에 위험이 도사렸다. 낮은 수온, 거친 해류, 암초, 다시마, 거대한 파도, 거기에 상어까지. 그래도 해마다 4월에서 11월까지 거의 모든 계절에 수천 명이 희망을 품고 캘리포니아 북부 해안가로 몰려와 전복잡이에 도전한다.[1] 세계에서 가장 커다란 자연산 붉은 전복은 북아메리카 서부 해안에서만 자란다. 여기서는 나도, 경험도 없이 저녁 거리를 찾아 물에 들어가는 선사시대 수렵채집인과 다를 바 없다.

스쿠버다이빙 자격증을 따기는 했지만, 물속에서 스쿠버다이빙 장비는 점차 숨을 막고 걸리적거렸다. 게다가 이곳에서는 공기탱크 이용이 불법이라, 전복을 딸 때는 숨을 오래 참으며 수영하는 능력 외의 도구를 갖추지 않는다. 주립공원 관리인은 이렇게 맨몸으로 들어가 인간과 자연의 대결을 감행하다가는 결국 해안가의 모든 만이 공동묘지가 될 거라고 했다.[2] 2015년에는 전복 철이 시작된 지 3주 만에 전복을 따러 물속에 들어간 잠수부 네 명이 사망했다. 아무리 노련한 잠수부라도 숨을 오래 참지는 못한다. 게다가 공기탱크를 완전히 갖추고 잠수하던 사람이라면 공기탱크도 없이 낯선 상황에서 공포에 휩싸이게 마련이다. 또 어두운 물속에서 방향감각을 잃지 않기란 쉽지 않다. 거대한 너울에 떠밀려 암초로 내던져졌다가 바다로 끌려나오기 일쑤다.

그래도 나는 도전하고 싶었다. 잔물결 무늬와 검은 조직이 보이는, 입인지 덮개인지 모를 곳으로 울퉁불퉁한 절벽에 딱 달라붙은 전복 찾는 법을 배우고 싶었다.

전복 하나에 매달려 힘을 다 빼고는 그냥 포기하고 다른 전복을 시도했다. 바다 밑을 향해 잭나이프처럼 몸을 구부리고 전복을 노려보며 한참 씨름한 끝에, 결국 2.7킬로그램짜리 큼직한 전복을 들어 올렸다. 그러자 뇌 속에 있는 완두콩 모양의 원시 영역이 만족감으로 부풀어올랐다. 두 손에 전복을 들고 다리 힘만으로 수면 위로 올라가야 했다. 머리가 수면에 닿기도 전에 입가에 미소가 지어졌다.

아침거리를 마련하려고 새를 사냥하거나, 저녁거리를 마련하려고 사슴을 쫓고 싶은 충동을 느껴본 적이 없다. 그런데도 전복을 보면 당연하다는 듯 점심거리를 구하기 위해 바다로 들어가고 싶어진다. 수영에는 운동 이상으로 근원적인 무언가가 있는 듯하다. 그날 우리 집 뒷마당에서 전복을 손질하고 두드려서 연하게 만들고(그렇다, 돌멩이로 두드렸다) 불에 구워서 우리 네 식구에게 내 두 손과 호흡과 몸으로 마련한 음식을 먹었다. 우리는 식탁에 오르는 음식이 어디서 왔는지 모른다. 현대인의 전형적 삶의 모습이다. 그날 저녁에 싱크대에서 손을 씻고 물이 빠지는 모습을 바라보는데, 해변을 따라 늘어선 바위 틈새로 바닷물이 경쾌하게 빠져나가고 수평선으로 흘러가던 장면이 떠올랐다.

수영에 관한 인류 최초의 기록은 사막 한가운데에서 발견되었다.[3] 이집트에서 리비아와 국경을 맞댄 지역 근처로, 사하라 사막 깊숙이 자리한 길프 케비르Gilf Kebir 고원의 한 동굴 벽에 평영으로 헤엄치는 사람들이 그려져 있다.

헝가리의 탐험가 라슬로 알마시László Almásy가 1933년에 발견한 '수영하는 사람들의 동굴The Cave of Swimmers'에는, 물속에서 다양한 자세로 헤엄치는 사람들이 그려진 신석기시대 벽화가 있다. 고고학자들은 이 벽화가 그려진 시기를 1만 년 전으로 추정했다. 알마시가 벽화를 발견한 시대만 해도 사하라가 원래부터 사막은 아니었다는 가설은 상당히 급진적이었다. 온화한 자연이 척박하고 황량한 사막으로 변한 이유를 설명하는 기후변화 이론이 당시로서는 지나치게 앞서간 주장이었는지, 1934년에 출간한 알마시의 책《미지의 사하라The Unknown Sahara》의 편집자는 주석에 반대 의견을 넣으라는 압박감을 느꼈던 듯하다. 하지만 알마시는 벽화를 보고, 동굴 근처에 물이 있었고, 벽화 속 헤엄치는 사람들이 그 벽화를 그린 사람들이며, 그들이 일하는 동안 호숫물이 발가락을 찰싹였을 거라고 확신했다. 지금은 모래 바다가 펼쳐진 사막이지만 한때 물이 흘렀다. 한쪽에는 물이 있는 삶이 있고 다른 쪽에는 메마르고 서걱거리는 삶이 있지만, 알마시는 두 세계의 연결성을 보았다.

물론 알마시의 생각이 옳은 것으로 밝혀졌다. 몇십 년 뒤, 고고학자들이 동굴에서 멀지 않은 곳에서 메마른 호수 바닥을 발견했다. 사하라가 푸르던 시대의 흔적이다.[4] 사막에서 수영하는 사람들에 대한 수수께끼, 이에 대한 알마시의 해석은 이후 발견된 풍부한 지질학적 증거로 입증되었다. 원시시대에 그 지역에 호수가 있었다는 증거만이 아니라, 하마 뼈도 나오고 거대한 거북이와 물고기와 조개를 비롯한 수많은 수생 동물의 뼈도 발견되었다. 이렇게 물이 있던 시대를 '그린 사하라 Green Sahara'라고 부른다.

얼마 전 나는 예전에 발행된 〈내셔널 지오그래픽〉에서 알마시의 직감을 확인해주는, 고생물학자 폴 세레노 Paul Sereno에 관한 기사를 읽었다.[5] 세레노는 2000년 가을에 사하라 남단의 거의 탐험되지 않은 분쟁 지역 니제르 Niger에서 공룡 뼈를 찾아다녔다. 니제르의 최대 도시 아가데스 Agades에서 약 200킬로미터 떨어진 사막에서 세레노 발굴팀원인 사진작가가 사구를 오르다가 뼈가 묻힌 거대한 자리를 발견했다. 공룡이나 하마 뼈가 아니었다.

오랜 세월 바람에 깎이고 패인 사구에서 인간의 유해 수백

구와 1만 년은 되어보이는 선사시대 토기 조각이 출토됐다. 어떤 조각에는 구불구불한 선이 그려져 있고, 어떤 조각에는 점이 찍혀 있었다. 학자들은 이곳을 이 지역에 사는 투아레그Tuareg족의 이름을 따서 '고베로Gobero'라고 명명했다. 고베로는 이제껏 발견된 묘지 중 가장 크고 오래된 석기시대 묘지다. 그린 사하라가 선사시대 사람이 헤엄칠 수 있는 환경이었다는 사실이 밝혀졌다.

쌀쌀한 1월의 어느 오후에 나는 폴 세레노가 30년 넘게 교수로 재직하는 시카고대학교 화석 연구실로 그를 찾아갔다. '석기시대의 수영'을 다루는 연구 분야가 많지 않으므로 그에게 도움을 받아 선사시대의 세계를 그려보고 싶었다. 세레노는 수영을 즐기진 않지만, 오랜 세월 공룡과 인간의 헤엄치는 능력을 고찰했다(그는 스피노사우루스 아이깁티아쿠스Spinosaurus aegyptiacus가 최초로 수영한 공룡이라고 밝힌 연구를 진행한 연구자다).[6] 그에게서 인디애나 존스의 분위기가 풍겼다. 가죽 재킷 차림에 지칠 줄 모르는 열정을 발산하는 그는 잡지 〈피플〉의 '가장 아름다운 사람 50인'에 선정되기도 했다.[7]

나는 세레노에게 수영에 적합한 원시 환경이 어떤 모습이었을지 알려달라고 부탁했다. 그는 1만 년 전 그린 사하라의 고베로 지역은 '사막의 데이토나Daytona 해변'*과 비슷하다고 했다.

너른 지역에 드문드문 얕은 호수가 있고, 대부분 3미터 정도 깊이이며, 호수로 걸어 들어갈 수 있는 모래톱이 있었다고 했다.

과학자들은 이런 호수를 '고베로 원시호수Paleolake Gobero'라고 부른다. 지질학적으로 결정적 특징은 한쪽에 단층이 있다는 것이다. 여기서 두 가지를 유추해볼 수 있다. 첫째, 지하수가 호수에 갇혀서 오랫동안 비가 오지 않아도 언제든 물을 구할 수 있었을 것이다. 둘째, 비가 오거나 지하수가 솟아날 때는 단층 절벽이 천연 댐 기능을 하며 주기적으로 물을 흘려보내서 호수의 수위를 조절했을 것이다. 얕은 호수가 생겼다가 없어지기를 반복했지만 수천 년간 호숫가에 사람이 거주할 만큼 안정적 환경이었다. 원시 매장지에서 출토된 유해는 두 집단으로 구성되었을 거라고 유추할 수 있다. 두 집단의 위치는 천 년의 시간을 두고 나뉘고, 그사이 호수는 사라지고 매장지도 덮였다. 푸르던 사하라가 메말라가는 동안, 1만 2천 년 전 마지막 빙하기 이후 가장 큰 기후변화가 일어났다.

거대한 조개껍데기 더미가 있었다. 세레노는 조개껍데기의 양이 상당한 것으로 유추할 때 고베로 사람들이 호숫가에서 조개를 줍기도 했지만 직접 조개를 따러 물속으로 들어갔을 거라고 본다. 고고학적 증거로 볼 때, 조개를 물가에서 줍기만

● 미국 플로리다주 북동부에 위치한 도시.

해서는 저녁거리를 다 채우지 못했을 것이다. 악어 턱뼈를 깎아 만든 낚싯바늘과 섬세하게 갈아서 미늘*을 만든 작살촉도 나왔다. 세레노의 발굴팀은 호수 바닥에 파묻혀 있던 작살 네 개를 발굴했다. "배도 있었던 것 같아요. 하지만 어떻게 생겼을지, 무엇으로 만들어졌는지 알 길이 없어요. 호수 바닥 한복판에서 작살이 출토된 것으로 보아, 배를 타고 나가 헤엄도 쳤을 것 같아요."

세레노의 발굴팀은 묵직하고 바닥이 평편한 돌도 발견했다. 그물로 틸라피아나 메기 같은 물고기를 잡을 때 누름돌 기능을 했을 것으로 추정한다. 전시품을 닦고 준비하는 실험실에서 세레노는 내게 기분 좋게 묵직하고 매끄러우면서 얼룩덜룩한 갈색의 타원형 돌을 건넸다. 그 호수에서 원시 어부가 작살로 '나일퍼치 nileperch'라는, 몸길이가 1.8미터 정도까지 자라고 무게가 180킬로그램 이상도 나가는, 거대하고 흉측한 민물고기를 잔뜩 잡아 올렸을 것이다.[8] 나일퍼치는 현재 개체 수가 감소하고 있지만 여전히 아프리카 여러 지역의 주요 식량 공급원이다.

나는 유명한 고생물학자인 세레노의 실험실을 여러 가지로

● 낚싯대 끝 안쪽에 거스러미처럼 있어 이것을 문 물고기를 놓치지 않게 만든 작은 갈고리.

놀라며 둘러보았다. 세레노는 원시 인류의 중요한 DNA를 품은 채 책상에 놓인 (아직 분석이 끝나지 않은) 시험관과 캐비닛에 진열된 새로운 종의 공룡 화석을 신주단지 모시듯 대하지는 않았다. 호기심이 들지만 아직 논문을 쓸 만큼 정리가 되지 않은 자료가 있다면 주변에 늘어놓는 것도 좋은 방법 같았다.

"공룡 미라를 본 적 있나요? 전 미라를 좋아해요!" 세레노는 이렇게 말하고는 희귀한 공룡 화석을 살펴보게 해줬다. 독특한 질감의 가죽이 드러난 화석 표본이었다. 나는 울퉁불퉁한 표면을 손으로 가만히 쓸어보았다. '이게 공룡 가죽이구나' 싶었고, 나도 모르게 이 말이 튀어나왔다. 세레노는 실험실에 있는 물건을 모두 만져보게 해주었다. 날카로운 화살촉과 부서질 것 같은 토기 그릇부터 스테고사우루스stegosaurus의 등껍질과 심지어 티라노사우루스 렉스의 잔해까지 모두 보여주었다. 과거와 물리적으로 가까이 있는 데다가 세레노가 쉴 새 없이 열정적으로 설명해주어 마음을 빼앗기지 않을 수 없었다. 그야말로 선사시대로의 짧은 여행이었다.

하지만 아무리 증거가 많아도 고베로 원시호수의 사람들이 수영을 얼마나 잘했는지는 여전히 오리무중이었다. 인류가 물에서 살던 시대의 흔적을 조사할 때 당혹스러운 점은, 흔적이 남아 있지 않다는 것이다. 세레노와 그의 연구팀이 보여준 것은 그런 사하라에 거주하던 사람들이 수렵채집 생활을 하면서 필요에 따라 이 호수에서 저 호수로 옮겨 다니고, 주로 물가에서 거주했다는 점이다.

내가 전복을 따러 물에 들어간 것처럼 원시 인류가 물에 들어가서 조개더미를 쌓았다고 상상하고 싶다. 발차기하고 고개를 깐닥거리고 숨을 헐떡이면서도, 경이롭고 기쁜 마음으로 물에 들어갔을 거라고 상상하고 싶다. 사실 어떤 상황이었을지 상상하는 것은 그리 어렵지 않다. 볼리나스Bolinas에서 썰물이 빠질 때 신나게 노는 우리 집 두 아이의 모습을 떠올리면 된다. 볼리나스는 우리가 사는 캘리포니아주 버클리에 있는 동네에서 북쪽으로 1시간 거리에 있는 작은 해안가 마을이다. 아침마다 은빛 석호가 안개로 덮이곤 했다. 우리 집 아이들은 썰물이 빠진 갯벌에서 짙은 색 모래밭에 생긴 개울 위를 첨벙거리며 뛰어다녔다. 변화무쌍한 바다로 뛰어들었다가 다시 뛰어나왔다. 서로에게 해초를 던지며 장난쳤다. 모래성을 쌓으며 그 작은 모래 건물에 어울리는 이야기를 지어서 조잘거리고는 모래성에 거대한 홍수를 일으켰다. 나는 아이들이 바닷가에서 신나게 뛰어다니며 어느 깊이까지 들어갈 수 있는지 가늠하면서 노는 모습을 지켜보았다. 두 아이 모두 바다를 사랑했다. 형 펠릭스는 수영을 배운 지는 좀 되었지만, 동생 테디는 아직 넘실대는 바다에 선뜻 들어가지 못하고 머뭇거렸다.

수천 년 전에도 그랬을 것이다. 어느 소녀가 원시호수의 물가에서 조개를 줍는다. 소녀는 아주 어릴 때 조개를 주웠다. 조금만 더 들어가면 조개가 있는 걸 안다. 그 속에 있는 조개는 물가에 있는 조개보다 더 큼직하다는 것도 안다. 어느 날 소녀는 숨을 조금만 참으면 큼직한 조개를 딸 수 있을지 고민한다. 호수로 조금씩 들어갔다가 나오고, 다시 들어갔다가 나오면서 발가락으로 모래밭을 차고, 물에 떠 수면에서 깐닥거리며 개구리헤엄으로 발차기를 하고, 수면 위로 얼굴을 내민다. 그렇게 몇 주가, 어쩌면 몇 달이 지난다. 깐닥거리고 숨을 헐떡거리다가 물속에 머리를 넣어보고는 물속에서 버틸 수 있게 된다. 소녀는 이제 힘들이지 않고도 물에 뜨고, 가위 모양으로 다리를 차서 급히 물속으로 들어가 먹음직한 연체동물을 살펴볼 수 있다. 소녀는 마침내 새로운 먹을거리가 숨은 장소를 찾아낸다. 이제 다른 사람들도 소녀를 따라 물에 들어갔다가 올라오는 방법을 시도한다.

지나간 시대의 유물을 실제로 보는 데는 어떤 마법이 있다. "여기를 보라. 여기에 그들이 살았다. 우리가 서 있는 이 자리에 그들도 있었다." 하마 뿔로 만든 둥그런 팔찌를 가리켜 "이걸 어떤 여자가 착용했었다"라고 말하는 것. 삐죽빼죽한 촉이 달린 작살을 들고 물속으로 들어가 조개를 따고 헤엄치는 물의 사냥꾼 모습을 그려보는 것. "우리와 똑같은, 원시의 인간이다!"

원시 인류는 원시 호수를 함께 쓰는 하마나 악어를 피해 도망칠 만큼 민첩했을 것이다. 그리고 수영하는 법을 익힐 시간도 충분했을 것이다. 마실 물이나 먹을 것을 찾아 떠돌아다니지 않은 것을 보면 알 수 있다. 호수와 물속에 생물이 풍부해서 수천 년간 호숫가에서 잘 살았을 것이다. 이렇게 물기 어린 시대에 그린 사하라의 다른 어딘가에서는 동굴 벽화를 그리던 사람이 헤엄쳤을 것이다.

인류가 수영한 최초의 증거는 고작 1만 년 전 것이지만, 그보다 훨씬 오래전부터 헤엄치며 살았을 것이다. 현생 인류인 호모 사피엔스Homo Sapiens는 20만 년 전에, 현재는 멸종한 다른 원시 인류에서 갈라져 나왔다.[9] 원시 인류가 바다로 갔다는 증거가 있다.[10] 2008년에 고고학 연구팀이 그리스 크레타섬에서 수십 만 년은 되어보이는, 석영으로 만든 손도끼를 발굴했다. 손도끼는 크레타섬 남쪽 해안가에 있는 동굴 근처 암석단구岩石段丘*에 박혀 있었다. 이 투박한 도구는 그 지역에서 출토된 다른 유물과 다르고, 아프리카와 유럽 본토에서 발견된 호모 에렉투스Home erectus의 도구와 유사했다. 크레타섬은 5백만 년 전에 이미 유럽 본토에서 떨어져 나왔으므로, 이 섬에 살던 원시 인류는 직접 바다를 건너왔다는 뜻이다. 따라서 과학자들

● 하천의 흐름을 따라 생긴 계단 모양의 지형인 하안 단구에서 자갈층 없이 벼랑 중간에 암석이 드러나 있는 단구.

이 예상한 시기보다 수만 년 전에 이미 인간이 지중해에서 항해했다는 증거가 나온 셈이다. 물을 편하고 익숙하게 대하지 못하거나 수영을 못 하면 먼바다 항해는 어렵다.

현생 인류의 친척뻘이며 지금은 멸종한 네안데르탈Neanderthal인도 식량을 구하기 위해 수영을 했을 수 있다.[1] 나는 영국의 인류학자 크리스 스트링어Chris Stringer에게 자문을 구했다. 그는 네안데르탈인을 연구하는 학자로, 런던 자연사박물관에서 인류 기원을 연구하는 전문가로 일한다. 그의 연구팀은 지브롤터Gibraltar의 한 동굴에서 출토된 유물을 통해, 현생 인류와 같은 시기에 존재하던 네안데르탈인이 약 2만 8천 년 전에 바다에 의지해 살다가 사라졌다고 밝혀냈다. 네안데르탈인은 강 하구에서 홍합을 줍고, 물개와 돌고래를 잡아 동굴로 끌고 들어가 불가에 둘러앉아 손질했다. 그들은 물고기와 돌고래와 물개를 어떻게 잡았을까? 수영했는지, 했다면 어떻게 했는지는 알 수 없다. 하지만 동굴에서 출토된 바다 동물 뼈의 분포를 보면 네안데르탈인이 오래전부터 해안가 자원을 잘 알고 능숙하게 다루었음을 알 수 있다. 현생 인류가 출현하기 이전에는 거의 발견되지 않은 행동이다.

내가 전복을 따라 잠수하면서 깨달은 것이 하나 있다. 수영하는 행위가 얼마나 쉬워 보일 수 있느냐, 다시 말해서 사방에 도사리는 위험이 얼마나 보이지 않을 수 있느냐는 점이다. 세레노는 고베로에서 발굴한 가장 놀라운 성과는 수영과 익사에 관한 것이라고 말했다. 그의 연구팀이 '석기시대의 포옹Stone Age Embrace'이라고 이름 붙인, 원시 호수의 물가에서 발견한 가슴 뭉클한 세 사람의 매장지가 바로 그것이다.

세레노는 유해 세 구를 어떻게 발견했는지 설명했다. 서른 살 여자와 다섯 살과 여덟 살 아이 둘이 손을 잡고 나란히 누워 있었다. "두개골 세 개가 수면 위로 올라오는 광경은 그야말로 장엄한 장례식과 같았어요." 세레노는 두개골이 드러나던 장면을 세세히 기억한다. 연구팀은 심혈을 기울여 발굴했다. 매우 까다로운 발굴 작업이었다. 푸슬푸슬한 모래가 물처럼 흩날렸다. 붓으로 흙먼지를 털자 먼지가 바람에 소용돌이치며 흩날렸다.

가슴 절절한 자세, 서로를 향해 팔을 뻗으며 손을 부여잡은 유해를 보자 발굴 현장에 있는 모두가 숙연해졌다. 유해의 배치로 보아 엄숙한 의식을 치른 것처럼 보였다. 현장의 모래 표본을 분석한 결과, (아마란스amaranth과科 셀로시아Celosia속屬에 속하는 종種으로, 다채로운 색깔로 자라는) 꽃을 무덤 위에 올려놓았던 것으로 밝혀졌다. 유골 밑에서 규화목硅化木을 깎아 만든 화살촉도 발견되었다. 엑스레이와 전자현미경으로 분석한 결과로는 유골이 불에 탄 적은 없고 어떤 상징적인 이유로 그 자리에 놓인 것으로 보였다. 골격과 치아 분석에서는 부상을 당하거나 병에 걸린 흔적이 나타나지 않았다.

세레노가 고베로 사람을 만나보고 싶냐고 물었다. 지금 당장 말이다. 그는 나를 매장지에서 출토된 유물 전시실로 데려가 화살촉과 건강한 치아의 유해가 신중하게 배치된 쪽을 가리켰다. 고생물학의 다양한 출토품(또 하나의 원시 수생 동물인 공룡)에 둘러싸여 있으면 심원한 느낌이 드는 게 당연한데, 인류의 유해를 접하자 또 다른 차원으로 심오한 느낌에 압도당했다. 나를 가장 강렬히 사로잡는 것은 원시 인류 셋이서 함께 땅속에 묻힌 사연이다. '석기시대의 포옹'에는 우리에게 익숙한 서사가 담겨 있다. 세 사람(엄마와 자식들일까?)이 돌연 함께 죽었고 (익사였을까?), 누군가(사랑하는 남편이자 아버지였을까?)가 정성껏 장례를 치른 것이다.

세레노가 이런 내 상상을 일부 확인해줬다. "사람이 죽고나서 시신의 자세가 언제 굳어질까요? 사망한 몸은 사후경직과 햇빛에 부패해요. 그러니 이렇게 온전히 남아 있는 유해는 갑작스러운 죽음을 맞은 겁니다. 물가에서. 제 생각엔 이 사람들이 고베로 원시호수에서 익사한 것 같아요."

원시든 지금이든, 부모에게 끔찍한 악몽 같은 이야기다. 물가에서 놀면서 탐색하던 아이들이 어땠을지 알 것 같았다. 그리고 부모가 어떤 심정이었을지도 짐작이 가고도 남았다. 지금 나의 두 아들이 물가에서 헤엄치며 탐색하는 모습을 지켜보고 있기에. 수영과 익사는 무섭고도 섬뜩하게도 우리와 아주 가까이 있다. 수영을 아무리 잘해도 마찬가지다.

이렇게 물이 있던 시기가 지나고 길고 긴 건조 시기가 끼어 있던 덕분에, 과거의 한 조각이 지금까지 간직되어 발견될 수 있었다. 알고 보면 세 사람의 비극적인 장례식에서 모든 것이 시작된 셈이다. 시대를 관통하는 또 하나의 주제, 곧 기후변화로 인해 언젠가는 세계가 물에 잠길 거라는 주제를 이 장례식에서 엿볼 수 있으니 말이다. 지구 궤도가 주기적으로 변화하면서 아프리카의 계절성 우기가 북쪽으로 이동하여 그린 사하라가 형성될 수 있었다. 고베로는 그곳에 산 사람들에 관한 진귀한 기록이다. 고베로 매장지의 유해는 현재의 우리에게, 해수면이 상승하고 기온이 나날이 최고 기록을 갱신하며 요동치는 시대를 살아가는 우리에게 서늘한 울림을 준다.

머지않아 세상은 물로 인해 파멸할 수 있다. 지금 지표면에 극적인 변화를 일으킨 원인은 바로 인간의 활동이다. 2030년까지 홍수로 영향받을 인구가 세 배 증가할 것으로 추정된다.[12] 내가 사는 캘리포니아에서는 다음 세기가 시작할 때 해수면이 2.7미터나 더 상승하여 골든스테이트 해변의 50퍼센트 이상이 사라질지도 모른다.[13] 전 세계에서 해수면 상승으로 수억 명의 난민이 발생할 수도 있다.[14]

2

우리는 육지 동물이다

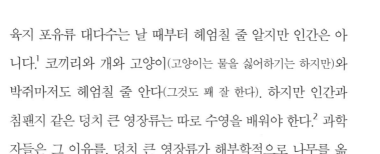

육지 포유류 대다수는 날 때부터 헤엄칠 줄 알지만 인간은 아니다.[1] 코끼리와 개와 고양이(고양이는 물을 싫어하기는 하지만)와 박쥐마저도 헤엄칠 줄 안다(그것도 꽤 잘 한다). 하지만 인간과 침팬지 같은 덩치 큰 영장류는 따로 수영을 배워야 한다.[2] 과학자들은 그 이유를, 덩치 큰 영장류가 해부학적으로 나무를 옮겨 다니는 데 적합하도록 진화했기 때문이라고 추정한다. 유인원에게 수영을 가르치는 실험에서 유인원은 여느 포유류가 흔히 하는 개헤엄이 아니라 개구리처럼 발을 차는 식으로 헤엄쳤다.

폴 세레노는 "인류가 물고기에서 진화했지만 현재는 육지 동물로서 수영을 새로 배운다. 우리는 후천적으로 수영하는 사람들"이라고 말했다.

그렇다고 너무 실망하지는 말자. 고생물학자 닐 슈빈Neil Shubin
은 인간의 신체 구조에는 원시 어류와 파충류와 영장류의 유
산이 남아 있다고 말했다. 슈빈은 2014년에 저서 《내 안의 물
고기Your Inner Fish》를 토대로 제작한 다큐멘터리에서 이렇게 말
했다. "어류 고생물학자가 인간 해부학도 잘 가르칠 수 있습니
다. 인간의 몸을 이해하기 위한 최선의 로드맵이 다른 생물체
에서도 발견되기 때문입니다." 어류의 유산이란, 물고기의 지
느러미와 인간의 팔다리가 동일 세포군에서 유래한다는 점이
이다.

우리 안에는 흥미롭게도 원시의 수영하던 흔적이 남아 있다.
우리 몸에 다른 동물의 유령이 깃들어 있다는 것은, 남아 있던
특정 기능의 흔적이 물속에 들어가면 다시 깨어난다는 뜻이리
라. 태어난 지 2개월된 아기를 엎드린 자세로 물에 넣으면 아
기는 몇 초간 숨을 참고 산소를 보존하기 위해 심박수를 낮춘
다.[3] 그렇다고 아기를 수영장에 던져놓으면 무사히 수영할 거
라는 뜻은 아니다. 아기가 자라고 신경계가 발달하는 사이 서
맥徐脈 반사(빨기 반사와 잡기 반사를 비롯한 원시 반사의 일부)가 약
해진다.

하지만 인간은 모방의 귀재다. 우리는 관찰하면서 배운다.
운동 기능부터 타인의 감정을 읽는 능력까지, 도구를 만드는

능력과 좋아하는 음식부터 공정성과 짝짓기와 언어에 대한 생각에 이르기까지, 다양한 영역에서 모든 것을 모방한다. "인간이 어떻게 진화했고, 인간이 왜 다른 동물과 다른지를 이해하려면 우리가 문화적 동물이라는 사실을 인식해야 한다." 문화적 진화와 유전적 진화의 상호작용에 주목한 진화 생물학자 조지프 헨릭Joseph Henrich의 말이다. 사회 학습이 누적되는 현상(헨릭은 대규모 '집단 뇌collective brains'를 형성하는 능력이라고 표현한다)은 인간의 특별한 능력이다. 다른 동물도 사회 학습을 하지만 이미 누적된 문화를 기반으로 새로이 학습하는 능력은 인간만의 독보적 특성이고, 이런 학습 방식이 실제로 유전적 진화에 영향을 미친다.

헨릭은 〈길 잃은 유럽인 탐험가 파일Lost European Explorer Files〉이라는 제목의 사례연구를 통해 그의 이론을 설명한다. 유럽인 탐험가가 새롭고 척박한 환경(가령 북극이나 오스트레일리아)에 갇혔을 때, 어쩔 수 없이 굶어 죽거나, 병들어 죽거나, 험악한 환경에 노출되어 죽었다. 하지만 원주민과 잘 어울린 사람은 예외였다. 원주민은 튼튼하고 건강했다. 수천 년간 척박한 환경에서 살아남는 법을 터득하면서 살아남은 사람들이었다. 인간은 집단 간 서로 소통하며 지식체를 형성한다. 누구도 한평생 살면서 삼중 미늘 작살촉을 만드는 법이나, 땔감이 없을 때 불을 피우는 법이나, 독성 식물에서 독을 추출하고 나서 그 식물을 먹는 법을 깨우칠 만큼 똑똑하지 않다. 고생물학 기록에는 문화적 진화가 적어도 28만 년에 걸쳐 일어났고, 특히 지난 1만 년간 가속도가 붙은 것으로 나타났다.

이와 같은 '문화 유전자의 공진화culture-gene coevelution' 현상은 인류가 지구에서 이룬 놀라운 진화적 성취를 설명하는 데 도움이 된다. 한 개인은 그렇게 특별하거나 똑똑하지 않다. 하지만 갈수록 커지는 지식의 덩어리를 습득하고 저장하고 조직화해서 다음 세대에 물려주는 능력 덕분에, 인류는 어느 한 개인이나 집단보다 똑똑해졌다. 수영하는 행위와 수영을 배우는 다양한 방법도 문화 지식의 일부다. 수영을 이야기할 때는 방법(공식화한 설명)만 중요한 게 아니라 지식의 중요성을 이야기하며 전달하는 방식도 중요하다.

지난 2천 년에 걸쳐 인간이 수영을 잘하기 위해 찾아낸 방법의 간략한 역사

~기원전 400년, 로마: 철학가이자 저술가 플루타르코스Plutarchos가 묘사한 코르크 구명조끼.[28] 티베르강의 다리가 갈리아 Gauls족에게 함락된 탓에 로마 장군 카밀루스 Camillus의 전령이 강을 건너기 위해 입었다.

14세기 페르시아: 거북이 등껍질의 반투명 외피로 만든 도구. 진주를 찾으려고 잠수할 때 눈을 보호하기 위해 썼다.[28]

15세기 이탈리아: 짐승 가죽에 공기를 불어 넣어 만든 주머니. 레오나르도 다빈치가 물속에서 호흡하기 위한 용도로 설계했다. 다빈치는 수영 지느러미와 스노클과 부력 장치의 설계도를 그렸다.[28]

시대 미상, 일본: 도르래에 연결된 밧줄. '아마海女'라는 일본 해녀가 깊은 물속에서 수영이나 호흡에 문제가 생길 때 수면으로 올라오기 위해 사용하는 도구다.[28]

18세기 미국 보스턴: 타원형 팔레트 모양으로 손에 끼우는 수영 패들. 발명가이자 수영 전문가인 벤저민 프랭클린이 더 빨리 수영하기 위해 발명했다.[28]

1896년, 미국 매사추세츠주의 다른 곳: 철제 틀로 만든 수영 기계. 물속에서 안전하게 잡아주는 장치로, 기계 팔과 다리가 사람의 팔

과 다리를 적절히 움직이도록 도와준다. 제임스 에머슨 James Emerson 이 특허를 냈다.[28]

1908년, 영국 런던: 부드러운 면직물에 공기 주입구를 달아서 만든, 물에 뜨게 해주는 날개 모양의 수영 장비. 물속에서 사용하는 부표로, 스위미지 부이 Swimeesy Buoy 라는 브랜드로 수만 개가 팔렸다.[28]

1930년, 미국 마이애미: 얇고 가는 가문비나무 조각으로 만든 나무 수영복. 수영이 두려운 여성을 물에 띄워주는 장비다.[29]

2017년, 중국: 프로펠러 두 개가 달린 이동식 소형 장치 화이트샤크 믹스 WhiteShark Mix.● "초보자를 챔피언처럼 수영하고, 따라올 자 없는 물속의 스타로 만들어준다"라고 광고했다.

도움이 약간 필요할 때도 있다. 인간의 신체 구조를 보완하는 장치가 모여서 문화를 이룬다. 인간의 강점은 문제를 파악하고 해결책을 찾는 능력에 있다. 이상의 발명품과 설명에 붙은 이름이 내게는 물의 시처럼 들린다. 상상력이 신체 구조와 함께 춤을 추며 불가능한 것을 가능하게 만드는 소리처럼.

●   일종의 수중 스쿠터.

3

바다 유목민의 교훈

동남아시아 '산호 삼각지Coral Triangle '•의 해안가에 가면 점차 사라져가는 수생 공동체의 수영 수업을 엿볼 수 있다. 뛰어난 잠수부는 수심 약 60미터까지 내려가서 헤엄치고 바다 밑바닥에서 걸어 다닌다. 작살총을 들고 한 번 들어가면 10분씩, 사냥감을 발견할 때까지 올라오지 않는다.[1] 이들은 하루에 다섯 시간씩 물에 들어간다.

현재 말레이시아와 인도네시아와 필리핀 일대에 사는 바다 유목민 바야우Bajau 족의 아기는 수천 년 전부터 걸음마도 배우

● 필리핀, 말레이시아, 인도네시아, 동티모르, 파푸아뉴기니, 솔로몬 제도에
이르는 삼각형 모양의 일대로, 면적 약 6제곱킬로미터에 달하는 세계 최대
산호 군락지.

기 전에 바다에서 살아가기 위한 기초 훈련을 받는다. 부모는 아기가 암초로 둘러싸인 바닷가에서 사는 데 필요한 능력을 타고나기를 기도한다. 두세 살이 된 아기도 쉽게 잠수하면서 다리를 힘껏 차고 앞으로 쭉 나가면서 조그만 조개를 딴다. 가족의 선상가옥에서 큰아이가 동생에게 물에 뜨고 발차기를 하고 물고기를 찾는 법을 가르친다.

최근 연구에서는 바야우족의 비장脾臟이 인도네시아 본토에 사는, 친척뻘인 다른 종족보다 50퍼센트 정도 더 큰 것으로 밝혀졌다. 물에 들어가면 포유류의 잠수 반사로 인해 비장이 수축하면서, 산소가 녹아 있는 적혈구 세포를 온몸으로 퍼트려 순환시킨다. 심장박동이 느려지고 혈관이 수축하면서 혈류가 심장에서 먼 신체 부위에서 주요 장기로 흐른다. 이처럼 인체의 에너지 보존 기제가 작동하면서 산소를 보다 효율적으로 활용할 수 있다.

물개처럼 거의 평생을 물속에서 사는 바다 포유류는 육지 포유류에 비해 비장이 과도하게 크다. 비장이 클수록 물속으로 더 깊게 들어갈 수 있다. 몸에 여분의 공기통을 장착했다고 생각하면 된다. 연구에 따르면 바야우족의 비대한 비장은 오랜 잠수로 나타난 결과가 아니라 자연선택의 결과다. 말하자면 바야우족 가운데 비장이 큰 유전자를 가진 사람이 살아남아 자손을 더 많이 남겼을 가능성이 크다는 뜻이다. 잠수해본 적도 없는 바야우족 사람도 비장이 큰 것을 보면 바야우족의 몸이 잠수를 잘하도록 진화했다는 뜻이다. 비대한 비장은 유전적으로 물려받은 특성이지만, 바야우족은 물에서 사는 데 유리한 다른 특성을 살면서 습득한다.

또 다른 바다 유목민인 모켄Moken 족(현재 태국과 미얀마 등지의 수상가옥에서 살거나 해변의 기둥 위에 집을 짓고 사는 사람들)도 물속에서 또렷이 잘 볼 수 있는, 특별한 능력을 타고났다.[2] 모켄족 아이는 아주 어릴 때부터 잠수하면서 성장해서, 육지에서만 사는 우리 같은 사람보다 수중 시력이 두 배나 좋다. 우리에게는 뿌옇게 보이는 바다 밑바닥에서 바다 유목민은 물안경이나 수중 마스크 없이 조개와 해삼을 손쉽게 줍는다.

물속에서 잘 볼 수 없는 이유는, 각막의 굴절력으로 인해 육지에서는 잘 보이지만 물속에 들어가면 시력이 떨어지기 때문이다. 바다 유목민의 아이는 물속에 들어가면 동공을 수축시켜 눈에 들어오는 상像을 더 자세히 보게 만들면서 시력을 조절한다. 처음에는 이런 능력을 물려받았는지 학습했는지는 분명치 않았다. 하지만 연구자들은 조기에 수중 훈련을 받으면 누구나 달라질 수 있다는 점을 밝혀냈다. 예를 들어 시각 훈련을 십여 차례 실시하여 물속에서 대조적인 패턴을 구별하는 능력을 키우는 실험에서, 바다 유목민이 아닌 아이에게도 물속에서 초점을 맞추는 능력이 지속적으로 향상되었다.

바다 유목민에게 바다는 다른 면에서도 영향을 미쳤다. 바닷가에서 살려면 수영 기술만 필요한 것이 아니라 바다 환경이 어떻게 변하는지도 알아채야 한다. 바다 유목민은 바다의 변화에 대처할 줄 안다. 가령 2004년 12월 26일에 인도양에서 일어난 거대한 쓰나미가 남아시아와 동남아시아 해안가에서 23만 명의 인명을 앗아갔을 때, 모켄족은 바다의 징후를 미리 읽고 살아남았다.[3]

당시 태국 해변에서 멀리 떨어진 수린สุรินทร์ 제도에서는, 모켄족이 바다가 물러나고 해변이 마르는 현상을 보고 모두 함께 높은 지대로 도망쳤다. 올라가다가 만나는 사람들에게도 경고해서 첫 파도가 해변에 도달하기 한참 전에 모두가 안전하게 대피했다. 비록 마을은 초토화되었지만 주민은 모두 살아남았다. 한편 무코수린 국립공원อุทยานแห่งชาติหมู่เกาะสุรินทร์에서는 모켄족 20여 명이 관광객에게 스노클링 관광을 안내하다가 파도가 심상치 않은 것을 감지하고 해변에서 멀리 떨어진 바다로 배를 돌려서 무사히 살아남았다. 미얀마 영해에 있던 모켄족 어부들도 비슷하게 대처했다. 주위의 바다가 무섭게 소용돌이 치는 현상을 보고 당장 더 먼 바다로 나갔다. 근처에 있던 오징어잡이배 어부들은 조업에 여념이 없었고, 무섭게 일어난 파도에 휩쓸려 죽었다.

다른 곳의 코끼리 떼가 높은 지대로 도망쳤다. 매미 울음소리가 잠잠해졌다. 돌고래가 깊은 바다로 들어갔다. 모켄족의 누구도 그전에 쓰나미를 직접 경험한 적이 없지만, 마을 연장자들이 두 세대에 한 번씩 찾아온다는 '일곱 번의 거대한 너울에 관한 전설'을 들려주었다. '라분ลาบูน'은 모켄족이 가장 큰 너울에 붙인 이름이다. '청소하는 파도'라는 뜻인 라분은 광포하게 몰려와 모든 것을 집어삼키고 파괴한다.

갑작스러운 바다 범람과 대규모 익사 사건에 얽힌 유사한 이야기는 아메리카 북서부 태평양 연안의 캐나다 원주민과 아메리카 원주민 부족에서 구전되는 전설에도 나오고, 1,500년 전 일본 쓰나미에 관한 기록에도 나온다.[4] 이런 전설에는 지혜가 담겨 있다. 반은 사람이고 반은 물고기인 존재에 관한 바야우족의 전설과 일곱 개의 거대한 파도에 관한 모켄족의 전설은, 사실 바다에서 살아가는 법에 관한 지혜를 담은 이야기다. 수천 년에 걸쳐 구전되는 이런 이야기는 이들 종족이 장수와 생존에 중요한 수중 기술을 후대에 전수하는 수단이다. 수영, 잠수, 낚시, 항해. 모두 바다 환경을 예리하게 관찰하고 바다에 익숙해져야 가능한 기술이다.

이런 전설은 외경심을 가르친다. 바야우족은 물에 들어가기 전에 바다 신들에게 제물을 바친다. 제물은 배 모양인 코코넛 껍질에 담아 띄운 음식과 잎으로 싼 담배와 향 한 자루다. 바다 신들은 온화할 때도 있고 잔혹할 때도 있다. 신들의 변덕에 따

라 바다의 기분도 변한다. 인간이 신 앞에 겸손하면(산호를 조심
스럽게 대하고, 물고기를 존중하여 필요한 양 이상 잡지 않으면) 바다가
보살펴준다.

바다 유목민의 마지막 세대인 이들은 오늘날 변화하는 세상
에 적응하느라 고군분투한다.[5] 국적이 없어서 시민권도 없고,
서류도 없고, 일자리도 적어서, 인근 국가에서 그저 표류하는
사람들로 취급당한다. 어업으로 생계를 유지할 수 있는 사람이
갈수록 줄어서 바야우족과 모켄족의 생활양식이 사라져간다
고 해도, 이들은 여전히 다음 세대에 생존을 위한 수영을 가르
친다.

인간은 양서류가 아니지만 나는 수륙 양서 개념을 좋아한다.
동식물 연구가 로렌 아이슬리Loren Eiseley는 "현대 과학의 가장
위대한 성과는 시간여행을 가능하게 해준 것, 다시 말해서 세
계를 구체적으로 관찰하는 방법("노출된 지층의 경계"를 판독하는
방법)만이 아니라 상상을 통해서도("나는 원시 바다에 떠 있는 세포
를 보았다") 시간여행을 할 수 있게 해주었다는 것이다"라고 적
었다.[6] 아이슬리는 이렇게도 적었다. "원시 바다의 소금이 우리
의 핏속에 녹아 있고, 원시의 석회가 뼈를 이룬다. 그래서 해변
에서 거닐 때마다 원시의 충동에 이끌려 신발과 옷을 훌훌 벗
어 던지거나, 기나긴 전쟁으로 향수병에 걸린 난민이 쓰레기

더미를 뒤지듯이, 해초와 허옇게 색이 바랜 목재를 뒤지고 싶어진다." 우리는 신체적 진화의 결과이지만 진화사에 대한 우리의 해석에 따라 행동하기도 한다.

해수면 상승을 감지하는 능력은 네덜란드처럼 바닷가에 사는 다양한 사회에 장착되었다. 그들에게 배울 만한 수영에 관한 교훈은 실제 그들의 수영 수업에 모두 담겨 있다. 네덜란드 아이는 필수적으로 수영 수업을 받아야 공공 수영장을 자유롭게 이용할 수 있고, 그 수업을 거쳐 옷과 신발을 모두 착용한 채 수영하는 능력을 인정하는 수료증을 받아야 한다.[7] 나는 네덜란드의 5학년 학생들이 수영 수업에서 옷을 다 입고 물속에 들어가 있는 사진 한 장에 매료되었다. 논리적으로 일리가 있다. 원래 우리는 항상 옷을 입고 살지 않은가? 그러니 별안간 물이 들이쳐도 언제든 헤엄칠 준비가 되어 있어야 한다. 바다 유목민의 적응력과도 통하는 개념이라 흥미롭다. 요컨대 물과 함께 사는 법을 익혀야지, 물이 다가오지 못하게 막는 법을 배워서는 안 된다는 뜻이다.

"우리나라 사람이 자전거를 많이 타듯, 수영도 우리 문화의 기초를 이룹니다." 네덜란드의 건축가 렘 쿨하스Rem Koolhaas가 〈뉴욕타임스〉에서 한 말이다. 네덜란드에서는 항상 홍수가 일어날 가능성을 염두에 두고 건물을 세우거나 사업을 추진한다. 국립수자원관리센터는 매일 네덜란드 안팎에서 흐르는 물을

우리는
물과 함께 살고
물과 함께 번창할 수 있다.

통제한다. 로테르담Rotterdam 시장인 아흐메드 아부탈레브Ahmed Aboutaleb는 로테르담이 네덜란드에서 가장 취약한 지역에 있다고 말했다. 그들이 구축해온 시스템을 홍수가 덮칠 가능성에 대해서 그는 "강에서든 바다에서든 100명 중 15명 정도를 대피시킬 수 있습니다. 우리에게는 선택의 여지가 없습니다. 물과 함께 사는 법을 배워야 합니다"라고 말했다.

우리는 물과 함께 사는 법을 배워야 한다. 그러면 가능성이 열린다. 처음에는 물에서 살아남기 위해 수영한다. 생존을 위한 수영을 익히기 전에는 수영을 다른 무엇으로 볼 수 없다. 하지만 일단 살아남는 법을 익히면 물은 더 큰 무언가를 선사한다. 우리는 물과 함께 살고 물과 함께 번창할 수 있다. 찰스 톰린슨Charles Tomlinson의 〈체난고 호수에서 수영하기Swimming Chenango Lake〉라는 시는 이런 상태를 절묘하게 포착한다. 시인은 수영을 "물의 품속에서 움직이면서도 물을 의식하는 행위"라고 표현한다. 그리고 "수영은 붙잡히고 붙잡는 것 사이에서 자유로이 존재하는 것의 의미를 깨닫는 행위"라고도 적었다.

4

인간 물개

구드라우구르 프리드소우손은 1960년대에 아이슬란드 공공
수영장에서 처음 수영을 배웠다. 그가 사는 헤이마에이섬('집의
섬'이라는 뜻)은 베스트마나에이야르Vestmannaeyjar(웨스트먼Westman
제도)에서 제일 큰 섬이자 사람이 거주하는 유일한 섬이다.

　그가 내게 보여준 어린 시절 사진 세 장 중 첫 번째 사진에
서, 아이들이 독창적 수영용품인 흰색 킥보드*를 가지고 신나
게 놀고 있고, 수영장 옆에서 강사가 아이들을 주시하면서 지
도한다. 수영장을 둘러친 높은 벽 너머로 '베스트마나에이야

● 양손으로 붙잡아 물에서 몸을 비교적 손쉽게 띄울 수 있어 발차기 연습에
집중하게 돕는 수영용품으로, 일상에서 흔히 '킥판'으로 불림.

르'라고 불리는 마을이 자리한 험준한 화산섬이 보인다.

두 번째 사진에는 불길한 검은 연기가 시원한 파란색의 직사각형 수영장과 붉은 지붕이 덮인 하얀 건물들 위에 떠 있다. 1973년에 화산이 폭발할 때 찍힌 마지막 사진에는 시뻘건 용암이 도시를 가로지른다. 당시 섬 어선단의 주도로 인구 5천 명이 대피했고, 용암은 구드라우구르의 고향 마을(옛 수영장을 포함하는 구역)까지 흘렀다. 화산 폭발 이후에 모금으로 지은 새 수영센터에는 화산 폭발로 인한 지열로 물을 데우는 수영장이 있다.

1973년 화산 폭발이 중요한 이유는 아이슬란드가 용암과 싸워서(거대한 호스로 찬 바닷물을 끌어다 뿌려서 뜨거운 용암의 흐름을 막았다) 항구를 구했기 때문이다. 헤이마에이섬은 아이슬란드에서 가장 중요한 어업 중심지이고, 이 섬의 남쪽 해변에 중요한 항구가 있다. 현재도 이 항구의 어획량이 아이슬란드 전체 어획량의 약 15퍼센트를 차지한다.[1] 용암이 마을을 거의 에워싸긴 했지만 헤이마에이섬뿐만 아니라 아이슬란드 전체의 생계를 책임지는 이 항구는 오히려 용암 덕에 입구가 좁아져 험악한 날씨로부터 보호받게 되었다. 헤이마에이섬에 쌓인 막대한 화산재로 도로를 만들었고, 지열 덕에 10년간 건물을 따뜻하게 유지하고, 새로 생긴 원뿔 모양의 화산은 기존 화산과 잘 어우러졌다. 섬의 면적도 20퍼센트나 넓어지고 약 30미터 높이의 가파른 절벽이 새로 생겼다. 1984년 3월 12일 새벽에 구드라우구르는 이 섬 동쪽, 이 거친 파도가 몰아치는 험준한 절벽 아래에서 육지로 올라왔다.

구드라우구르는 아이슬란드의 국민성을 상징하는 인물이다.[2] 미국 작가 존 맥피John McPhee는 〈뉴욕타임스〉에서 아이슬란드 국민을 불멸의 존재라고 칭송했다. "그들은 도저히 헤쳐나가기 힘들어보이는 역경에서도 일말의 가능성만 보이면 결연히 맞서 싸웠다. 그리고 이런 자세가 진화적 효과evolutionary effects를 낳은 듯하다. 그 결과는 용암과의 싸움에도 나타나고 다음의 이야기에서도 확인할 수 있다." 이어서 맥피가 들려준 이야기는 물론 구드라우구르의 이야기다. "진화적 효과"라는 표현을 보자. 아이슬란드인은 외따로 떨어진 민족이며, 놀랄만큼 강인하며, 구드라우구르야말로 그들이 소중히 여기는 가치의 화신이라는 뜻이다.

구드라우구르의 이야기는 아이슬란드의 생명력과 회복력을 상징하는 서사다. 어업에 종사하는 아이슬란드인 친구에 따르면, 아이슬란드인은 누구나 구드라우구르의 어선이 침몰한 1984년 그날을 생생히 기억한다고 한다. 그들은 구드라우구르가 섬에 처음 닿은 절벽 아래 그리고 그가 다시 바다로 나가 다른 지점으로 올라와 거친 용암 지대를 맨발로 걸어서 마을로 들어간 길을 직접 보려고 순례 여행을 한다. 구드라우구르는 때로는 엎드려서 기어갔다. 그가 절박하게 물을 마신 저수지는 아직 그 자리에 있고 그 옆에 여러 언어로 쓰인 표지판이 세워져 있다. 현재 아이슬란드인들은 그의 이야기를 얼마나 기억할까? "전부"라고 그들은 말한다.

바다에 둘러싸인 작은 섬에 사는 아이슬란드인들이 구드라우구르를 영웅으로 추앙하는 이유는 그의 이야기가 영웅 서사를 연상시키기 때문이다. 1300년을 배경으로 하는 아이슬란드의 전설에는 드란게이Drangey 섬에서 본섬까지 7킬로미터를 헤엄쳐서 도망친 '강인한 그레티르Grettir the Strong'라는 영웅이 있다. 그는 본섬에 도착해서 온천(현재도 남아 있다)에서 몸을 녹였다. 아이슬란드의 역사는 주로 바다에서, 때로는 해변에서 고작 몇 미터 떨어진 곳에서 조난당한 사람에 관한 기록이다. 헤이마에이섬이 오래전부터 중요한 어항漁港이라는 점에서, 이 섬의 얼마 안 되는 인구가 얼마나 모진 풍파를 견뎠을지 짐작이 간다.[3] 베스트마나에이야르 역사박물관의 벽면 전체에는 1251년부터 이 섬 해안가에서 발생한 익사 사고가 빼곡히 적혀 있다. 그렇기에 헤이마에이섬에서 수영 교육과 선박 안전 장비, 가령 고무보트와 안전벨트와 구조복 같은 장비가 발달할 수밖에 없었다. 수영 수업은 1891년에 베스트마나에이야르 항구의 일상 풍경이 되었고, 1934년에는 첫 수영장이 지어졌다. 1943년에는 아이슬란드의 모든 학교에서 수영을 필수 과목으

로 지정했다. 베스트마나에이야르에서 2003년이 특별한 이유
는 한 명도 익사하지 않은 해이기 때문이다.

구드라우구르가 살아남은 데는 두 가지 결정적 이유가 있었
다. 몸을 제대로 쓸 줄 알고, 수영 실력이 뛰어났기 때문이다.
두 가지 중 하나만으로는 생존하기 어려웠을 수 있다. 극한 수
영에 관한 기록에서 구드라우구르의 사례는 특별하다. 나에게
그의 이야기는 인간의 생명 활동과 문화가 독특하게 어우러진
이야기이다.

구드라우구르는 이후 아이슬란드와 영국의 여러 과학자(그
들은 극한의 차가운 바다에서 거의 정상 체온을 유지한 구드라우구르의
남다른 능력이 저체온증에 관한 의학적 이해에 도움이 될 것으로 보았다)
의 연구에 참여하면서 세계적으로 유명해졌다. 당시 매사추세
츠에서 수술실 간호사로 일하던 시어머니도 의학 학술지에서
그의 사례를 읽었다고 했을 정도다. 언론은 구드라우구르에게
'인간 물개 human seal'라는 별명을 붙였다.[4] 침몰 사고가 나고 몇
달 뒤, 그가 친구들을 만나러 미국에 갔을 때 각국의 언론이 그
를 쫓아다녔고, 〈자니 카슨의 투나잇 쇼 The Tonight Show with Johnny
Carson〉에서도 섭외 전화가 왔다. 그는 친구들에게 양해를 구하
며 아이슬란드로 돌아가야겠다고 말했다.

아이슬란드에서 신화가 된 사람(인구 34만여 명의 나라에서 그
가 비요크 Björk* 만큼 유명하던 시절이 있었다)이지만 구드라우구르는

세간의 레이더를 철저히 벗어나고 싶어 했다. 현재 50대 중반인 그는 헤이마에이섬에서 가정을 이루고 산다. 딸 둘과 손자 다섯이 있다. 잠깐 바다로 돌아가 다시 고기잡이를 한 적도 있지만, 이후 대형 생선 가공 공장에서 기술자로 일했다. 평소 그는 기자를 잘 만나주지 않고 지난 30년간 언론이 부추긴 세간의 관심을 몹시 부담스러워했다.

내가 그에게 처음 편지를 보낸 이후 우리는 이메일을 주고받았다. 나는 등기우편으로 편지를 보내고 3주 동안 편지가 대서양을 건너는 과정을 추적했다. 한 줄기 희망을 안고 기다렸다. 어느 날 오후에 내 편지가 베스트마나에이야르에 도착했다는 알림이 떴다. 이튿날 아침, 내 이메일 편지함에 구드라우구르의 메일이 와 있었다.

2012년에는 세계적으로 유명한 아이슬란드인 영화감독이며, 마크 월버그Mark Wahlberg와 덴절 워싱턴Denzel Washington 같은 유명 배우와 고예산 액션 영화를 찍은 발타자르 코루마쿠르Baltasar Kormákur가 구드라우구르에 관한 영화를 제작했다. 구드라우구르의 어선이 침몰할 당시 10대 소년이던 발타자르는 여느 아이슬란드인처럼 당시 기억을 간직한다. 발타자르는 영국 신문과의 인터뷰에서 이렇게 말했다. "작은 우리나라의 사

●　아이슬란드의 국민 가수.

람들처럼, 저도 바다에 남자들을 잃은 베스트마나에이야르 사람들에게 안타까운 마음이 들었습니다. 그리고 한편으로 유일한 생존자가 있다는 소식에 흥분했습니다. 그 사람은 누구일까? 도대체 어떤 사람일까?"

구드라우구르는 당시의 일을 다시 들춰낸 영화가 반갑지 않았다. 이제 겨우 주목받는 삶에서 벗어나려는데 그 영화가 그를 다시 세상으로 끌어낸 것이다. "나 죽으면 그때 영화를 만드세요." 그에게 접근하는 감독들에게 그가 한 말이다. 나는 과묵하고 유명세를 피하는 그의 태도를 높이 산다. 그가 어떻게 세상을 매료시켰는지도 안다. 사람들은 생존의 이야기에 매료된다. 극한 상황에서 인간 본성이 드러난다고 여기기 때문이다. 가장 유명한 생존 이야기인 《로빈슨 크루소》를 보자. 이 책의 저자 대니얼 디포Daniel Defoe는 극단적 고립에서 인물의 어떤 일면이 드러나는지를 예리하게 포착하면서 이렇게 말했다. "나는 인간 본성을 들여다보게 해주는 행위에 가장 관심이 간다."

우리가 주고받은 이메일을 보면 구드라우구르가 말수 적은 사람이라는 것을 알 수 있다. 그래도 그의 편지에 은근히 반짝이는 통찰이 디포의 말처럼 나를 자극했다. 구드라우구르는 내게 "수영이 생명을 살린다, 그 속에 자유가 있다"라고 말했다. 그래서 나는 그를 직접 만나러 아이슬란드행 비행기에 올라탔다.

3월의 어느 날, 쌀쌀하고 다이아몬드처럼 반짝거리는 오후에 나는 빨간색과 흰색의 프로펠러 경비행기를 타고 헤이마에이섬에 도착했다. 경비행기가 낮게 깔린 해무를 뚫고 그 섬에 다가갔다. 창밖으로 화산 두 개가 솟아 있고, 극적으로 들쑥날쑥한 지형이 3차원으로 실감 나게 펼쳐졌다. 항구에서 구드라우구르가 일하는 청록색 건물들이 보였다. 내가 1년간 이메일을 주고받았고, 그보다 더 오래전부터 상상으로 그려온 신화 속 인물, 페이스북 이용자이기도 한 현실의 인물이 저기 있다(전설이 된 수영인들, 그러나 우리와 꼭 같은 사람들). 이튿날, 그가 퇴근한 뒤 저녁에 만나기로 약속을 잡았다.

방문 계획을 3월로 잡은 이유는 구드라우그순 Guðlaugssund, 즉 '구드라우구르의 수영'이라는 수영대회에 직접 참가하기 위해서였다. 현지 해양대학에서 시작한 구드라우그순은 6킬로미터를 수영하면서 구드라우구르에게 경의를 표하고, 사건 당시 바다에서 실종된 사람들을 기리기 위한 행사다. 어선이 침몰하고 첫 추모일 이후로 베스트마나에이야르 주민들은 매년 구드라우그순을 충실히 개최해왔다. 구드라우구르는 첫 행사 이후 20년 동안 꼬박꼬박 참석하여 성적표를 나눠주면서 아이슬란드 어선단이 구명보트를 필히 갖추어야 한다고 경각심을 불러일으키는 데 일조했다.

나는 베스트마나에이야르 수영센터로 향했다. 용암이 옛 수영장을 덮친 뒤 새로 지은 곳이다. 이 섬의 악명 높은 겨울바람이 눈발을 동반하여 거세게 휘몰아쳤다. 유럽 최고의 풍속은 헤이마에이섬 남단에서 기록되었다. 구드라우구르와는 달리 말이 많고, 현재 구드라우그순을 주최하는 두 사람 중 한 명인 알란 알리손Alan Allison에게서 아이슬란드의 뿌리 깊은 수영 전통에 관해 들을 수 있었다. 알란은 20년간 베스트마나에이야르 수영센터에서 안전요원과 수영장 관리자로 일했다.

사실 헤이마에이섬으로 건너오기 전에 거의 일주일간 아이슬란드 본섬의 공공 수영장을 돌아다녔다. 아이슬란드 수영장을 둘러보다가 발견한 사실은 겨울에도, 아니 특히 겨울에 많은 사람이 수영장에 나와 있다는 것이다. 아이슬란드는 세계에서 1인당 수영장 수가 가장 많은 나라이기도 하다.[5] 아이슬란드의 도로표지판에는 특별히 수영장 표시가 있다. 두 줄로 된 푸른 파도 위로 머리가 튀어나온 모양이 그려진 표시다. 아이슬란드에는 작은 소도시까지 거의 모든 도시에 공공 수영장이 있고(1년 내내 지열로 물이 데워지기 때문에 주로 야외에 있다), 규모와 온도에 따라 수영장을 골라 갈 수 있는 도시도 많다. 헤이마에이섬의 유별난 강풍으로 베스트마나에이야르에는 실내 수영장도 있다. 알란의 말로는, 수영센터에서는 날마다 나이도 배경도 제각각인 여러 세대의 아이슬란드인을 만날 수 있다고 했다. 출근 전에 수영하는 사람, 초등학교 체육 시간에 수영하는 아이, 취미로 수영하는 은퇴자까지.

아이슬란드에 도착하기 몇 달 전에 아이슬란드 신문에서 레이캬비크에서 수영대회를 준비하는 바다 수영인 서른 명에 관한 기사를 읽었다.[6] 아이슬란드 대통령 구드니 요하네손Gudni Jóhannesson도 이 대회에 정식으로 참가했다. 현지 기자들에 따르면 구드니 대통령이 가볍게 나와서 참가자들에게 "차가운 바닷물에서 잠깐 수영하는 것이 의심할 여지 없이 건강에 좋다"라고 환영 인사를 건넸다. 수영이 끝난 뒤 참가자들은 대통령 관저에 들어가 대통령의 개인 온천탕에서 몸을 녹였다.

알란은 아이슬란드 어디에나 있는 온천탕 덕분에 아이슬란드의 수영이 더 특별하다고 말했다. 베스트마나에이야르 수영센터에서는 수영하고 나와서 눈 덮인 땅을 걸어 온천탕 세 곳 중 한 곳을 골라(탕 온도는 '뜨거운' '매우 뜨거운' '아주 많이 뜨거운'으로 나뉜다) 들어가 담소를 나눌 수 있다. 구드라우그순의 또 다른 주최자인 스벤니 구드문손Svenni Gudmundsson이 안전요원 자리에서 내려와 우리 대화에 끼어들었다. 그는 수영센터에서 청소년을 위한 '디스코 나이트'를 열어, 야외 스피커로 최신 인기음악을 튼다고 했다(때마침 롤링스톤스 노래가 들렸고, 스벤니가 눈을 굴리며 "요새 애들은 롤링스톤스가 누군지도 모른다"라고 말했다). 아이슬란드인은 수영장에서 길고 어두운 겨울을 견딘다.

우리는 구드라우그순의 발전 과정에 관해 이야기했다. 처음에는 저인망어선이 침몰한 지 1년이 지난 1985년 3월에 헤이마에이섬의 해양대학 학생 스무 명이 수영장에서 옷을 다 입고, 당시 엄격하기로 유명한 학장 프리드릭 아스문손Fridrik Ásmundsson의 지도 아래 6킬로미터를 수영하면서 시작했다. 물에 뜨게 해주는 장비도 없고 수영장 옆을 붙잡아서도 안 되었다. 초반에는 참가자가 70명 정도 되었지만 이후 매년 20명이나 30명 정도가 참가했다. 이 행사는 안전에 중점을 두었다.

2000년에 시작된 구드라우그순은 대중에게 열려 있다. 고등학생이 계주로 참가하고, 현지 사업체가 직원들을 출전시키고, 섬의 수영팀이 매년 성실히 참가한다. 어선의 선장과 선원도 열심히 참가한다. 외지에서 참가할 수 있는지 문의해오는 사람도 있다고 한다. 가까운 레이캬비크에서도 오고, 멀리 티베트나 베트남에서도 문의가 온다. 대부분이 섬이나 아이슬란드와 관련 있는 사람들이다.

스벤니의 아버지는 저인망어선 선장이고, 스벤니도 바다에서 다섯 번의 겨울을 보냈다. 그는 내게 이렇게 말했다. "우리는 이렇게 헤엄쳐서 살아남은 구드라우구르와 끝내 살아 돌아오지 못한 모든 이를 추모하기 위해 수영해요. 지금도 이 수영대회를 안전과 장비와 수영에 대한 경각심을 불러일으키기 위한 시간으로 생각하고요." 스벤니와 알란은 개인 자격이나 스포츠센터 계주팀의 일원으로 행사에 여러 번 참가했다.

알란은 구드라우그순에 처음 참가하는, 나이와 기량이 제각각인 참가자를 항상 활기차게 응원한다. 요즘 이 행사에 참가하는 사람의 목적은 스스로 해낼 수 있을지 몰랐던 무언가를 해내는 것이라고 한다. 나는 몇 달 전에 알란과 처음 통화하면서 구드라우그순에 관해 이야기하다가 직접 참가해보기로 했다. "6킬로미터를 완주하지 못하면 나머지는 제가 대신 마무리해드릴게요." 그가 쾌활하게 말했다.

베스트마나에이야르 수영센터에서 어느 청년이 온천탕을 지나 차가운 수영장(물이 데워지지 않은 유일한 야외 수영장)에 들어가는 모습을 보았다. 기온이 영하 3도이고 땅은 얼어 있었다. 수온 7도는 상상하기 어려운 추위다. 나는 그 추위를 직접 느껴보기 위해 얼어붙은 경사로를 조심조심 내려가면서 한 발씩 디딜 때마다 나직이 욕을 했다. 어떤 느낌이냐고? 살을 에는 느낌이다. 온몸의 세포가 어서 도망치라고 비명을 질러댔다. 나도 곧 구드라우그순에 참가해 6킬로미터를 수영할 것이다. 그래도 지금 먼저 물에 들어가보면 구드라우구르가 바다에서 느꼈을 감각에 최대한 가까이 다가갈 수 있을 것 같았다.

구드라우구르도 여느 아이슬란드인처럼 어렸을 때부터 바다에서 수영했다. 그는 친구와 섬의 한쪽 끝에서 다른 쪽 끝까지 수영으로 오갔다. 항구에서도 헤엄치고 등대 근처에서도 헤엄쳤다. 열 살짜리 아이 둘이 마을에서 출발해 헤이마에이섬 남단에 있는 초승달 모양의 검은 모래 해변까지 걸어가는 데는 한 시간도 안 걸렸다. 두 아이는 별일 아니라고 생각했지만, 친구 아버지가 그 얘기를 듣고 어른 없이는 바다에는 들어가지 말라고 주의를 주었다.

나는 구드라우구르의 적갈색 포드 픽업트럭에 타서 초승달 모양의 그 해변으로, 그러니까 등대가 있는 쪽으로 달렸다. 그가 칠흑 같은 어둠 속에서 높은 파도를 뚫고 헤엄치던 그날 밤에 그를 집으로 이끌어준 등대다. 아직 땅거미가 지지 않고 하늘에 해가 낮게 걸려서 주위의 모든 것을, 구드라우구르의 덥수룩한 은빛 수염까지 로즈골드 빛으로 물들였다. 나는 그에게 아직도 수영이 즐거운지 물었다. 그는 대답 대신 배우자와 함께 아이슬란드의 베스트피르디르Vestfirðir 지역에 다녀온 이야기를 들려주었다. 그들은 해변의 작은 인피니티 풀*이 있는 숙소에 묵었는데, 인피니티 풀에 들어가자 마치 바다로 뛰어든 것 같았다고 했다. 그 느낌이 좋았다고 했다.

우리는 등대에 이르러 트럭에서 내려 눈 덮이고 메마른 풀

* 안에 들어갔을 때 그 끝이 지평선이나 수평선과 맞닿아 있는 것처럼 보이게 디자인한 수영장.

밭을 조금 걸었다. 절벽 꼭대기에는 허리 높이의 둥그런 기념비가 있었다. 풍화된 구리 원반에 아이슬란드 지도와 현 위치, 어선이 침몰한 자리와 해변까지의 거리가 새겨져 있었다. 거센 바람이 불어와 머리카락이 얼굴을 덮었다. 구드라우구르가 손을 들어 남동쪽 바다를 가리키며 말했다.

"어선이 침몰하면 보통은 전원 익사해요. 그래서 사고가 어떻게 일어났는지 증언할 사람이 없죠. 그날 밤, 우리는 용골을 붙잡고 살아남는 사람이 꼭 증언하자고 약속했어요." 그는 잠시 말을 끊었다. "결국 제가 살아남았고요." 그는 구드라우그순 수영대회를 시작하고 몇십 년 동안 선원들과의 약속을 충실히 지키고 아이슬란드의 모든 어선단에 구명보트를 갖추라고 목소리를 높였다.

이 섬에 오고 처음 며칠간 나는 그가 운전하는 차에 타서 붉은 바위가 펼쳐진, 황량한 풍경을 에두르는 텅 빈 도로를 여러 번 달렸다. 이곳의 인구는 여름에 급증한다. 전 세계 바다오리의 5분의 1이 베스트마나에이야르의 보금자리로 돌아오고 관광객 수만 명이 바다오리를 보러 몰려들기 때문이다.[7] 하지만 겨울철 몇 달 동안은 관광객의 발길이 끊기고 섬은 다시 주민들 차지가 된다. 이 작은 고장에서는 차를 타고 다니면서 대화해야, 오다가다 만나는 지인에게 방해받지 않을 수 있다고 구드라우구르는 말했다.

아이슬란드 어디서든 사람들이 구드라우구르를 알아본다. "보시다시피 전 남들과 잘 어울리는 성격이 못돼요." 그가 쓸쓸하게 말했다. 약 195센티미터 키에 풍채도 좋아 눈에 잘 띄는 그는 은빛 고수머리를 어깨까지 늘어뜨리고 끝자락이 짙은 수염을 덥수룩하게 길렀다. 구글에서 '헤밍웨이'와 '어부'를 검색하면 나올 만한 이미지다. 마침 프랑스 영화팀이 배를 타고 바다에 나가 그에 관한 다큐멘터리를 찍고 있었다. 구드라우구르는 그들을 만나주지 않았지만 그들이 와 있는 건 알았다. 일본 기자들한테서도 전화가 왔다. 또 자식과 손자들을 만나러 레이캬비크에 갈 때면 길에서 사람들이 알아보고 악수를 청하며 어떻게 지내냐고 묻는다고 했다.

어느 날 저녁에 우리는 항구로 돌아오는 대구잡이 어선 두 척의 불빛을 보면서 그의 차를 타고 레스토랑으로 향했다. 내가 저녁을 사겠다고 고집해서 나온 길이었다. 레스토랑에서 식사를 마치고 나오는 길에, 세련된 커트 머리에 멋스러운 검정 부츠를 신은 여자가 환하게 웃으며 다가오기에 그의 팬인 줄 알았다. "여동생이에요." 그가 멋쩍게 우리 둘을 서로 소개해줬다.

사실 그는 어릴 때 살던 동네에서 내내 살아왔고, 그의 배우자 마리아도 같은 동네 사람이다. 현재 그들은 마리아가 태어난 집에서 산다. 어느 날 아침에는 그들 부부가 나를 브런치 자리에 초대했다. 마리아가 내게 뒷마당에 있는 작은 텃밭을 보여주었다. 구드라우구르가 텃밭 한쪽에서 저인망어선에서 나온 자재로 장작 난로와 같은 물건을 만든다고 했다. 그는 일과 가족과 친구들을 챙기고 여행 다니느라 바빴다. 그는 사고가 나고 1년 뒤 뉴욕주 북부에 있는 조지George호에서 수영한 적이 있다고 했다. 내가 결혼한 이튿날 아침에 남편과 함께 헤엄친 호수이기에, 이 얘기를 듣자 우리가 더 가까워진 느낌이 들었다.

가족의 명예의 전당처럼 꾸민 거실 한쪽 벽면에는 손자 대니얼이 유치원 다닐 때 그린 작품이 액자로 걸려 있었다. 밝은 색채의 그 모래 그림에는 푸른 바다에 빨간 어선이 있고, 그 옆에는 바다에서 수영하는 남자의 검은 형체가 있었다. 구드라우구르와 마리아가 이 그림을 보여주자, 나는 순간 눈물이 핑 돌았다.

'구드라우구르는 우리에게 무슨 말을 해줄 수 있을까?' 중요한 질문이다. 하지만 더 중요한 질문은 '구드라우구르는 우리의 궁금증을 풀어줄까?'이다. 다른 수영인들이 구드라우구르에 관해 들려준 이야기처럼 그가 직접 들려주는 이야기에도 인간 본성에 관한 진실이 담겨 있을 것 같았다. 군이 헤이마에이섬까지 온 이유는 두 가지 이야기를 직접 확인하고 싶어서였다.

알란 알리손은 내게 시구룬 할도르스도티르Sigrún Halldórsdóttir를 소개해주었다. 시구룬은 베스트마나에이야르에서 레이캬비크로 옮겨서 수영 코치로 일하고 있다. 3년 전부터는 구드라우그순을 이끌었다. 시그룬은 열두 살부터 구드라우그순에 참가했다. 현재 서른 살이다. "수영팀을 나온 이후에도 혼자 매년 참가했어요. 이 대회의 명맥을 이어가고 싶어서요." 시그룬이 전화기 너머에서 내게 말했다. "대단한 일이죠. 그분이 해낸 일이요." 시그룬은 현재 수영부 학생들에게 구드라우구르가 어떤 일을 해냈는지 가르친다. 구드라우그순을 완주한 학생에게는 알란이 베스트마나에이야르의 공식 인증서를 우편으로 보내준다. 두 사람의 이야기를 듣다보니 이 영웅담에서 보통 사람의 일면이 엿보였다. 구드라우구르의 이야기는 살아남기 위해서만이 아니라, 기억하기 위해서 수영한다는 것을 일깨워준다.

구드라우구르는 침몰 사고 이후 병상에 누워서 방송기자에게 담담히 경험담을 풀었다. 화면 속 그의 얼굴은 앳되고 천사 같았다. 그는 몇 가닥 안 되는 옅은 색 콧수염을 기르고 하얀 환자복을 입고 있었다. 힘없이 눈을 내리뜨고, 헤엄치는 동안 머리 위를 맴돌던 갈매기 이야기를 꺼냈다. 그는 갈매기들에게 말을 걸어 힘닿는 데까지 도와달라고 부탁했다. 갈매기들은 밤새 그를 떠나지 않았다.

그에 대한 의학 연구를 진행한 아이슬란드인 의사와는 좋은 친구가 되었다. 몇 년 뒤 두 사람이 다시 만나 커피를 마셨다. 의사는 저체온증에 관한 학술회의에 다녀왔는데 다른 의

사들이 같은 질문을 던졌다고 전했다. "그 환자, 머리는 괜찮은 가요?" 감당하기 힘들 정도로 엄청난 일을 겪으면 정신을 놓을 수 있기 때문이다. 구드라우구르는 의사에게 괜찮다고 말했고, 애초에 이상한 머리가 더 이상해질 수는 없다고 농담까지 던졌다.

구드라우구르가 병원에 입원한 한 달간 그의 아버지가 병상을 지켰다. 그때 그는 말하고 싶었다. 사고에 관해 말하고 또 말했고, 아버지가 열심히 귀 기울여주었다. "그 덕에 제가 지금 괜찮은 거 같아요. 그때 아버지가 잘 들어주셔서요." 구드라우그순의 대회일지를 가득 메운 건 아버지의 아름다운 필체다. 그의 아버지는 다음 세대를 위해 그날 밤 일을 소상히 기록하고 매년 구드라우그순 대회와 참가자에 관한 기록도 남겼다.

베스트마나에이야르 역사박물관에는 구드라우구르가 헤엄친 날 밤에 입은 옷이 유리 전시관 안에 걸려 있다. 그의 어머니가 고이 보관하고, 그의 배우자가 박물관에 기증했다.

박물관 이사장이자 구드라우구르의 친구인 헬가 할베르그스도티르Helga Hallbergsdóttir는 이렇게 말했다. "누구나 살고 싶어해요. 누구에게나 생존 의지가 있죠. 그런데 제 생각엔 그날 배가 가라앉기 전에 용골을 잡고 나눈 대화, 서로에게 한 약속, 그러니까 누구든 살아남으면 다른 사람을 구하기 위해 더 안전하고 더 나아지게 만들겠다는 약속, 그 약속이 그를 계속 헤엄치게 한 것 같아요."

구드라우구르는 자기만 살기 위해 수영한 것이 아니다. 그가 수영으로 살아남아서 사람들에게 수영을 배우게 했다는 사실에 의의가 있다. 나는 헬가에게 섬사람들이 35년 가까이 지난 지금도 매년 구드라우그순에 참가해서 신의를 지키는 이유가 무엇이라고 생각하는지 물었다. 헬가는 구드라우구르가 한 일은 끝내 살아남지 못한 이들을 추모하고 불가피한 죽음을 성찰하게 만든다고 답했다. "우리는 그가 그날 살아남아 무엇을 해낼 수 있었는지 잊지 않아요. 그런 그를 모두가 많이 존경하죠." 수영 교육에 대한 강조는 이 섬에서 시작해서 아이슬란드의 문화 DNA로 굳어졌다.

헬가가 웃으며 말했다. "아이슬란드에서는 수영장이 술집이에요."

오랜 세월 세상을 경계하며 산 구드라우구르가 나를 왜 만나줬을까? 며칠을 함께 보내면서 여느 아이슬란드인의 문화 DNA가 그에게도 살아 있다는 생각이 들었다.

그는 내게 이런 이야기를 들려주었다. 그가 3주 전에 마을 철물점에 들렀을 때의 이야기다. 주차장에서 나오다가 아는 사람과 우연히 마주쳤는데, 주말에 아흔 살이 되는 할머니였다. 그는 그 할머니에게 좋은 하루 보내시라고 인사를 건넸다. 할머니는 고개를 들어 그를 보고도 알아보지 못했다. "우리가 아

는 사이인가요?" 할머니가 물었다. "저 기억 안 나세요?" 그가
되물었다. 할머니는 어릴 적 그의 수영 교사였다. 50년 전에 옛
수영장에서 그에게 수영을 가르쳐준 분. 그는 평소 사람들에게
자신이 누구인지 먼저 알리지 않지만, 그 할머니만큼은 그에게
수영을 가르쳐준 사실을 기억해주길 바랐다. "덕분에 저 잘살
고 있어요,라고 말했죠." 그가 미소를 지었다. "그러니까 그분
도 절 알아보시더군요."

구드라우그순이 열리는 날 아침에 일찍 눈이 떠졌다. 밤새
내린 눈이 땅에 쌓여 있었다. 나는 새벽 여섯 시에 눈을 밟으며
아직 어둠이 깔린 수영장으로 향했다.

남자 네 명과 여자 한 명, 모두 다섯 명이 이미 물속에 있었
다. 새벽 네 시, 동트기 전 차가운 물에 과감히 뛰어들어 오늘
대회를 시간 안에 완주할 수 있을지 가늠하려는 듯했다. 알란
과 스벤니는 대회 관계자용 테이블을 준비하며 수영장 데크에
앉은 파트너와 친구와 동료에게 나를 소개했다. 그중에 누군가
는 참가자가 몇 바퀴를 돌았는지 세어주기 위해 와 있었다. 누
군가는 응원하려고 와 있었다. 참가자들이 속속 도착해서 준비
했다. 나의 맨발에 붉은 타일이 축축하게 닿았다. 레인이 열리
기를 기다리며, 모두가 하나의 목적을 위해 이 자리에 모인 것
에 대해 생각했다.

대회의 진행 방식은 미국의 추수감사절 터키 트롯turkey trot•
과 7월 4일 독립기념일의 달리기 대회를 연상시켰다. 3월 둘째
주 수요일 아침에 아이슬란드의 작은 마을 수영장으로 모여든
우리는, 이 나라 사람들이 좋아하는 취미 활동을 통해 한 남자
와 한 국가의 역사에 경의를 표했다. 국가 공휴일은 아니다. 핫
도그와 불꽃놀이 대신 뜨거운 커피와 수영장을 250번 도는 경
기가 있을 뿐이었다. 유난스러운 행사도 아니고 그저 공동체가
일상적으로 단결하는 자리였다. 하지만 여기에는 근성이 살아
있고, 여기 모인 서른 명 남짓의 사람보다 더 크고 아름다운 무
언가가 있었다.

나는 물에 들어가면서 이번 수영이 내게 주는 의미를 생각
했다. 경기를 시작하고서야 결국에는 어떤 의미인지 깨달았다.
2킬로미터쯤 지날 즈음 옆 레인에서 헤엄치던 초등학교 교장
이 물 밖으로 나가서 일하러 갔다. 3킬로미터쯤에서 스벤니가
바깥쪽 문을 열자 생선 냄새가 들어왔다. 어분fish meal 공장이
문을 열고 하루를 시작하는 모양이었다. 4킬로미터쯤에서 해
가 떠서 천장의 채광창과 옆 창문을 통해 늦겨울의 레몬 빛깔
햇살이 드리웠다. 햇빛이 수영장 레인에 어른거리며 내 앞에
떨어졌다.

- 5킬로미터 달리기.

5킬로미터부터는 어질어질했다. 온천탕 옆에 붙어 있던 경고문이 생각났다. "주의! 온탕에 오래 있으면 불쾌감이 생길 수 있습니다." 여덟 바퀴를 남기고 나는 머리를 내밀어 평영을 하면서, 내 바퀴 수를 세어주던 알란에게 남은 거리를 다시 확인했다. 그리고 마지막 한 바퀴는 접영, 배영, 평영, 자유형을 섞어서 돌았다. 컨디션이 아직 괜찮다는 것을 보여주기 위해서였다. 출발한 지 1시간 50분 만에 드디어 완주했다. 구드라우구르에게 그를 기념하는 수영대회에서 완주했다고 문자를 보냈다. 그리고 완주할 수 있어서 무척 기쁘다고도 보냈다. 그가 일하다 말고 전화해서 삼촌 같은 말투로 "꼭 휴식을 잘 취해줘야 한다"라고 일러주었다. 어쨌든 장거리 수영이잖아요,라고 그가 덧붙였다. 내게 이 말을 해주는 사람이 바로 그 사람이라는 게 어쩐지 비현실적으로 느껴졌다. 눈밭을 걸어 호텔로 가서 낮잠을 잤다.

아이슬란드 해변에 방문해서 수영장에 걸터앉아 바다를 바라보는 것. 수영의 한 의식이다. 이런 수영의 의식을 통해, 공동체의 부름과 응답의 이야기와 연습을 통해 온갖 고난을 견딜 수 있다. 나는 전통과 계승에서 생기는 힘을 믿는다.

나에게 수영과 가족은 처음부터 밀접히 연결되어 있다. 나의 기원에 관한 이야기다. 부모님은 1968년 여름에 홍콩의 한 수영장에서 처음 만났다. 뜨거운 한순간, 두 분은 클리셰 같은 이야기 속 주인공이었다. 아버지는 구릿빛 피부의 수영장 안전요원이고, 어머니는 긴 머리를 늘어뜨리고 커다란 눈망울과 진지한 눈빛을 가진, 비키니 차림의 아름다운 여인이었다. 그 시절 사진을 넘겨볼 때마다 나는 두 분이 예뻐서 어쩔 줄 모른다. 가느다란 팔다리로 서 있는 자세, 서로를 향한 갈망의 눈빛.

갈망이 오래 이어지는 경우는 물론 드물다. 두 분은 결혼생활을 오래 지켜냈지만(오빠와 내가 무사히 대학에 들어갈 때까지) 도중에 별거도 하고 싸우기도 하고 서로 대화를 단절하기도 했다. 두 분의 유일한 공통점은 젊어 보이는 외모와 우리 자식들과 수영뿐인 듯했다.

오빠와 내 지인은 우리 부모님이 수영장에서 만났다는 말을 들으면 그럴 줄 알았다는 듯 웃었다. 우리는 롱아일랜드의 집 근처에 있던 야외 문화센터에서 각각 여섯 살과 다섯 살에 처음 수영을 배웠다. 평생 물속에서 살게 될 것을 암시하듯 여름이면 매일 아침 오빠와 함께 수영 수업을 받으러 갔고, 엄마는 바로 옆 레인에서 수영했다. 엄마는 평영을 좋아했다. 첨벙거리며 헤엄치는 우리 옆에서 엄마는 일정한 간격으로 머리를 들어 호흡하고 잔잔한 수면 아래에서 개구리 다리 모양으로 힘차게 평영 발차기를 했다.

아버지는 가끔 오후에 우리를 존스 해변으로 데려가주었다.

차를 타고 둑길을 따라 13킬로미터 정도 달리면서, 물고기 모양의 롱아일랜드와 제방처럼 길게 늘어선 보초도 堡礁島* 사이만에 있는 작은 섬들을 지나갔다. 보초도 너머로 드넓은 에메랄드빛 대서양이 펼쳐졌다. 차창을 내리자 세찬 바닷바람이 달걀껍데기 색깔의 1978년형 볼보 스테이션 웨건으로 몰아쳤다. 썰물이 되자 우리는 갯벌에서 올라오는 비린내에 코를 잡았다.

엄마와 아버지는 우선 해변에서 둘이서만 조깅했다. 달리다가 바다로 뛰어들었고, 아버지는 혼자서 부서지는 파도 너머로 헤엄쳐 가곤 했다. 그곳에서 아버지는 마음의 평안을 느꼈을 것이다. 팔을 저을 때마다 우리에게서 점점 멀어지고, 그러다 어느 순간 아버지는 아열대의 홍콩섬 해변에서 자신과 형과 함께 작살로 물고기를 잡던 시절로 되돌아가는 것 같았다. 엄마는 금방 우리에게 돌아와 타올에 앉았고, 우리는 이따금 고개를 들고 손차양을 만들어, 멀리 파도 속에서 철벅거리는 아버지를 찾았다. 거기서 수영하는 것은 어른의 일이었다. 그리고 나는 해마다 조금씩 그리로 다가갔다.

부모님은 물속에서 무척 행복해보였다. 하지만 현실에서, 육지에서는 자주 다투었다. 엄마는 엄격하고 책임감이 강한 역할을 떠맡아 가계를 꾸리고 공과금을 냈다. 재미있는 예술가인

● 방파제 역할을 하는 섬.

아버지는 아래층 작업실에서 작업에 몰두하면서 새벽 네 시까지 깨어 있었다. 부모님은 정작 중요한 문제에 관해서는, 이를 테면 아버지가 미국에서 왜 외로운지, 엄마가 자식들을 키우느라 어떤 삶을 잃어버렸는지에 관해서는 대화를 나눈 적이 없었다. 그래도 수영에 관해서는 의견이 일치했다. 우리를 데리고 해변이나 수영장에 갈 때는 부모님이 아직 서로를 사랑하는 것 같았다. 물속에 들어가면 집에서 정해진 각자의 딱딱한 역할이 스르르 풀리는 것 같았다. 내게 수영은 그 자체로도 이미 강렬하게 매력적이었지만, 미약하게나마 부모님을 계속 연결해주는 끈이라는 점에서 더 매력적이었다.

그러다 우리 가족은 더 이상 가족이 아니게 되었다. 네 식구 중 여전히 수영하는 사람은 나밖에 없다. 나는 수영하면서 부모님의 이혼을 견뎠다. 수영하면서 대학을 마쳤다. 앨커트래즈Alcatraz섬 수영에도 도전했다. 무릎을 수술하고 수영으로 재활했다. 결혼식 날에도 수영으로 호수를 건넜다. 수영으로 이탈리아 수도원까지 갔다가 돌아오면서, 우리에게 돈을 건 누군가가 이기게 해주었다. 수영으로 첫 아이의 유산을 이겨냈고, 두 아들을 낳기 전날까지도 수영했다. 삼십 년간 수영하면서 평정심을 좇으며 항상 머리를 물 밖으로 내밀었다. 수영은 육체 이상의 여러 면에서 생존할 수 있게 해주었다.

구드라우구르의 이야기와 모켄족과 같은 부족의 생존 이야기는 같은 수영인인 나와도 관계가 있다. 그리고 나는 오스트레일리아의 철학자 데이먼 영 Damon Young의 저서를 읽고 수영하며 접하는 숭고한 경험의 중요성을 이해했다.[8] 18세기의 철학자들은 대립하는 자연의 힘과 관념이 충돌할 때의 초월성과 위력을 고찰했다. 고통과 쾌락, 공포와 경외, 두려움과 유쾌함, 삶과 죽음. 영은 "오늘날 수영할 때는 살아남아야 한다는 절박한 욕구가 없는 상황에서도 생존을 향한 열정에서 희열을 맛본다"라고 적었다. 우리는 수영하면서 삶 그 자체의 강렬하고도 생생한 경험으로 가까이 다가간다.

우리는 진화한다. 그래서 수영하는 것이기도 하다.

건강

WELL-BEING

≈≈≈

태양을 향해 헤엄치다 죽으면 얼마나 좋을까.

- 르 코르뷔지에Le Corbusier

현재 세계 최고의 마라톤 수영선수로 꼽히는 킴 챔버스Kim Chambers는 2009년에 절단할 뻔한 다리를 재활하기 위해, 성인이 된 뒤 수영을 배웠다. 하이힐이 화근이었다. 하이힐을 신고 샌프란시스코에 있는 아파트 앞 계단을 내려가다가 굴러 떨어졌다. 병원에서 이런 말을 들었다. "다리를 겨우 살렸지만 제 기능을 할지는 모르겠습니다." 킴이 다시 걸을 수 있게 되기까지 2년이 걸렸다. 그런데 얄궂게도 장거리 수영에 재능이 있다는 걸 깨닫기까지는 그보다 훨씬 적게 걸렸다.

킴은 현재 세계 최고의 수영선수라고 해도 과언이 아니다. 킴은 사고 이후 처음 수영장에 들어가고 7개월 만에 앨커트래즈섬에서 샌프란시스코까지 거센 파도와 험악한 해류를 뚫고 헤엄쳤다. 현재는 장거리 수영으로 세계 기록 여러 개를 보유하고 있다. 그중에 2015년에 패럴론Farallon 제도에서 금문교까지 약 50킬로미터를 건너는 수영대회에서 세운 기록이 있다. 킴은 이 대회에서 거대한 백상아리가 우글거려 악명 높은 '피의 삼각지Red Triangle'에서 자정 직전에 시커먼 바다로 뛰어들었다. 17시간 조금 넘게 걸려서 완주했다. 관계자들이 배를 타고 따라오는 동안 킴은 멀미와 강풍과 끊임없이 위협하는 백상아리를 마주했다. 평소 생각이 깊은 킴은 전날 밤에 세탁물을 빨래하고 곱게 개켜놓았다. 다시 돌아오지 못할 경우를 대비해 뒷정리를 해두고 싶었던 것이다. 킴은 역사상 여섯 번째로 일곱 대륙의 최고봉에 필적하는 일곱 곳의 바다 수영을 완주했다. 여기에는 영국해협, 지브롤터Gibraltar 해협, 몰로카이Molokai 해협, 타호Tahoe호, 뉴질랜드의 쿡해협, 일본의 쓰가루津軽 해협, 아일랜드와 스코틀랜드 사이의 노스North 해협이 포함된다. 마지막 노스 해협을 완주했을 때는 해파리 수백 마리에 쏘여 독소 쇼크가 오기도 했다.

비가 부슬부슬 내리는 12월의 흐린 아침에 나는 샌프란시스코만으로 킴을 찾아갔다. 킴이 매일 어떻게 연습하는지 직접 보고, 어떻게 그렇게 하게 되었는지도 알고 싶었다. 수온은 약 12도이고 바깥 공기는 약 9도였다. 세계 최고의 바다 수영클럽이자 보트클럽으로 꼽히는 돌핀클럽Dolphin Club 뒤편으로 백사장이 펼쳐진 아쿠아틱파크가 있었다. 그곳에서 킴은 샌프란시스코만을 바라보며 "내가 물에 들어가지 않는 날은 컨디션이 심하게 좋지 않은 날이에요"라고 말했다. 돌핀클럽은 1877년에 설립되었다. 근처에 있는 사우스엔드조정클럽 South End Rowing Club은 더 오래전인 1873년에 설립되었다. 두 클럽 모두 150년 역사의 회원 명단에, 올림픽 출전 선수가 다수 있다. 두 클럽은 서로 치열하게 경쟁하면서도 친밀하다. 킴은 두 클럽 모두의 회원이었다. "내가 둘째라 욕심이 많아요." 킴이 해명하듯이 수줍게 말했다.

수영선수에게 수영하는 행위는, 예스러운 표현으로 '강장제'다. 정력과 건강을 주는 정력제이자 자극제라는 뜻이다. 강장제tonic라는 단어는 그리스어로 '확장하는' 혹은 '확장하기 위한'이라는 의미인 'tonikos'에서 유래한다. 십여 명이 이미 바다에 뛰어들어 선박과 부두와 돛대가 높이 솟은 범선이 만들어내는 비현실적 풍경을 배경으로 수영하고 있었다. 하늘을 담은 은빛 수면 위로 빗물이 후드득 떨어졌다. 과연 묘하게 확장되는 느낌이 들었다. 이렇게 수영하면 마음뿐 아니라 몸도 확장될 것 같았다.

킴은 지나가다 비를 쫄딱 맞은 강아지를 보고 인사했다. 돌핀클럽 회원이 키우는 '스텔라'라는 반려견이다. 스텔라가 으르렁거리고 깡충깡충 뛰면서 킴의 얼굴과 손을 연신 핥았다. 나는 두께가 4밀리미터인 네오프렌 잠수복을 입고도 오들오들 떨었다. 킴은 아무렇지 않아 보였다. 178센티미터 키와 가느다란 몸에 메가와트급 미소를 장착한 킴은, 팔에 묻은 물기를 털기는 해도 추운 기색은 없어보였다. 강아지처럼 어서 물에 뛰어들고만 싶은 표정이었다. 여기 모인 모두가 비슷한 마음인 듯했다. 매일 아침 돌핀클럽에서 수영을 시작하는 여덟 살 미미가 우리에게 씩 웃어주면서 나무판 계단을 성큼성큼 내려가 물속으로 들어갔다. 미미도 킴처럼 수영모와 물안경과 얇은 라이크라 원피스 수영복만 입었다. 여기서 잠수복을 입었다고 뭐라 할 사람은 없지만(돌핀클럽은 누구나 환영한다) 잠수복 없이 수영하는 쪽을 선호하는 분위기였다.

킴은 자신의 수영 분야에 가장 적합한 훈련장을 만났다면서 새삼 감탄했다. 하지만 처음 이 클럽에서 수영을 시작한 것은, 살기 위한 절박한 시도였다. 다리 부상(의학 용어로는 '둔력에 의한 외상으로 다리 한 부위에 심한 압박이 쌓인 상태')을 치료하기 위해 여러 차례 수술로 압박을 풀어주고, 피부를 이식하고, 고압치료를 받고, 샌프란시스코 세인트 프랜시스 병원의 화상 병동에 입원했다. 2년 뒤 드디어 직장으로 돌아갔다. "흉터가 제일 큰 걱정이었어요. 걸음걸이도 무너졌고요. 더는 뛰지도 못하게 됐어요. 내가 나 같지 않았어요." 킴은 긴 바지로 흉터를 가렸고, 보행 보조기를 숨기기 위해 짙은 색 신발을 신었다.

그러다 뉴질랜드에서 살던 어린 시절, 물속에서 자유로운 기분이 들었던 기억이 떠올라 용기를 내서 동네 수영장에서 수영을 시작했다. 남들에게 흉터를 보이기 싫어서 주로 저녁에 갔다. 첫 번째 목표는 1.6킬로미터 거리를 수영하기였다. 수영 자세가 형편없었다. 킴의 스승이자 사업가이자 투자자인 비토 비알라Vito Bialla는 훌륭한 바다 수영인이었다. 그는 킴을 처음 봤을 때는 물갈퀴를 달고도 수영을 못했다고 말했다. 어느 날 수영장에 있던 두 사람이 킴에게 만에 나가 수영해볼 생각이 있냐고 물었다. "만에서 수영을 해요?" 킴이 놀라서 되물었다. 킴은 1995년부터 샌프란시스코에 살았지만 만에서 수영하는 사람이 있다는 말은 들어본 적도 없었다.

2009년 말에 기온이 12도인 어느 서늘한 날, 킴은 아쿠아틱 파크에 도전했다. 추위에도 내내 미소가 떠나지 않았다. 바로 다음 달에, 돌핀클럽에 가입했다. 킴은 이 클럽을 나이와 수입이 제각각인 사람으로 구성된, 모험가의 비밀결사단이라고 부른다. 길에서 회원을 마주쳐도 알아보는 데 한참 걸린다. "일상복을 입고 있어서요." 우리가 처음 만났을 즈음 킴은 마흔을 코앞에 두고 있었다. 이제는 흉터 이야기를 스스럼없이 한다. 킴이 내게 오른쪽 다리를 보여주었다. 괴사한 종아리 조직을 복원하기 위해 이식한 허벅지 피부를 빙 두른 단정한 선이 보였다. "물은 내 스승이에요. 물은 내 피신처예요. 한 주 동안 더러운 기분으로 지내도 물에만 들어가면 깨끗이 정화되거든요. 인위적인 모든 것이 벗겨지고 알몸이 되는 거죠." 다리 흉터는 킴의 재활 과정을 고스란히 담은 지도와 같았다.

우리가 처음 함께 수영한 날 아침에 킴은 손뼉을 치면서 축복하듯이 기합을 넣으며 말했다. "준비됐어요?" 우리는 물에 뛰어들어 앨커트래즈섬을 향해 헤엄쳤다.

5

치유의 물

1750년대에 런던에 주재하던 벤저민 프랭클린은 날마다 템스 강에서 수영했다.[1] 당시 찬물 목욕 치료법이 대유행이었고, 과학자이자 발명가이자 만능 르네상스인인 프랭클린은 거의 평생 알몸 수영에 열광했다. 당시 영국인은 "온갖 질병에 (⋯) 열, 소화기 질환, 우울증, 신경성 안면 경련, 우리 시대의 전염병인 우둔함이 뒤섞인 증상"[2]에 시달렸다. 이렇듯 도시 생활로 인한 지독한 건강 문제에 처방한 기적의 신약은 무엇이었을까? 바로 차가운 바닷물이었다. 이런 이유로 영국해변에 휴양지가 발전했다. 휴양지는 태양을 숭배하거나 일광욕을 즐기기 위한 곳이 아니라, 기적처럼 고통이 치료되길 바라면서 차가운 바닷물에 몸을 담그는 곳이었다. 그야말로 한 국가의 집단 세례식이었다.

수치료법水治療法은 19세기에 대서양을 건너 미국에서 대규모 사업으로 발전했다.[3] 마침 의료기관에 대한 불신이 팽배하던 터라, 사람들은 골절부터 발진티푸스까지 온갖 질병을 수치료법으로 치료하려고 시도했다. 1851년 뉴욕에는 수치료 의과대학까지 생겼다. 남북전쟁이 발발할 무렵에는 미국 전역에 수치료 병원이 200곳 이상 문을 열었고, 수치료 전문 학술지에 논문이 다수 실렸다.[4]

어느 역사가는 수치료에 관해 이렇게 적었다. "수치료를 받는 환자는 물속에 들어가서 앉고, 물속에 몸을 담그고, 물이 쏟아지는 곳에 서서 물을 맞고, 젖은 시트로 몸을 감싸고, 물로 헹군 소박한 식단으로 식사했다." 물, 물, 온통 물이었다. 주로 물에 몸을 담그는 방법이지만 물을 마시기도 했다(하루에 물 여덟 잔을 마시라는 처방은 바로 이 시대가 남긴 유산이다). 차가운 물이 만병통치약처럼 유행했다.[5] "열이 나면 머리를 물에 담가라!" "코피가 나면 코로 물을 들이켜라!" "담배를 씹는 지저분한 습관이 있으면 찬물로 입을 헹궈서 건강한 타액의 흐름을 되찾아라!"

수영은 수치료의 중요한 요소였다. 1851년경에 출판된 여덟 권짜리 《수치료 백과사전Hydropathic Encyclopedia》에서는 '수영-목욕'을 "누구에게나 건강을 지켜주고 위생 상태를 유지해주는 방법일 뿐 아니라 일부 만성질환의 탁월한 치료법"으로 정의했다.[6] 나는 500쪽이 넘는 이 백과사전을 뒤적거리며 강과 해변과 파도풀에 관한 방대한 논의를 찾아보면서 지루해하면서도 감탄했다. 백과사전에는 폐결핵으로 폐가 약해졌든, 만성 변비에 시달리든, 수영이 도움된다고 적혀 있다. 또 수영하면 폐가 튼튼해지고 열리며, 복근이 이완되어 장에 든 내용물이 내려간다고도 적혀 있다. 당시에는 장수하려면 바다 수영을 하라는 대중적 처방에 관한 책자도 다수 쏟아져 나왔다.

물이 만병통치약이라는 믿음은 고대로 거슬러 올라간다.[7] 이집트 왕족은 정유精油를 뿌린 물로 목욕했고, 중국과 일본에서는 전통적으로 온천의 치료 효과를 찬양했다. 그리스인은 각종 수치료법을 심도 있게 연구했다. 고대 그리스 시인인 에우리피데스Euripides는 "바다가 건강을 회복시켜준다"라고 기록했다. 그가 바다에서 익사할 뻔할 때 광견병이 치료되었다는 기록으로 미루어보아, 감사한 마음에서 한 표현일 것이다. 이렇게 물과 질식을 결합한 방법을 '뱃사람 요법sailors' method'[8]이라고 하는데, 이는 고대의 유명한 치료법이다. 광견병 증상 중 하나가 물을 무서워하는 공수증恐水症이므로 고대에는 물을 때맞춰 잘 쓰면 병을 치료할 수 있다고 믿었다(에우리피데스의 말인데 실제로 효과적인 치료법인지는 입증되지 않았다). 히포크라테스와 아리스토텔레스는 뜨거운 해수 목욕을 격찬했다. 로마인은 뜨거운 탕에 몸을 담갔다가 (상쾌하고 차가운 물이 든) 냉탕으로 뛰어들었는데, 치료한 뒤 땀구멍을 닫고 원기를 되찾기 위해서였다.

건강을 위해 몸을 물에 담그는 역사에서 정확히 어떤 원리로 그 방법이 효과적인지는 밝혀지지 않았다. 사람들은 그저 기분이 좋아지는 것만 알았다.

킴 챔버스는 수치료 역사에 관해서는 몰랐지만 부상에서 회복하고 싶은 마음이 간절했다. 2007년 그날 계단에서 구를 때 머리를 먼저 땅에 찧었고, 계단 아래 커다란 도자기 화분에 다리가 박혔다. "저는 통증을 견디는 역치가 꽤 높은 편이에요. 그래서 그냥 타박상이 심한 줄로만 알았어요." 킴은 그날 사고를 당하고도 차를 몰고 출근했다. 다리가 평소보다 두 배로 부었다. 그리고 사무실에서 쓰러졌다. 병원에서 의사들이 다리 두 곳을 절개하고 신경을 손상시키는 붓기부터 빼냈다. 킴은 수술이 끝나고 한동안 깨어나지 못했다. 의사들은 그녀에게 다시는 걷지 못할 수도 있다는 우울한 소식을 전했다.

절망은 어떻게 생겼을까? 어떤 기분일까? 킴에게 절망은 성난 붉은 흉터처럼 생겼다. 절망은 수치스럽고 절뚝거리는 다리를 간절히 숨기고 싶은 기분이다. 자포자기의 심정이다. 바닷가에서 수영하는 아이가 느끼는 자유로운 기쁨과 정반대 기분이다.

킴이 수영장에서 찾으려던 기쁨이 바로 그것이다. 환자로 살면 한동안 급격히 늙는다. 킴은 2년간 진료를 받고 진통제를 먹고 온종일 물리치료에만 매달렸다. 처음으로 샌프란시스코만에서 수영하던 날 아침에 킴은 드디어 다른 세계를 엿본 것 같았다. "부활하는 순간을 영상으로 남긴 사람은 없을 걸요? 전 있어요. 같이 수영하던 남자들이 찍어줬거든요. 54킬로그램으로 마르고 뼈가 부러진 몸으로 흠뻑 젖은 채 덜덜 떠는 모습이요. 똥 씹은 표정으로 세상 환하게 미소를 짓고 있었어요." 종교가 있는 사람이 신을 영접하고 다시 태어나는 순간을 담은 영상이 떠올랐다. 그들은 다시 태어난다. 다들 물속에서 세례를 받으며.

킴은 샌프란시스코만의 찬 바닷물에서 수영을 시작한 뒤로 신경이 심각하게 손상된 오른쪽 다리에 생긴 변화를 감지했다. 다리 감각이 더 많이 돌아온 것이다. 킴이 초기에 의사들에게 말한 이론이 있었다. "찬물에 들어가면 몸의 주요 장기를 보호하기 위해 사지에서 혈액이 다 빠져나온대요." 킴이 퇴근한 뒤 저녁마다 길게 이어진 우리의 통화에서, 킴이 경쾌한 뉴질랜드 억양으로 한 말이다(킴은 최근까지도 수영 훈련을 하거나 수영을 위해 세계를 여행하지 않을 때는 소프트웨어 회사 어도비Adobe에서 지역사회 참여 담당자로 일한다). "몸을 다시 따뜻하게 한 뒤 혈액이 다시 사지로 돌아올 때 산소치료를 받는 셈 아닐까요? 고농도의 산소가 온몸에 흐를 테니까요." 의사들은 이 논리가 타당하다면서 앉아 있거나 땅에서 운동할 때보다 산소가 훨씬 빠르게 순환할 거라고 답했다. 킴의 신경은 그전 2년에 비해 더 빠르게 재생되었다.

나는 물에 관한 진실과 거짓이 뒤섞인 상태를 해결하기 위해 텍사스대학교 심혈관계 노화 연구소 소장이자 신체 운동학 교수인 히로후미 타나카Hirofumi Tanaka 박사에게 전화했다. 히로후미는 인체가 어떻게 작동하고 치유되고 노화하는지를 연구한다. 그는 직업과 성장배경(학교에서 수영이 필수 교과목이던 일본에서 어린 시절을 보냈다)의 영향으로, 건강을 위해 꼭 수영해야 한다고 야단스러울 만큼 열정적으로 주장했다.

히로후미는 수영이 노화에서 가장 중요한 두 가지 특징에 미치는 영향을 연구하는 새로운 분야를 개척했다.[9] "지난 4, 5년 사이 놀라운 일이 벌어졌습니다. 실제로 수영의 효과가 걷기나 자전거 타기의 효과를 능가한다는 사실이 밝혀졌죠. 모두가 놀랐어요." 육지에서 운동하면 혈압이 평균 5에서 7포인트 떨어진다. 그런데 히로후미의 연구에 따르면 수영은 혈압을 평균 9포인트 떨어뜨리는 것으로 나타났다(2~4포인트는 혈압에 관해서 유의미한 수치 차이다). 수영하면 동맥혈관벽의 탄력이 떨어지고 심장근육에 긴장을 가중하는 증상인 동맥경직 수준이 감소한다.

몸을 누르는 수압 자체가 건강을 위한 수영에서 중요한 요소다. 몸을 물에 담그면 혈액이 몸 말단에서 심장과 폐로 흐른다. 그러면 일시적으로 혈압이 상승해서 심장과 폐가 더 열심히 작동한다. 그사이 심혈관계에 효율성과 인내력이 쌓이고 혈압이 서서히 내려간다. 또 수영할 때는 온몸의 근육에 부드러운 저항력이 생겨서 몸이 수압에 맞서 버틸 수 있다.

히로후미는 수영이 장수의 비결이라고 말한다. 수영을 많이 할수록 오래 산다는 뜻이다. 노령 인구가 많은 일본에서는 수영이 큰 인기다. 일본에는 수영을 다룬 만화 장르가 따로 있을 정도다. 히로후미는 도쿄 스카이트리 꼭대기(634미터 높이로 세계에서 가장 높은 타워)에 종종 올라간다. 맑은 날이면 도시의 여러 루프탑 수영장이 반짝거리는 장관을 볼 수 있어서다.

수영이 예로부터 관절염에 좋다고 알려졌지만 과학적 근거는 없었다. 히로후미의 연구팀은 2016년에 확실한 근거를 제시하는 논문을 발표했다.[10] "관절염 환자에게 주된 문제는 통증과 기능입니다. 환자는 날마다 만성 통증에 시달립니다. 그런데 수영 훈련을 한 뒤 통증이 크게 떨어졌습니다. 그리고 환자가 물속에 있을 때도 지상에서 측정하는 기능(걷기, 의자에서 일어서기)이 크게 향상되었습니다. 수영은 관절염에 처방하는 방법 중 최고의 운동입니다. 수영이 이동성(통증 없이)을 높여주고 혈액순환을 원활하게 만들어주기 때문이죠." 히로후미는 수영 연구를 찬물 수영장, 주로 수온이 약 26도 이하인 일반 수영장에서 진행했다.

킴 챔버스의 직감이 맞았다. 찬물에서 매일 수영하자, 달리거나 자전거를 탈 때보다 혈관 기능이 강화되는 것 같다던 그 느낌이 맞았다(혈액이 온몸으로 건강하게 순환하면서 혈액이 필요한 부상 부위까지 흘러갔다). 가장 중요한 것은 통증 없이 운동할 수 있다는 점이다.

"수영하지 않으면 통증이 심해진다. 통증이 심하면 내 삶은 어떻게 될까?"[11] 작가 멜리사 헝Melissa Hung은 만성 통증을 안고 살아가는 삶을 다룬 에세이에서 수영을 일상을 견디는 행위로 표현한다. 그녀의 두개골 속에 두통이 영구히 자리한 뒤로 수영장에서만큼은 통증이 잠시나마 무대 중앙에서 물러난다. 수영장은 헝이 '움직이지 않을 몸a body that will not behave'에서 잠시나마 벗어나는 공간이다. 수영하면 아프지만 수영하지 않으면 더 아프다.

프랭클린 D. 루스벨트 대통령은 소아마비를 앓았다. 그는 백악관에 수영장을 만들고 하루에도 몇 번씩 수영했다.[12] 평생 허리통증을 달고 살고 극심한 신체적 고통에 시달리던 존 F. 케네디도 백악관 수영장을 사랑해서 점심과 저녁에 식사하기 전에 수영했다. 루스벨트 대통령이 만든 수영장은 현재도 백악관 기자회견장 아래 그대로 남아 있다.

부력, 부유, 가벼움. 자유로움. 수영을 이야기할 때 흔히 쓰는 표현이다. 물질 세계에서 갈구하는 존재의 가벼움, 존재의 안녕감을 이야기할 때도 같은 표현을 쓰는 것이 우연일까?

돌핀클럽 아래층의 보트 창고와 정문 계단 사이의 벽에는 헨리 데이비드 소로우의 《월든》의 한 구절이 붙어 있다. "날마다 자신을 새롭게 하라. 새롭게 하고 또 새롭게 하고 끝없이 새롭게 하라."

"저 앞을 지날 때마다 새로워지려고 마음먹어요." 어느 날 킴이 나와 함께 보트 창고에 있는 위층 창밖으로 샌프란시스코만을 내다보면서 말했다. 우리는 겨울과 봄에 걸쳐 자주 만나 함께 수영했다. 그날 아침은 폭풍우가 몰아치고 파도가 거칠어보였다. "누구에게나 나쁜 날도 있고 가슴 아픈 일도 생겨요. 그래도 바다로 들어가면 리셋 버튼을 누르는 것 같아요. 머리가 아주 맑아져요." 킴은 물속에 들어갈 때마다 물이 그녀의 기분에 맞춰서 반응해주는 것 같다고 했다. "그래서 매일 수영해야 해요."

킴은 50킬로미터 가까이 떨어진 태평양의 패럴론 제도에서 수영할 때, 인간을 무력하게 만드는 심해의 힘을 느꼈다고 했다. 패럴론 제도 주변 반경 8킬로미터 이내에는 거대한 백상아리가 득실거렸다. 그 바다에서 킴은 지나가는 손님일 뿐이었다. 킴은 패럴론 제도에서 최초의 여성 계주 수영팀 소속으로 기록을 세웠고, 최초의 여자 개인 기록을 세웠다. 이후로도 온갖 위험을 무릅쓰고 어떻게든 그곳에서 수영하려 했다. 오로지 수영만을 위해 주말에 잠깐 다녀올 때도 있다.

킴은 이렇게 말했다. "모든 감각이 깨어나요. 해양 생물의 냄새가 나는 것 같아요. 수심 2, 3킬로미터 심해에 있는 느낌. 나는 그저 수면에 떠 있는 한낱 인간일 뿐이죠." 비토 비알라는 패럴론 제도에서 수영하는 경험을 천국에서 악마와 대화하는 느낌에 비유했다. 킴은 변화무쌍한 바다가 매혹적이라고 했다. "내 아래에서 뭐가 헤엄치는지 몰라요. 사방에서 물개들이 헤엄치고 새들이 날아다니죠. 내가 그곳에 있으면 안 되는 존재인 건 알아요. 난데없이 상어가 출몰하기도 해요. 그렇게 위험이 도사리는 세상의 변두리에서 그렇게 주위와 연결되어 있으면 아찔해요."

킴은 사고를 당하기 전에는 모든 일을 잘 통제하는 사람이었다고 한다. 특히 몸과 외모와 체중에 집착했다. 실리콘밸리에서 장시간 일하고 연봉을 많이 받았다. "전 피상적인 사람이었어요. 발레리나 수업도 들었고요. 제 세계에서는 모든 것에 규율이 잡혀 있었어요." 킴은 수영을 배우고부터 통제를 포기하고 불확실한 공간에서 잘 사는 법을 터득했다고 한다.

킴은 열심히 일하면서 대규모 수영대회도 준비하지만 지금 그녀에게는 바다에 뛰어들어 무슨 일이 닥칠지 모르는 경험보다 더 신나는 것이 없다. "우리는 땅에서 살고, 무슨 일이 일어날지 안다고 믿어요. 그런데 사실은 몰라요. 저는 매사에 순종하는 법을 배웠어요. 그러면 자유롭고 무섭기는 해도 현대판 탐험가가 된 기분이 들어요. 패럴론 제도의 바다에 뛰어드는 사람은 많지 않아요. 거기서는 우주비행사가 된 기분이 들어요." 2016년에 킴은 탐험가클럽Explorers Club에 가입했다. 이 클럽에는 제인 구달, 닐 암스트롱, 에드먼드 힐러리 경Sir Edmund Hillary, 텐징 노르게이तेन्जिङ नोर्गे शेर्पा, 실비아 얼Sylvia Earle, 샐리 라이드Sally Ride, 토르 헤위에르달Thor Heyerdahl 같은 우주비행사와 탐험가가 회원으로 있다.

아침에 킴과 함께 수영하면서 나는 그녀가 매일 샌프란시스코만에서 수영하면서 그녀만의 악령들과 마주한다는 것을 알게 되었다. 그리고 악령들과 악수한다는 것도. 10년 전에 킴은 다시는 걷지 못할 사람이었다. 그런데 이제 예전에는 있는 줄도 몰랐던 분야에서 세계 기록을 여러 개 보유한 사람이 되었다. 불편함을 꺼리는 게 인간의 본능이다. 하지만 킴은 저 너머에 무엇이 있는지 보기 위해 불편함을 무릅쓰고 놀라운 무언가를 발견한다.

어느 가을에 나는 앨커트래즈섬에서 샌프란시스코까지 수영해서 건너기로 했다. 그리고 성공했다. 예전에 감옥이 있는 섬에서 야간 투어에 참여했다가 들은 이야기 중 기억에 남는 이야기가 있다. 앨커트래즈섬과 샌프란시스코 시내가 가까워서 죄수들이 바다 건너에서 들려오는 삶의 소리에 홀린다는 말이다. 도시 사람들이 새해 전야에 파티를 열고, 파티장의 왁자한 열기가 차갑고 거센 파도가 이는 만을 건너가면, 죄수들에게는 샌프란시스코 해변이 손에 닿을 듯 가까워 보였다. 궁극의 고문이었다. 그렇게 가깝다는 사실이.

험준한 바위투성이의 황량한 섬 앨커트래즈는 총면적이 2.5제곱킬로미터도 안 되는 작은 섬이다. 섬의 어느 곳에서나 샌프란시스코와 너른 만과 녹슨 빛깔의 금문교가 장관으로 보인다. 샌프란시스코의 원주민 올론Ohlone족의 구전에 의하면 앨커트래즈섬은 애초에 원주민이 부족의 법을 어긴 자를 벌하기 위한 유배지였다.[13] 특히 밤에 이 섬에 가보면 알 수 있다. 그렇게 넓은 공간에 닻을 내린 작은 존재가 된 기분을.

록Rock이라고도 불리는 앨커트래즈섬은 30년 가까이 연방 교도소로 사용되었다. 1934년부터 1963년까지(마실 물을 비롯해 모든 물자를 배로 운반해야 하기에 교도소 유지비가 치솟아 결국 폐쇄되었다) 알 카포네Al Capone, 로버트 스트라우드Robert Stroud(일명 앨커트래즈섬의 새 박사, 앞서 레번워스 교도소에 수감된 동안 유명한 조류학자가 되어 새 박사로 불렀다), 미국의 유명한 열차 강도이자 당대 가장 악명 높은 탈출의 귀재인 로이 가드너Roy Gardner처럼 위험한 죄수들이 앨커트래즈섬에 수감되었다. 가드너는 1934년에 앨커트래즈섬으로 이감되었다가 사면을 호소한 끝에 1938년 7월에 석방되었다. 그리고 이듬해에 출판한 자서전이 선풍적 인기를 끌었다.[14] 자서전 제목은 그에게 중요한 장소의 이름을 따서 《헬커트래즈Hellcartraz》라고 지었다. 그는 자서전에 앨커트래즈섬에 1년만 더 갇혀 있었어도 자살했을 거라고 적었다.

록은 사람을 미치게 할 수도 있는 곳이었다. 위협적인 감옥으로 악명이 높았다. 결국에는 인간이 굴복하도록 설계된 곳이었다. 기록에 따르면 총 16차례 탈출 시도가 있었고, 서른여섯 명이 연루되었다. 그중에 가장 유명하고 철저히 계획한 탈출 시도는 프랭크 모리스Frank Morris와 앵글린Anglin 형제가 1962년 6월에 감행한 탈출이다. 앵글린 형제는 날카롭게 만든 숟가락으로 굴을 파서 감방을 빠져나왔다. 감방 안 침대는 담요로 덮고, 비누와 화장지와 머리카락으로 만든 가짜 머리통을 올려놓았다. 그들은 몰래 모아둔 우비 50장을 연결해 공기를 주입해서 뗏목을 만들어 타고 한밤중에 바다로 나갔다. 그들은 끝내 발견되지 않았지만 최근 컴퓨터 모델링과 그날의 조류 기록을 토대로 한 연구에서 그들이 바다로 빨려 들어가지 않았을 일말의 가능성이 있다고 밝혀졌다.[15] 그들이 금문교 북쪽 곳에 상류했을 가능성이 있고(그들이 상륙하고 남은 잔해는 조류에 휩쓸려 앤젤Angel섬으로 떠내려갔을 수도 있다), 실제로 FBI가 앤젤섬에서 세 사람의 것으로 보이는 개인 소지품과 노를 발견했다. 물론 가장 가능성이 큰 결과는 저체온증과 익사다.

존 폴 스콧John Paul Scott이라는 죄수는 1962년 12월에 앨커트래즈섬에서 금문교 남단 포트 포인트까지 헤엄쳐 건넜다. 스콧의 사례는 죄수로서는 유일하게 무사히 샌프란시스코 해안에 도착한 사례로 기록되었다. 차가운 수온(주로 15도 미만), 사나운 파도(6노트 이상의 속도), 뾰족한 암초(몸이 갈가리 찢길 정도), 상어(더 설명하기 입 아플 정도로 당연함)로 인해 그 바다를 건너기란 불가능에 가까웠다. 그런데 스콧이 불가능하지 않다는 사실을 입증했다.

스콧은 다른 죄수와 훔친 고무장갑으로 튜브를 만들어 양팔에 끼웠다(두 사람은 주방에서 일했다. 스콧과 함께 탈출한 죄수는 감옥에서 탈출할 때 발목이 부러져 바로 붙잡혔다). 스콧은 썰물에 포트 포인트에 도착해 저체온증으로 의식을 잃은 채 청소년 네 명에게 발견되었다. 그리고 프레시디오 병원에 잠시 입원했다가 다시 앨커트래즈섬으로 보내졌다.

최고 보안 연방 교도소를 샌프란시스코에서 2.5킬로미터밖에 떨어지지 않은 작은 섬에 짓기로 한 결정한 데는 집단적 믿음이 작용했다. 라이커스Riker's섬(브롱스와 퀸즈 사이에 위치하며 뉴욕 라구아디아 공항의 활주로와 인접한 섬)과 앨커트래즈섬 같은 곳의 교도소를 도시와 아주 가까이 지어놓고 바다에 둘러싸여 있으므로 탈옥 등의 위험에서 안전하다고 믿은 것이다.

한편 교도소 밖에서는 이미 1920년대부터 수영인들이 앨커트래즈섬을 둘러싼 바다를 시험했다. 연방 교도소가 들어오기 전에 앨커트래즈섬은 군사 시설과 수용소로 사용되었다(미국 남북전쟁 초기에는 남부동맹의 포로를 이 섬에 수용했다). 앨커트래즈섬이 연방 교도소로 바뀌기 1년 전인 1933년에 앨커트래즈섬에 주둔하던 하사관의 딸인 열일곱 살 아나스타샤 스콧Anastasia Scott(죄수 존 폴 스콧과는 전혀 무관하다)이 앨커트래즈섬에서 샌프란시스코까지 43분 만에 건넜다. 그녀의 뒤로 배가 따라가며 지켜주었다.[16] 스콧은 여자로서는 최초로 이 해역에서 수영 기록을 남겼다. 그로부터 얼마 뒤 샌프란시스코의 수영선수 도리스 매클라우드Doris McLeod와 글로리아 시글리아노Gloria Scigliano가 앨커트래즈섬을 연방 교도소로 바꾸기로 한 결정에 항의하기 위해 이곳을 헤엄쳐 건넜다. 맥러드는 2시간 만에 두 가지 방법으로 건넜다. 이들 셋은 모두 뛰어난 수영선수로서 조수 조건을 훤히 알았다. 그래서 누군가는 이들이 어둠을 틈타 몰래 탈출한 것도 아니고 교도소 식단으로 겨우 먹고살고 운동도 거의 혹은 전혀 하지 못한 몸 상태가 아니었다는 점을 지적했다.

나는 친구 스티브와 함께 앨커트래즈섬에서 열리는 수영대회에 참가하면서 앨커트래즈 수영대회에서 주로 결승점으로 삼는 아쿠아틱파크 인근 바다에서 훈련했다. 여기서 만으로 나가면서 파도의 세기를 가늠할 수 있다. 이곳에서 처음 훈련했을 때 어쩐지 불안했다. 가슴이 조이고 오래 수영하면서 느껴보지 못한 특유의 불안감이 밀려왔다. 숨이 잘 쉬어지지 않았다. 예상치 못한 추위 때문인지, 생각보다 꽉 끼는 잠수복 때문인지는 확실치 않았다. 잠시 쉬면서 선헤엄을 치면서 서로를 살필 때 스티브가 환하게 웃어주었다. 그는 내 얼굴을 보면서 "진정해"라고 말했다. 그리고 "숨 쉬어"라고도 말했다.

대회 당일 아침, 추위에 철저히 대비했고 만의 썰물에 휩쓸려 순식간에 바다로 빨려 나가는 데도 어느 정도 익숙해졌다. 컨테이너선이 멀리 떨어진 것처럼 보여도 순식간에 코앞으로 다가올 수 있다는 사실도 알았다. 우리를 따라올 배의 항해사 개리 에미치Gary Emich는 앨커트래즈섬에서 샌프란시스코까지 1,000번째 수영으로 세계 기록을 세운, 바다 수영의 전설이었다. 나는 스티브의 말대로 컨디션을 조절했다. '진정하고 숨을 쉬자.'

그날 참가자는 모두 여섯 명이었다. 수온은 약 13도이고 가벼운 바람에 수면이 일렁였다. 우리는 오전 9시 전에 앨커트래즈섬에 도착해 밀물에 바다로 들어갔다. 차가운 바닷물에 들어가자 처음에는 숨이 잘 쉬어지지 않았다. 우리는 우리 배와 항해사 앞에서 마지막으로 전열을 가다듬었다. 그날 아침에 찍은 사진 속 나는 웃고 있었다. 사진 속 풍경은 실제로 느낀 것보다 따스해보이고 내 물안경에 비친 태양이 은빛으로 반짝였다. 우리는 도시를 향해 헤엄쳤다.

물살을 가르며 리듬을 탔다. 순간 수영이 전투로 느껴지지 않았다. 호흡하고 팔을 젓고 팔을 젓고 호흡할 때마다 편안한 규칙성이 생겼다. 우리는 이번 수영에 준비가 되어 있었다. 입수할 때 가슴을 조이던 밴드가 느슨해졌다. 규칙적으로 다가오는 높은 파도를 불안이 아니라 침착한 마음으로 맞이하면서, 시간을 세심히 계산한 발차기로 열심히 파도를 갈랐다.

간간이 나타나는 해초 뭉치 이외에는 해양 생태계의 불길하고 위험한 방해물을 피해다녔다(참, 최근에 이곳에서 바다사자에게 물리는 사고가 큰 문제로 부각되었다). 특이한 어안魚眼의 각도로 금문교와 앨커트래즈섬을 바라보자 우리가 들어가려는 희귀한 클럽이 어떤 모습인지 그려졌다. 45분이 순식간에 지나고 어느새 우리는 아쿠아틱파크에 도착했다. 우리의 항해사 에미치가 아주 멋진 시간이었다고 말했다.

6

우리의 혈관에 흐르는 바닷물

바다에 들어가면 날마다 몸이 물의 기분과 리듬과 온도에 맞춰진다. 수온이 약 11도일 때는 차가운 아이스크림을 먹을 때처럼 머리가 땡해진다. 10도에서는 손목 관절이 아프다. 킴과 돌핀클럽 회원들과 사우스엔드조정클럽 회원들은 느낌으로만 수온을 정확히 알아맞혔다. "오늘은 어떨 것 같아요? 15도?" 어느 날 킴이 물속에서 내게 물었다. 왜 그렇게 생각하는지 묻자 '느낌이 아주 좋아서'라고 답했다. "맞아요, 큰돈을 걸 수도 있어요. 16도는 아니고…. 가서 온도계를 확인해봐요."(물론 킴이 맞았다)

태아는 자궁에서 숨을 들이마시고 내쉬면서 폐를 키워나간다. 몸에는 턱과 기도의 일부를 이루는, 이른바 '아가미구멍gill slit'

이 있다.[1] 아가미로 호흡하는 수생 척추동물에서 진화한 흔적이다. 바닷물과 인체 혈장의 무기질 함량이 유사해서 백혈구는 바닷물에서도 한동안 살아서 기능할 수 있다.[2] 이처럼 혈관 속에 바닷물이 순환한다는, 허무맹랑하지만은 않은 개념을 떠올리자 기분이 좋아졌다.

30년도 더 전에 구드라우구르가 바다에 빠진 이래로 극단적으로 차가운 물에서 비정상적인 적응력을 보이는 사람에 대한 과학 연구가 이루어졌다. 최초로 베링 해협에서 수영한, 전설의 바다 수영선수 린 콕스Lynn Cox도 그중 한 명이다.[3] 콕스는 1987년에 알래스카에서 소련까지 수온이 3도 정도로 떨어진 바다를 헤엄쳐 건넜다(〈뉴욕타임스〉의 머리기사 제목은 〈길고도 차가운 수영〉이었다. 이후 콕스의 반응이 보도되었다. "그냥 해변 소풍, 바닷가의 고상한 티파티였어요. 다만 귀빈으로 참석하러 가는 길이 고역이었을 뿐이죠"). 이듬해 구드라우구르와 콕스는 같은 학술지에 나란히 실렸다.[4] 북극 수영이 스포츠가 될 수 있는지에 관한 학술적 논의에서였다.

2002년에 콕스는 수온이 0도인 남극대륙 바다에서 1.6킬로미터 이상 수영했다. 그리고 이 조건에서 수영한 최초의 인물이 되었다. 2007년에는 수온이 영하 2.7도 이하인, 그린란드의 디스코Disko만에서 수영했다. 미국 여성의 평균 체지방률은 22~25퍼센트다. 콕스의 체지방은 약 35퍼센트다.[5] 또한 체지방량보다도 체지방이 전신에 고루 분포하는 상태가 중요하다. '체내 잠수복'을 입은 격이라 몸이 계속 따뜻하고, 바닷물의 부력에 의해 아주 적은 에너지로도 최적의 수영 자세를 유지할 수 있었다. 콕스는 구드라우구르처럼 의학 연구에 기여했다.[6] 덕분에 연구자들은 다발성 경화증의 새로운 치료법에 대한 통찰을 얻고(차가운 물에서 수영하면 물에 들어간 이후 장시간 근긴장이 크게 감소할 수 있다) 심장과 척추와 뇌 질환에 대한 치료 절차를 크게 개선했다(몸을 차갑게 하면 붓기와 외상이 감소할 수 있다).

일례로 의사들은 콕스가 찬물에 들어가 있는 동안 손에 있는 혈류의 특징을 연구하여 수술에 적용할 새로운 방법을 찾아냈다. 또 차가운 물에서 콕스의 몸 중심부의 온도가 실제로 올라간다는 사실도 확인했다. 콕스가 냉탕에 들어갈 때 어떤 변화가 생기는지 확인해보니, 2분 만에 체열이 1도 정도 올라갔다(구드라우구르는 이런 검사를 받은 적이 없다).

그리고 영국계 남아프리카 수영선수 루이스 퓨Lewis Pugh는 수영계의 에드먼드 힐러리 경Sir Edmund Hillary*이라는 별명을 얻었다. 퓨는 북극과 에베레스트산의 해빙수 호수와 남극대륙의 로스Ross 해에서 수영했다. 퓨를 연구한 학자들은, 입수하기 전

● 1953년 5월 29일 세계 최고봉 에베레스트산을 최초로 오른 뉴질랜드 산악인.

부터 몸 중심부의 온도가 이미 상승해서 38.3도까지 올라가는 사실을 확인했다. 남아프리카 케이프타운대학의 스포츠 생리학자 팀 녹스Tim Noakes 교수가 처음 발견한 현상이다. 녹스는 학술지 〈랜싯Lancet〉에서 이 현상을 '선행 열발생anticipatory thermogenesis'이라고 지칭했다.[7] 사건이 일어나기 전에 미리 열이 발생하는 현상이라는 뜻이다. 퓨가 오랜 세월 차가운 물에서 조건형성條件形成되면서 파블로프의 반응을 보이는 것이다.

우리 같은 일반인이 차가운 물에 들어가면 몸에서 어떤 변화가 일어날까? 장수 연구자 히로후미 타나카에게 찬물 수영과 건강에 대한 장기간 연구가 있는지 물었다. "찬물에 얼굴을 담글 때 일어나는 반응, 즉 '잠수 반사diving reflex'는 잘 알려져 있어요. 피부 혈관이 수축하고 심박수가 급격히 떨어지죠. 하지만 차가운 물에서 운동하는 상황에 장시간 노출된 조건에 관한 연구는 아직 부족해요." 그리고 그는 '아마海女'라고 불리는 일본 해녀에 관해 말해줬다.

히로후미는 2년 전에 일본으로 돌아가 일본과 한국의 여자 잠수부를 연구했다.[8] '아마'는 일본어로 '바다의 여자', 즉 '해녀'라는 뜻이다. 바다에 잠수해서 조개류를 따는 전통이 2,000년이나 이어져 내려온 이 지역의 여자들은 열세네 살부터 물질을 시작한다. 히로후미가 연구한 집단은 평균 65세의 여자들이었다. 동남아시아의 해양 유목민 모켄족처럼 '아마'도 잠수 기술과 바다의 중요성에 관한 지식을 이야기 형식으로 누대에 걸쳐 전달했다. 모켄족 아이처럼 해녀의 신체도 조개를 캐면서 바뀐다. 해녀는 1년 내내 매일 200번씩 물속에 들어간다. 히로후미에 의하면 이들의 혈관 기능은 매우 강하다.

해녀는 하루에도 수백 번씩 잠수 반사에 노출된다. 히로후미는 해녀의 동맥 구조와 기능이 여타 잠수하는 포유류와 유사한지 알아보았다. 해녀는 같은 어촌에 사는 다른 성인에 비해 심박수가 현저히 적고 동맥경직 확률이 현저히 낮았다. 하지만 청력 상실에 시달렸다. 50년간 찬물에 노출되면서 나타난 부작용이다.

차가운 물의 치료 효과에 관한 과학 연구는 아직 부족한 점이 많다. 하지만 수치료 효과에 관한 연구가 점차 축적되고 있다.[9] 한편 따뜻한 물에 들어갈 때도 원기가 회복된다. 연구에 의하면 약 32도 물에서 1시간 동안 머리를 내밀고 있으면 심박수와 혈압이 떨어지고 몸이 이완된다.[10] 같은 시간 동안 14도의 물에 들어가 있으면 신진대사율이 350퍼센트 상승하고 도파민이 250퍼센트 증가한다. 또 다른 연구에서는 겨울에 찬물에서 자주 수영하자 참가자의 긴장과 피로와 통증이 감소하고 전반적으로 건강이 좋아진 것으로 나타났다.[11]

돌핀클럽의 사진만 봐도 수영으로 건강해진다는 점을 확인할 수 있다. 1974년에 잭 라렌 Jack Lalanne (미국 피트니스계의 거물)

은 수영하면서 보트를 끌고 90분도 안 되는 시간에 앨커트래즈섬에서 돌핀클럽까지 건너왔다. 다리에 족쇄를 채우고 손에 수갑을 채운 채로. 그날 모습을 담은 흑백사진 속 라렌은 믿기 어려울 만큼 강인한 모습으로 아쿠아틱파크에 다가오면서, 승리의 의미로 수갑 찬 손목을 높이 들고 있다. 그의 나이 예순 살이었다. 라렌은 일흔 살에 다시 수갑과 족쇄를 차고 롱비치 항구부터 약 2.5킬로미터를 70명이 탄 배 70척을 끌면서 수영했다.

라렌은 매일 수영했다. 그는 돌핀클럽의 평생 명예회원이었다. 그는 2011년에 아흔여섯의 나이에 사망했다.

어느 아침에 나는 아쿠아틱파크에서 어깨를 철썩이는 찬 바다에서 킴에게 바다 수영을 더 잘하는 몸이 따로 있다고 생각하는지 물었다. 인간의 신체 수행 능력에 관한 새로운 연구에 의하면 엘리트 수영선수는 엘리트 육상선수와는 달리 어느 종목에서든 다양한 체격 조건에서 뛰어난 기량을 발휘할 수 있다고 한다.[12] 2012년 런던올림픽에 참가한 육상선수를 분석한 결과에 의하면 200미터 단거리 달리기 선수가 마라톤 선수보다 체격이 크지만 50미터 자유형 단거리 수영선수는 키나 성별을 막론하고 10,000미터 바다 마라톤 선수와 체질량이 비슷했다. 어떤 체격이든 물속에서는 잘할 수 있는 듯하다. 하지만 차가운 물에서는 어떨까? "글쎄요, 차가운 물에 있으면 갈색지방이 증가한다는 말이 있어요." 함께 선혜엄을 치면서 킴이 말했다. "갈색지방brown fat이 에너지를 소모해서 열을 생성하고 백색지방white fat은 그렇지 않아요." 킴이 웃으면서 어깨를 으쓱한다. "그렇다고들 하더라고요."

그날 수영을 하고 얼마 뒤 차를 몰고 남쪽으로 8킬로미터 정도 달려서 교각로를 지나갔다. 옥상정원에서 골든게이트파크가 내려다보이는 초현대적인 고층건물에 있는 신고 카지무라Shingo Kajimura 박사의 연구실을 찾아갔다.[13] 그에게 지방과 차가운 물과 건강이 서로 어떤 영향을 미치는지 물었다. 샌프란시스코 캘리포니아대학교의 생화학자인 신고 박사는 지방세포가 비만과 대사성질환과 싸우는 기제를 조작하는 실험을 진행했다. 여유로운 태도로 소년처럼 해맑게 웃는 신고 박사는 동물이 환경에 어떻게 적응하는지에 유독 관심이 많았다. 어린 시절에 도쿄 교외에서 살면서 생선을 잡아 저녁상에 올렸다고 했다. 정어리나 도다리 같은 생선이었다. 그는 과학자가 되지 않았다면 어부가 되거나 샌프란시스코에서 스시 요리사로 일했을 거라고 했다.

그는 처음에 물고기의 적응력에 관심을 가졌다가(연어는 어떻게 민물에서 바닷물로 나갈 수 있고, 메기는 어떻게 더러운 물에서 잘 살 수 있는지), 나중에는 포유류가 추운 환경에 어떻게 적응하는지로 관심을 돌렸다. "전에 미시간에서 산 적이 있어요. 늘 추위에 관해 생각했죠." 그러다 그의 관심이 뜻밖의 방향으로 흘렀다. 결국에는 지방에 관한 최첨단 과학으로 관심을 돌렸으니 말이다.

신고는 내게 두 종류의 지방에 관해 설명했다. 인간은 여느 포유류처럼 백색지방과 갈색지방이라는 두 종류의 지방을 가지고 태어난다. 백색지방은 에너지를 저장한다. 갈색지방은 에너지를 소모해서 열에너지를 생성한다. 찬물 수영은 장기간 추위에 노출되는 상태와 운동이 결합한 형태이고, 추위든 운동이든 모두 백색지방을 변화시켜(베이지색지방beige fat으로 바꾼다) 신진대사를 촉진하는 효과가 있다고 알려졌다.

신진대사는 뜨거운 주제다. 신고는 LA와 뉴욕의 헬스장에서 자주 전화를 받는다고 했다. "추운 데서 요가 수업을 시작하려고 하는데 괜찮을까요?'라고 문의가 와요." 그가 웃으면서 말했다. "그러면 저는 '상황에 따라 다르다'라고 답하죠. 추운 데서 운동하는 것이 어떤 사람에게는 좋지만 어떤 사람에게는 좋지 않으니까요." 명쾌한 답변이 아닌 건 그도 안다. 과학이 원래 그렇다.

백색지방 세포는 90퍼센트 가까이가 지질lipid로 이루어진다. 싱고는 에너지 비축물이 사는 곳이라고 표현한다. 반면에 갈색지방은 인체에서 미토콘드리아가 가장 풍부한 세포로, 연료를 태우는 엔진과 같다. 쥐 실험에서 쥐를 운동시키면 백색지방이 변화하는데, 서늘한 온도에서 운동시키면 변화가 더 많이 진행되는 것으로 나타났다. 이렇게 생성된 베이지색지방은 비만과 당뇨에 걸릴 가능성을 낮춘다. 그래서 실험 쥐는 고지방식을 섭취해도 살찌지 않고 건강한 상태를 유지할 수 있었다. 하지만 새로운 연구 분야라서(성인에게도 갈색지방이 있다는 사실이 입증된 때는 2009년이었다) 이런 기제가 분자 수준까지는 아직 명확히 밝혀지지 않았다.

아기는 갈색지방을 다량 가지고 태어난다. "아기는 근육이 많지 않아서 추워도 몸을 떨어 열을 생성하지 못해요. 그래서 갈색지방이 체온 조절에 매우 중요한 역할을 하죠." 신고가 설명했다. 그리고 과학적 예를 하나 들어주었다. 아기의 등과 목에는 갈색지방이 다량 분포해서 실제로 그 부분이 갈색으로 보인다는 것이다. 겨울에 목도리를 두르는 부위와 거의 일치한다.

하지만 50대나 60대에 이르면 갈색지방이 급격히 감소하는데, 나이가 들면서 비만이 되는 것과 관련이 있다. 신고는 이렇게 설명했다. "그 나이쯤 되면 살이 쪄요. 음식을 많이 먹어서가 아니에요. 흥미롭게도 그 시기에 체중이 불어나는 까닭은 에너지 소비가 감소하기 때문이에요. 원인이 명확히 밝혀진 것은 아니지만 갈색지방 손실을 원인으로 추정하죠. 왜 그럴까요? 혹은 갈색지방이 손실된 뒤에도 에너지를 소모하는 새로운 형태의 갈색지방을 생성해서 체중을 되돌릴 수는 없을까요?"

추위에 노출되면 인체에서 스트레스 반응이 나타난다. 우리 몸은 추위를 느끼면 혈류와 혈관 구성과 혈액순환으로 보완한다. 그런데 추위가 에너지를 소모하는 데 가장 효율적인 방법이라고 해도(운동보다 더 효율적이라고 해도) 심장에는 좋지 않다. 추우면 혈관이 수축하고 혈압이 상승한다. "겨울에 아침 일찍 연세 드신 분에게 뇌졸중이 발병하기도 해요. 추위에 노출되는 상황이 건강한 사람에게는 도움이 될지라도 심장 질환이 있는 사람한테는 좋지 않아요. 운동과 같은 거죠. 역기를 들거나 힘든 운동을 하는 게 심혈관 질환이 있는 사람한테는 좋지 않듯이요. 그러니 모두에게 적용되거나 모두를 위한 이론으로 일반화하면 안 됩니다. 연령, 건강 수준, 가족력에 따라 모두 다르게 적용되죠."

하지만 신고는 수영과 차가운 물이 건강에 미치는 시너지 효과에 관심이 많다. "어릴 때 일본에서 살 때 저희 할머니는 한겨울에도 자꾸 밖에 나가 놀라고 하셨어요." 할머니의 말씀은 이랬다. 애들은 추운 데 나가 놀아야 한다. 웃통을 벗어라, 그러면 의사를 멀리할 수 있다.

"러시아에서 시베리아 사람들을 만난 적이 있어요. 그 사람들은 항상 차가운 물에 뛰어들어요." 신고가 감탄하듯이 말했다. "심혈관계에도 매우 좋지 않은 습관이죠. 하지만 그 사람들은 이런 습관에도 좋은 면이 있다는 걸 알아요. 면역력, 곧 바이러스에 대한 내성이 길러지죠. 다만 왜 그런지는 확실히 알려지지 않았어요." 구체적인 기제가 아직 명확히 밝혀지지는 않았지만 과학적 증거가 점차 늘어나고 있다.

2012년에 러시아는 광대한 시베리아 지역의 튜멘 Тюмень에 있는 얼어붙은 호수 한복판에서 최초로 겨울 얼음 수영대회를 개최했다. 주최 측이 얼음을 깨트려 길이 25미터의 레인 네 개를 만들었다. 세계 각지에서 참가자가 모여들었다. 이스라엘의 얼음 수영선수 람 바카이 Ram Barkai도 참가했다. 남아프리카에 거주하는 그는 2009년에 국제얼음수영협회 International Ice Swimming Association를 설립하여 차가운 바다 수영을 표준화했다.

"참가자들은 대회 첫날 경악할 정도인 추위 앞에서, 미친 듯이 술을 퍼마시고 싶은 강렬한 충동을 애써 눌렀다"라고 바카이는 기억한다. 둘째 날에는 기온이 영하 30도까지 떨어져 전날 경기를 마치고 밖에 놔둔 젖은 수건이 얼어서 똑바로 서 있을 정도였다. 수온은 어는점인 0도였다. 바카이는 1킬로미터 종목에 참가하라는 안내 방송을 듣고 다시 경기장으로 나가기 직전에, 러시아 여자 선수가 물안경도 쓰지 않고 머리를 내민 채 평영으로 들어오며 장거리 여자 경기를 마무리하는 모습을 보았다.

"그 선수는 속눈썹이 얼어붙어 눈을 못 뜰 정도였어요. 사람

들이 그녀를 사우나로 끌고 가다시피 해서 서서히 눈을 녹여주
었고요. 콧속도 얼어붙었어요. 얕은 숨을 천천히 들이마시면 꼭
코로 고추냉이를 들이켜는 것 같았어요. 얼굴의 잔털이든 긴 머
리카락이든 차가운 공기에 노출되는 순간 얼어붙었어요."[14] 그
런데도 바다가 놀랄 만큼 유혹적이었다고 했다.

바카이는 경기를 마치고 받은 포상(피부가 바닷가재처럼 벌겋
고 몸을 제어할 수 없을 만큼 덜덜 떠는 상태)을 강렬하고 힘차게 살
아 있는 느낌으로 표현했다. "추위와 수영은 격렬한 흥분과 건
강하고 활기찬 느낌을 안겨줘요. 직접 해보지 않은 사람에게는
설명하기 어렵죠."

내가 남아프리카의 바카이의 집으로 전화해서 건강을 위한
얼음 수영을 어떻게 생각하는지 묻자 그는 웃으면서 이렇게
답했다. "건강하지 못한 방법이라고 말하는 사람도 있을 거예
요. 이미 오래전에 고인이 된 의사 선생님들에게서도 그런 말
을 많이 들었어요." 그는 계속 세계 각지의 얼음 바다에서 열리
는 '미친 스포츠'를 찾아다니며 그날 시베리아에서 경험한 강
렬한 느낌을 되찾으려 한다. 최근에도 같은 곳에서 열린 수영
대회에 다녀왔다면서, 10년간 해온 얼음 수영으로 더 강인해
진 것 같다고 했다.

2018년 초에, 공인된 수영대회 '아이스 마일ice mile'에 250명
이상이 참가했다. 아이스 마일은 수온이 5도 이하인 물에서

수영과 관련된 일상적인 (그리고 그렇게 일상적이지 않은) 질병 용어집

수영인의 귀swimmer's ear: 수영한 뒤 귓속에 물이 남아 외이도에 생기는 세균이나 곰팡이 감염. 귀 약으로 염증을 줄이고 감염을 막는 방법으로 치료한다.

외골종exostosis: 차가운 물이나 바람이 거센 환경에 자주 노출될 때 외이도에 비정상적으로 뼈가 자라는 증상. 서퍼와 잠수부에게 자주 생긴다. 뼈가 외이도를 막을 정도로 자라면 수술해야 한다.

와포자충증cryptosporidiosis: 내한성, 내염소성 기생충에 의한 소화기와 호흡기 질환. 수영장과 워터파크에서 흔히 감염된다. 면역력이 좋은 사람은 대개 치료 없이 회복한다.

바닷물이sea lice: 피부와 수영복 사이의 공간에 미세한 해파리 유충이 갇혀서 가려운 발진과 수포를 일으키는 증상. 코르티코스테로이드corticosteroid*와 항히스타민제antihistamines**로 증상을 완화할 수 있다.

족부백선tinea pedis, 무좀: 붉은 발진으로 각질이 떨어지게 만드는 곰팡이에 의한 증상. 세계 어디서나 축축한 탈의실과 수영장에서

- 항염증 효과가 있는 스테로이드 약물을 통틀어 일컫는 말.
- 여러 알레르기 반응을 일으키는 원인 중 하나인 히스타민을 억제하는 약물.

흔히 감염된다. 항진균제로 치료한다.

건염tendinitis 혹은 수영인의 어깨: 반복 동작으로 인해 어깨 관절 주위의 근육과 뼈를 연결하는 섬유질 조직에 생기는 염증. 다른 종목과의 교차 훈련, 스트레칭, 근력운동, 휴식을 치료로 권장한다.

수영으로 인한 폐부종swimming-induced pulmonary edema: 폐에 갑자기 물이 차서 호흡하기 힘든 증상. 격렬한 수영이나 차가운 물 수영과 관련이 있을 수 있다. 산소요법을 적용하고 모니터링하면서 치료한다.

초록색 머리green hair(정말 이런 게 있다!): 수영장에서 검출되는 구리와 기타 중금속이 포함된 염소에 대한 반응. 초록색을 띤, 산화된 금속이 머리카락에 흡수되는 증상이다. 베이킹소다가 도움이 될 수 있다.

세르카리아성피부염cercarial dermatitis 혹은 수영인의 가려움증: 호수와 연못에 사는 오리를 비롯해 조류가 흔히 보유하는 바이러스에 대한 알레르기 반응으로 생기는 피부 발진. 칼라민calamine과 항히스타민제로 가려움증이 감소하기는 하지만 사실 큰 도움은 안 된다.

1.6킬로미터 이상 수영하는 대회다.
　신고의 연구실에서 그와 나는 시베리아의 얼음을 뚫고 수영하는 것에 감탄했다. 신고가 한참 생각하고는 이렇게 말했다. "뭘 하든 죽지만 않으면 더 강인해지는 것 같아요. 철학적 관점에서 나온 생각이지만 임상적으로도 맞을 것 같아요."

나는 '울퉁불퉁한 신부'였다. 내 남편이 그렇게 불렀다. 사진에는 잘 보이지 않지만 10년 전 우리 부부가 가까운 친구와 친지 백여 명 앞에서 결혼 서약을 할 때, 온몸에 미세한 피부 발진이 일어난 상태였다. 머리부터 발끝까지. 특히 발이 심하게 가려웠다.

화창한 여름 오후에 우리는 뉴욕-버몬트주 경계선 근처 애디론댁산맥의 조지호가 내려다보이는 언덕에서 결혼식을 올렸다. 조지호는 청정하기로 유명한 호수다. 뉴욕주에서 식수로 분류할 만큼 깨끗하다. 피부 발진은 조지호를 자주 찾는 물새에 기생하는 미세한 기생충에 대한 알레르기 반응이었다. '수영인의 가려움증'이라는 발진 증상이다.

나는 내가 사랑하는 활동을 하기 위해 각종 두드러기를 감내했다. 오스트레일리아에서 수영하고, 멕시코에서 서핑하고, 파나마에서 스쿠버다이빙을 하기 위해. 나는 모기가 득실거리던 북극의 여름 해변과 모래 파리가 들끓는 하와이 해변에도 가보았다. 매번 간지럽고 시뻘건 발진을 훈장처럼 달고 돌아왔다. 수영인의 가려움증. 나는 주도권을 잡으려고 노력했다. 수영이 먼저고, 고통은 두 번째다. 그래도 벌레들이 어떤 식으로든 나를 규정했다. 결혼 서약을 할 때 남편은 여러 증인 앞에서 "육지와 바다의 물고 쏘는 생명체로부터 나를 지켜주겠다고 약속할 수는 없다"라고 선언했다. 그래도 노력은 해보겠다고 약속했다.

다이애나 니아드는 쿠바에서 플로리다까지 헤엄치다가 해파리에게 얼굴을 쏘여서 알아볼 수 없는 몰골로 다시 나타났다. 린 콕스는 온갖 조건에서 수영한 최초의 인물로, 상어와 물뱀이 득실거리는 희망봉에서 수영했다. 슬로베니아의 '스피도Speedo를 입은 영웅' 마르틴 스트렐Martin Strel은 피라냐가 우글거리는 아마존강에서 수영하면서(총 5,300킬로미터 정도) 기생충과 노랑가오리와 황소상어에 의해 죽을 고비를 여러 번 넘겼다.

이런 사례는 주로 따뜻한 물에서 겪는 고통이고, 그나마도 운이 좋은 걸 수도 있다. 어쨌든 샌프란시스코만과 같은 차가운 바다로 돌아가면 되고, 이곳의 바다는 적어도 나 같은 사람에게는 안식처가 되어주므로.

차가운 물에서 수영하는 것이 얼마나 좋을 수 있는지에 관한 이야기를 모두 듣고 잠수복을 벗어던지기로 했다. 여덟 살 미미가 할 수 있다면 나도 시도해볼 수 있지 않을까?

돌핀클럽의 이른 아침이었다. 이번에는 삼월 중순이다. 폭우가 쏟아지는 샌프란시스코만은 수온이 13도로 따뜻한 편이었다. 왜인지 내가 바다 수영을 하러 갈 때는 늘 비가 온다. 축축한 채로 도착하고 떠나야 하는, 썩 유쾌하지 않은 조건이었다. 분위기를 살피러 아쿠아틱파크로 내려가보니 바다에 한 명도 없다. 천둥과 번개 예보를 보고 아무도 오지 않은 걸까? 그렇게 있는데, 킴이 검정색 랜드로버를 타고 와서 활기차게 차에서 내렸다. "와!" 킴이 함성을 질렀다. 나는 킴의 조언에 따라 수영이 끝나고 사우나에서 마실 뜨거운 생강차를 사물함에 넣어두러 갔다. 킴이 말했다. "나중에 몸을 따뜻하게 데우는 데 도움이 될 거예요. 걱정 마요! 잘 해낼 거예요!"

수영복 입은 사람들과 함께 탈의실에서 나와서 모래밭으로 향했다. 사우스엔드조정클럽 회원들이 돌핀클럽 회원들과 사이좋게 어울리며 무릎을 철썩이는 물속에 서서, 컨디션이 어떤지 등을 이야기했다. 케이트라는 중년 여자에게 두 클럽이 어떻게 다르냐고 묻자 그녀는 "돌핀클럽은 부모님하고 같이 사는 느낌이에요. 더 보수적이죠. 사우스엔드조정클럽은 동호회 같아요. 더 위험하죠"라고 말했다. 케이트 옆에 서 있던 사우스엔드 회원이 인정한다는 듯 웃었다.

킴이 모두에게 이번이 나의 첫 도전이라고 알렸다. "이분은 보니에요. 오늘 처음으로 잠수복 없이 수영할 거예요!" 나는 수줍게 손을 흔들었다. 인사를 나누고 서로를 소개하고 잡담을 조금 나눈 뒤 하나둘씩 출발했다. 드디어 내 차례가 왔다. 마지막으로 한 번 더 엄지로 물안경 안쪽을 닦고 배에 힘을 준 뒤 물에 뛰어들었다.

100여 미터쯤 헤엄치자 피부가 따끔거리고 열이 났다. 일종의 얼음 염증으로 열이 온몸으로 퍼졌다. 60초 정도 증상이 이어지다가 괜찮아졌다. 하이드파크 부두를 돌아 해변과 평행하게 헤엄쳤다. 부표를 따라 내포內浦를 가로지르며 서쪽으로 아쿠아틱파크 부두 쪽으로 향했다. 우리는 킴 특유의 함성에 따라 간간이 수영을 멈췄다. 킴은 십여 번 호흡할 때마다 열정을 토해내며 함성을 질렀다.

킴은 몇 번인가 내게 "세상에 처음 나올 때처럼 맨몸에 손바닥만 한 수영복만 입은 채, 정신이 번쩍 들 만큼 차가운 물에 들어가 있으면 황홀해진다"라고 말했다. 그 말이 맞았다. 차가운 바다 수영은 피부에 아주 좋다. 멋지고 경이롭고 살아 있는 느낌이 들었다. 하늘이 청명했다. 우리는 깃발과 체온계가 꽂혀 있는, 가장 먼 부표 앞에서 잠깐 멈춰서 서로를 살폈다. 깃발 앞으로 참가자들이 속속 합류했다. 그렇게 모두가 함께 물살을 가르자 마치 바다에서 조촐한 티파티가 열리는 것 같았다. 그즈음 추위가 전혀 느껴지지 않았다. "당신이 오늘 처음 참가하는 거니까 다들 천천히 같이 가주는 거예요." 킴은 이렇게 말하고는 조언도 잊지 않았다. "더 멀리까지 수영할 수 있는 건 알지만 잘못하면 잔류저체온증이 올 수 있어요. 그러면 정말로 추워져요." 사실 차가운 물에서 수영할 때 가장 큰 위협은 수영 그 자체가 아니라 수영한 뒤에 나타나는 잔류저체온증이다.

나는 부표를 따라 다시 클럽으로 돌아오면서 자유형과 평영을 번갈아 하며 모래사장과 수영하는 사람들을 감상했다. 내 의식 끝자락에는 여전히 걱정이 매달려 있었다. 얼음처럼 차가운 북대서양 바다의 구드라우구르가 떠오르고, 내 고향 롱아일랜드의 바닷가재잡이 존 앨드리지John Aldridge도 떠올랐다.[15] 앨드리지는 2013년에 몬탁 해변에서 한밤중에 배에서 바다로 빠진 뒤 22시간 동안 초록색 고무 부츠에 의지해 수온이 22도인 바다에서 살아남았다. 그렇게 오래 찬 바다에 떠 있으면 어떤 느낌일까? 그들 모두 우연히도 차가운 물에서 시련을 겪었고, 지금 이곳에 있는 우리는 재미를 위해 바다에 떠 있다. 그렇게 25분간 나의 첫 도전이 끝나고, 아드레날린이 솟구쳤다. 하지만 해변으로 다가올 즈음 왼손 새끼손가락이 집게발처럼 구부러진 손에서 갈라지기 시작한다. 경고하듯이.

샤워하는 동안 잔류저체온증이 찾아왔다. 급히 수도꼭지를 온수 방향으로 맨 끝까지 돌려봤지만 몸이 따뜻해지는 느낌이 들지 않았고 오한이 멈추지 않았다. 이가 딱딱 부딪혔다. 팔다리를 씻는 동안 이가 악물렸다.

돌핀클럽에서는 때마침 집중치료 전문가 토머스 넉튼Thomas Nuckton이 회원들을 대상으로 저체온증과 잔류저체온증을 연구하고 있었다.[16] 현재 미국 해안경비대에서 사용하는 수중생존표와 컴퓨터 프로그램도 사실 돌핀클럽의 장기 회원이기도 한 넉턴이 회원들을 대상으로 개발한 기법으로, 조난 생존자의 생물물리학 계수를 측정한 연구에 기초한다. 20년에 걸친 그의 연구는 잔류저체온증을 설명한다. 잔류저체온증이란 물 밖으로 나온 뒤에도 체온이 계속 떨어지는 현상으로, 평균보다 1도 정도 떨어지는 경미한 저체온증을 뜻한다. 무엇보다도 바다에서 수영하는 사람, 특히 초심자에게는 서서히 나타나기에 수영이 끝난 뒤 몸의 반응을 세심히 살펴야 한다. 2015년에 스위스 연구자들이 5도 이하의 차가운 물에서 1마일을 수영하는 '아이스 마일'의 노련한 수영선수를 대상으로 한 연구에서는 참가자들이 수영을 마친 이후에야 저체온증이 나타나는 것으로 밝혀졌다.[17]

마지막으로 사우나에 들어가 10분 정도 훈훈한 대화와 동지애에 둘러싸이자 다시 팔다리에 감각이 돌아왔다. 그날 온종일 내내 (킴과 아침을 먹으러 카페에 갔다가 글쓰기 친구를 만나러 간 동안) 성취감으로 가슴이 벅찼다. 해안가를 산책하면서 축축하고 불빛이 깜빡이는 고즈넉한 만을 바라보았다. '나 오늘 저기서 잠수복 없이 수영했어.' 슬그머니 미소가 새어 나왔다. 나의 맥박처럼 샌프란시스코만의 맥박에 새로이 적응하고 새로이 경계했다.

왜 그랬을까? 나도 천국의 문을 두드리고 악마와 대화를 나누고 싶어서였던 것 같다.

아주 어릴 때부터 나는 죽는 게 무서웠다. 어느 봄 청명절*에, 브루클린에 있는 증조할아버지 묘지에 간 기억이 있다. 청명절은 도교 신자가 조상의 묘를 청소하면서 조상에게 예를 갖추는 날이다. 우리 가족은 향을 피우고 금지金紙**를 태워서 조상이 천당에서 그 돈을 쓸 수 있게 해주었다. 하지만 내가 보기에 조상의 묘에서 어떻게 예를 올리고 왜 그렇게 하는지가 중요한 것 같지 않았다. 두려움이 핵심이었다. 어둡고 불가해한 미지의 무언가에 대한 두려움, 존재하지 않는 것에 대한 두려움. 죽음에 대한 공포가 내 마음속 깊숙이 자리를 잡았다. 어른이 된 지금도 이런 생각으로 한밤중에 갑자기 깨곤 한다.

바다 수영은 이런 두려움에 직면하는 소박한 방법이다. 살아남고 싶고 죽음을 피하고 싶은 열망에 가까이 다가가면서도 죽음의 공포를 느끼지 않는 방법이다. 최종 리허설인 셈이다. 바다는 깊고 낯설다. 바다에는 에너지가 있다. 바다는 나 자신을 뛰어넘도록 밀어붙이는 위험한 공간이다. 그래서 험한 바다에서의 수영은 성찬식과 같다. 바다는 낯선 심연과 두려움을

* 24절기 중 다섯 번째 절기로 하늘이 점차 맑아지는 시기라는 뜻.
** 죽은 사람을 위해 태우는 종이돈.

직면하기에 적절한 환경이다. 내 밑으로 발이 사라진다. 저 아래는 깊이를 헤아릴 수 없다. 공포가 엄습한다. 샌프란시스코 땅에 발을 디디면 다시 안전해진다. 물 밖으로 나오며 온몸을 떨면서도 성취감에 들뜬다. 건강하고 강인한 열정과 불굴의 용기가 샘솟는다. 이런 느낌을 다시 경험할 수 있어서 감사할 뿐이다.

요즘 나는 베이브리지에서 해안가 도로로 차를 몰거나 금문교를 건널 때마다 잠시 샌프란시스코만을 생각한다. 아침마다 샌프란시스코의 사무실로 출근하면서 잠시 풍광에 마음을 빼앗긴다. 혹은 저녁에 분홍빛으로 물드는 바다를 보면서 그 바다가 그날 하루 어떤 느낌이었을지 생각한다. 차가웠을까? 아니면 햇빛에 데워져서 푸근하게 입수할 수 있었을까?

7

바다에서 경외감을 느끼다

자연 세계에 빠져드는 이유는 자연이 경외감을 자아내기 때문이다. 오스트레일리아 시드니의 유명한 맨리Manly 해변에는 매일 아침 7시에 수백 명이 바다 수영을 하기 위해 모여든다.[1] 그들은 맨리 해변에서 출발해 0.8킬로미터 정도 만을 가로질러 셸리Shelly 해변으로 이동한다. 그리고 반환점을 돌아 다시 맨리 해변으로 돌아온다. 여기서는 이 행사를 '모닝콜'이라고 부른다.

참가자는 화사한 분홍색 수영모를 착용한다. 원래 중년 여자들이 서로 용기를 북돋우기 위해 바다에서 함께 수영하면서 시작한 모임이다. 오스트레일리아 작가이자 방송인인 줄리아 베어드Julia Baird는 매일 아침 이 모임에 참석한 경험에 관해 쓴 에세이에서, 그들이 수영하면서 주변에 펼쳐지는 풍광을 어떻게 감상하는지에 관해 이렇게 적었다. "1.6킬로미터 코스에서 어느 지점에 이르면 다들 물속으로 팔을 내리고 거대한 푸른 농어 떼, 흰 돌고래, 색이 변하는 갑오징어, 수염상어…. 그리고 작은 거북이와 해마를 구경한다." 모두의 발밑으로 헤엄치는 거무스름한 고래상어 떼에 관해서는 이렇게 적었다. "상어 떼를 총칭해서 '전율'이라고 부르는 데는 이유가 있다."

어떤 날에는 해파리와 해류와 강력한 파도에 휩쓸린다(나는 시드니에서 대학을 다니며 맨리 해변에서 자주 수영해봤기에 해파리가 얼마나 고약한지 안다). 어떤 날에는 고래가 무리를 지어 다가온다. 모든 것이 종교 체험과 유사하다.

베어드는 이렇게 적었다. "팔을 돌리고 흔들면서 광대한 대양의 가장자리를 따라가다보면 마음이 배회한다." 더 깊은 바다로 떠가면 자유로워지고 경외감에 대한 지각이 달라진다. "경외감, 믿기 힘들거나 불가해하거나 자기보다 더 큰 무언가를 목격할 때 느끼는 이 감정은 시간 개념을 환기하고 확장한다."

가볍게 부유하는 느낌이 든다. 최선의 경우, 시간의 흐름이 느려지고 시간이 늘어난 기분이 든다. 스탠퍼드대학교와 미네소타대학교의 심리학자들로 구성되고 멜라니 러드Melanie Rudd가 이끄는 연구팀에서는, 경외감을 체험하면 이타심이 생기고 마음이 넉넉해지고 삶에 만족할 가능성이 크다는 것을 입증했다.[2]

나는 러드에게 연구 결과에 관해 물었다. 경외감을 맛보면 현재에 대한 집중력이 높아진다고 러드는 설명했다. "경외감을 느끼면 현재 주변에서 일어나는 일에 관심을 갖게 됩니다." 경외감의 효과는 강렬해서 현재를 넘어선다. 여유롭고 조급할 것이 없다고 느끼며 더 너그러워진다. 더 나은 사람이 되고 싶어진다. 누군들 그러고 싶지 않을까?

태평양 건너 샌프란시스코에서 킴과 내가 자유형으로 수영할 때 갈매기가 내 어깨에 앉았다. 나는 깜짝 놀라 킴을 불렀다. "새가 날 덮친 거 같아요."

"여긴 쟤들 수영장이잖아요." 킴이 웃으면서 말한다. "우리는 멋대로 침범해서 수영하는 얼간이들이고요."

수영이란, 인간이 정의한 바에 따르면 가라앉지 않고 떠 있는 상태다. 《옥스퍼드 영어사전》에서는 팔다리로 물을 가르고 몸을 추진시키는 힘과 수면에 떠 있는 자세에 중점을 두어 설명한다. 익사는 몸을 물에 담그거나 물속으로 들어가 그 물을 흡입해서 죽는다는 뜻이다. 원시시대부터 사람들은 이미 삶과 죽음이 서로 멀지 않다는 것을 알았다. 그리고 우리가 바라보지 않을 때 삶과 죽음의 경계는 더 허술해진다.

나는 친구의 추천으로 루던 웨인라이트 3세Loudon Wainwright III가 1973년에 쓴 시 〈수영 노래The Swimming Song〉에 관심을 가졌다.

여름에 바다와 수영장과 저수지에서 수영하는 전형적인 경험을 노래한 시다. 웨인라이트는 이 시에서 수영이 주는, 기쁨의 함성을 내지를 듯한 자유를 찬미한다. 경쾌하면서 삶과 죽음의 경계를 일깨워준다.

올여름 나는 수영하러 갔다
올여름 나는 물에 빠져 죽을 수도 있었다
하지만 숨을 참고 발을 차고
팔을 돌렸다

그리고 시는 이렇게 이어진다.

상처에 소금이 스며들고 눈에 염소鹽素가 들어갔다
나는 자신을 파괴하는 어리석은 자다

이 시에는 경고가 담겨 있다. 그래도 우리는 그 경계선 가까이서 춤을 춘다. 바라볼 것이 있어서다.

다큐멘터리 〈바다를 품은 사람들Fishpeople〉의 감독 키스 말로이Keith Malloy는 서퍼와 작살 낚시꾼과 수영인을 인터뷰해서 바다가 그들의 삶을 어떻게 바꿔놓는지 생생히 담았다. 그들은 물의 직접적인 감각과 바다가 길러주는 세계관에 이끌려 바다에서 산다. 그들 모두 어느 시점에 우리가 얼마나 위태로운 존재인지 바다가 예민하게 알아채게 해준다고 말한다.

다큐멘터리에서 타히티의 유서 깊은 서핑 명소 테아후프Tea-hupo'o에서 파도를 타면서 자란 소년 마타히 드롤렛Matahi Drollet이 가장 크고 둥근 파도를 뚫고 등장하는 장면이 나온다. 소년은 이 장면으로 2015년에 서핑 의류 브랜드 빌라봉Billabong에서 후원하는 상을 받으며 일약 세계적 명성을 얻었다. 그가 열여섯 살 때였다. 파도의 생생한 경험에 대해 그는 이렇게 말했다. "죽는 줄 알았죠." 그리고 믿기지 않는다는 듯 피식 웃었다.

이 다큐멘터리의 다른 장면에서는 하와이 오아후Oahu에서 어릴 때 아버지에게 잠수와 작살 낚시를 배운 작살 낚시 챔피언 키미 워너Kimi Werner가 물속에서 거대한 상어와 침착하게 유영하면서 상어 지느러미를 잠시 잡았다가 수면으로 올라간다. "위험하죠. 저도 무서워요." 워너가 물속에서 보내는 시간에 관해 한 말이다. 그녀는 무서우면 어릴 때 아버지가 해준 말을 떠올린다. "그냥 긴장을 풀어라. 그리고 수영하는 법을 생각하렴."

다큐멘터리에는 킴을 비롯한 수영인에게 영웅으로 추앙받는 린 콕스가 등장한다. 콕스는 주요 바다 수영대회에서 수십 개의 기록을 세웠다. 1977년에는 최초로 남아프리카 희망봉을 수영으로 돌았다. 깎아지른 절벽으로 내려가 바다에 입수하고 7미터 높이의 거대한 파도에 떠밀려 번번이 모래사장으로 내

던져졌다. 나는 콕스에게 바다 수영으로 달라진 세계관에 대해 물었다. 콕스는 "바다에 있는 시간을 '주어진 삶의 순간을 예리하게 인식하는 시간'으로 생각한다"라고 답했다. 바다에 나가면서 새로운 무언가를 기대하지만, 그 일이 일어날 거라는 보장은 없다. 수영장에서 레인을 오가며 수영하는 것과는 다르다. 콕스는 내게 이렇게 말했다. "바다에 들어가 있으면 언제든 먹이사슬의 일부가 될 수 있어요."

삶과 죽음이 이렇게 가까이 있다는 것을 깨달으면 오히려 마음이 평온해진다. 오스트레일리아의 초창기 서퍼인 데이브 라스토비치Dave Rastovich가 바다에 있는 것(수영하든, 서핑하든, 공기 주입 고무보트를 타든)을 "의미 있는 놀이"라고 말한 게 어떤 의미인지 알 것 같다. "아버지가 돌아가셨을 때 그냥 계속 바다로 나갔어요." 그는 그 덕에 삶과 죽음을 대하는 태도가 달라졌다고 말했다.

킴은 내게 뉴질랜드의 북섬과 남섬 사이 쿡해협에서 돌고래 떼와 함께 27킬로미터를 수영한 경험을 들려주었다. 2012년 3월에 킴은 처음으로 혼자 도전했으며, 그때가 일곱 가지 장거리 바다 수영에서 성공한 첫 시도였다. 병중인 할아버지를 위해 홈그라운드에서 수영하는 일이 의미가 있을 것 같았다고 했다.

어릴 때 킴은 여름방학이면 농사꾼이던 조부모와 해변에

부력, 부유, 가벼움.
자유로움.

갔다. 친밀하던 할아버지를 '파파'라고 불렀다. 그때의 바다를 떠올리면 가장 많이 생각나는 건, 햇빛에 화상을 입고도 이튿날까지 화상이 얼마나 심한지도 모를 만큼 원 없이 파도를 타던 기억이다. 그러다 조부모가 아이스크림을 사먹으러 가자고 불렀다. 그런 날이 하염없이 이어질 것만 같았다. 킴은 지금도 수영하면 그렇게 자유롭던 유년의 한때와 감각적으로 연결된 느낌이라고 했다.

쿡해협에서 배를 타고 따라오며 지켜주던 사람이, 이곳에서 여섯 명 중 한 명은 상어를 만난다고 말했다. 그 말에 킴이 걱정하면서 헤엄치는데 갑자기 돌고래 떼가 나타났다. 돌고래 떼와 수영한 건 그때가 처음이었다. "돌고래들이 제 주위에서 꺅꺅거리며 '여기 기병대가 왔습니다!'라고 말하는 것 같았어요." 킴은 신나서 새된 목소리로 말하며 열두 살 아이로 돌아갔다. 돌고래 떼가 옆과 아래에서 쌩쌩 헤엄치며 한 시간이나 킴을 호위했다. 킴은 쿡해협에서 상어는 보지 못했다. 돌고래들이 보호해줘서 그랬나보다고 했다.

킴은 수영을 마치고 곧장 병상에 있는 할아버지를 만나러 갔다. "파파 옆에 누워서 제가 돌고래 떼와 함께 쿡해협에서 수영하는 영상을 보여드릴 수 있어서 정말 뿌듯했어요." 킴의 할아버지는 2차 세계대전에 참가하여 외상후스트레스장애PTSD를 앓았지만 동물과 자연을 보면 평온해 했다. 킴은 할아버지와 수영 얘기를 나눌 수 있어서 감사했다. 할아버지는 말은 못 해도 잔잔한 미소를 지으며 손녀에게 잘 듣고 있다고 알렸다. 얼마 지나지 않아 할아버지는 집에서 돌아가셨다.

할아버지가 세상을 떠나고 몇 달 뒤, 킴은 하와이 몰로카이 Molokai 섬과 마우이 Maui 섬 사이 몰로카이 해협을 수영으로 건넜다. 수영이 끝날 때 혹등고래를 목격하고 고래가 불러주는 노래를 들었다. "하와이에서는 그걸 '아우마쿠아 aumakua'라고 해요. '조상들이 들려주는 말'이라는 뜻이에요." 그때 돌고래도 나타났다. 돌고래 떼가 발산하는 에너지로 인해 모두가 그 안에 함께 있다는 생각이 들어 외롭지 않았다. 원초적 느낌이었다. 킴은 물에서 생명을 맛보고 바로 옆에 따라오는 배에서 디젤 냄새를 맡았다. 그녀는 손을 계속 앞에 두는 데 온정신을 집중했다. 밤에는 미세한 해양 생물이 발산하는 생물발광으로 손끝에서 반짝거리는 빛이 퍼졌다. 오로지 손끝에만 집중하며 명상에 잠겼다. 물이 맑아서 마음이 편안해졌다. 심호흡하니 마음이 평온해졌다.

작가 리디아 유크나비치 Lidia Yuknavitch 는 에세이《언제까지나 물에서 살리라 I Will Always Inhabit the Water》에서 수영을 "공기를 크게 들이마시는 것, 우리가 언제든 호흡할 수 있던 푸른 과거에서 한 번도 떠나온 적이 없는 양 물속에서 자유로이 움직일 수 있게 해주는 호흡의 상태라고 정의할 수 있다"라고 했다. 물속에서 자유롭게 호흡할 수 있던 푸른 과거를 향한 동경으로 읽을 수도 있지만, 한편으로는 '우리를 우리로 남게 해주는 것', 그러니까 우리가 호흡하는 공기, 물속에 얼굴을 넣어도 우리에게 필요한 공기의 의미를 새삼 깨닫는다는 의미로도 읽을 수 있다.

물속에서 호흡하는 리듬에 따라 몸 상태도 달라진다. 심호흡 연구는 아직 초기 단계이지만, 호흡의 속도를 늦추면 몸이 이완된다는 사실 정도는 잘 알려져 있다.[3] 호흡의 양상과 불안 반응을 일으키는 신경중추 사이에 피드백 회로가 존재하기 때문이다. 스트레스를 받으면 얕고 가쁘게 호흡한다. 천천히 깊게 호흡하면 몸속에서 스트레스에 대처하는 경계 시스템이 완화된다. 따라서 각성과 호흡 중추는 호혜적으로 연결되어 있다. 수영하면 특히 심호흡이 활성화된다. 수영의 본질이 그렇다. 수영이란 본래 숨을 깊이 들이마시고 참았다가 천천히 내뱉는 것이다.
킴은 유독 폐가 커서 천천히, 깊이 호흡할 수 있는 듯했다. 우리가 처음 만난 날, 킴은 쇄골 위 한 지점을 보여주었다. 침술사가 실수로 찔러 폐를 망가뜨린 자리였다. 하지만 그 덕에 원정 수영을 할 때 특히 먼 거리를 수영할 수 있게 되었다.
호흡은 수영을 움직이는 명상으로 만들어준다. 숨을 들이마신다. 숨을 참는다. 몸을 죽 뻗으며 미끄러져 나간다. 다시 숨을 들이마신다. 숨을 참는다. 그리고 호흡과 호흡 사이에 생각한다. 손동작에 대해, 발차기에 대해, 호흡에 대해 생각한다. 수영을 잘할수록 수영 동작을 의식하는 시간이 줄어들고, 생각이 동작에 얽매이지 않아 자유로이 유영할 수 있다. 그사이 몸을 계속 움직인다. 그리고 이것저것 알아챈다. 물의 흐름이 어떤지, 수온이 어떤지, 수영이 수월한지 힘든지. 그렇게 과민하게 의식하다가 어느새 몸의 제약에서 풀려난다.

유크나비치는 에세이에 이렇게 적었다. "물에 들어가 수영하는 것은 내가 아는 한 유일하게 자유로운 상태다."[4] 수영선수였던 유크나비치는 특히 나이가 들면서 건강해지기 위해서 하는 수영에 관해 글을 썼다. 물은 우리 몸이 삶과 시간이 유동적이라는 사실을 깨닫게 해준다고 적었다. "나는 느리고 약하고 늙고 땅딸막해보일 것이다. 하지만 물속에 들어가면…. 단 10초 만이라도 들어가면 내 몸은 내가 원하는 무엇이든 될 수 있다."

장수 연구자 히로후미 타나카에게 수영이 노년의 몸에 왜 좋은지 물었다. 그는 가벼워서라고 말했다. 발을 땅에 디딜 때 생기는 충격으로 인한 통증과 손상 없이 가능한 신체 활동이기 때문이고, 염증을 줄여주고 몸을 지탱하는 냉기와 부력 때문이라고 했다. 그리고 중요한 한 가지가 더 있다고 했다.

"수영을 다른 운동과 구별하는 한 가지 특징이 있습니다." 나는 유심히 들었다. "수영하는 사람이 다른 운동을 하는 사람에 비해 훨씬 더 즐긴다는 점이에요." 나는 다음 말을 기다렸다. '그게 다라고?' 그는 이어서 누구나 아는 사실을 지적했다. 새해에는 운동을 시작하겠다고 결심하는 사람은 많지만 그중 절반은 6개월 만에 그만둔다는 사실 말이다. 하지만 수영의 큰 장점이 바로 여기에 있다고 했다. "우리는 스스로 기분을 점검해요. 달리기와 자전거 타기와 수영 중에서 사람들은 수영을 가장 즐거워해요." 그러니까 수영을 계속하는 이유는 '좋기 때문'이라는 것이다. 수영은 미국에서 두 번째로 인기 있는 여가 활동이고 수영을 이기는 활동은 걷기밖에 없다.[5] 수영은 일상적인 활동 영역인 땅에서 벗어나 물로 우리를 데려간다.

수영하면 일상의 무게에서 벗어난다. 킴은 이렇게 말한다. "물에 들어가면 신나요. 물은 어른이 되면서 잊어버리는 장난스러움과 연결되죠." 오늘 아침, 수영장에서 진지해보이는 노인이 레인 밑으로 들어가 빙글빙글 돌면서 바닥으로 내려가고 팔을 옆으로 뻗으며, 마치 세상을 다 가진 것처럼 수영하던 모습이 떠올랐다. 아이들이 오후에 가족과 함께 수영하면서 신나게 노는 모습도 생각났다. 수영은 노는 법을 다시 기억하게 해준다.

어느 가을 나는 짙은 어둠 속에서 배를 타고 브리티시컬럼비아 해변의 섬들을 돌다가 배 뒤에서 바다로, 미지의 물속으로(캄캄해서 아무것도 보이지 않는 얼음처럼 차가운 물로) 들어갔다.

그저 물속에서 발광체에 의한 스노우 앤젤°을 만들 기회를 놓치지 않기 위해서였다. 내 주위로 생물발광이 구름처럼 불어나 내가 물살을 가르자 수중에서 빛의 향연이 펼쳐졌다. 물에서 나와 팔을 닦자 물방울이 불꽃처럼 떨어졌다.

바로 이런 경이로움을 위해 물속에 들어간다고, 서퍼 데이브 라스토비치Dave Rastovich가 말했다. "우리는 우리가 아는 몸을 잊고 그냥…. 헤엄친다."

오래전 대학 친구와 그의 고향 오아후섬에서 출발해 하와이를 돌면서 우정을 다진 적이 있다. 우리는 하와이의 여러 섬을 헤엄치며 돌아다녔다. 카우아이Kauai섬에서는 백사장이 27킬로미터나 아득히 펼쳐진 폴리할레Polihale 해변에서 태평양으로 헤엄쳐 나갔다. 해변 끝에 바퀴 자국이 팬 비포장도로가 길게 이어져서 어디로든 갈 수 있을 것만 같았다.

우리는 연푸른 바다 한가운데서 수영했다. '대양의 물은, 역시나 무게감이 다르다'라는 심오한 느낌이 가장 기억에 남는다. 그 뒤로 나는 바다(대양이든, 파도가 일어나는 거대한 호수든)를 바다에 있는 생물만큼 지각하게 되었다. 그리고 수영을, 다른 방식으로는 가까워질 수 없는 장소와 친해지는 방법으로 생각

● 눈 위에 누워 팔다리를 휘휘 저으면 생기는 천사 형태의 자국.

하게 되었다.

한 장소에서 수영하는 즐거움은 일상적이고 규칙적이며 친숙하다. 1779년에 제임스 쿡James Cook 선장의 부관은 하와이 원주민의 수영 실력에 감탄하면서 항해일지에 이렇게 기록했다. "여자들이 배에서 뛰어내려 수영하고, 물속에서 반나절은 머무른다."[6] 그리고 하와이와 폴리네시아와 그밖에 태평양의 오래된 섬에서는 남녀노소를 막론하고 모두가 양서류처럼 태어나는 것 같다고 적었다. 수영인의 자유분방함을 이보다 더 근사하게 표현한 기록도 없다.

나는 샌프란시스코만에서 수영하면서 비슷한 자유를 경험했지만 그 끝에는 늘 위험이 도사린다는 것도 안다. 바다 수영은 추위로 인해 차원이 다른, 강렬한 체험이다. "우리는 바다에 속하는 존재가 아니에요." 킴이 덤덤히 말했다. "그래도 하는 거예요." 추위로 인해 수영은 몸에서 일어나는 소방 훈련과 같다. "물에 들어가면 싸우거나 도망쳐야 해요. 지금 거기 있으면 안 된다고 온몸의 세포가 아우성치죠. 그런데도 계속 수영하게 돼요." 수영이 주는 혜택은 얄궂게도 바로 이렇게 생존을 위한 싸움에 최대한 근접할 때 얻어진다. 절묘한 지점이다. 경외감과 두려움이 함께 밀려온다. 극심한 불안의 순간, 섬광이 번쩍하는 공포의 순간이 가장 선명하고 흥분된다. 물에 들어가는 행위는 죽음 그 자체에 대한 미약한 저항이다.

레이첼 카슨은 1937년에 출간한 에세이 《해저Undersea》에서 바다를 생명의 원대한 상호연결성을 사색하기 위한 실체적 매체라고 표현했다. "개별 요소들이 사라지고, 거듭 변형되어 물질적 불멸의 여러 가지 형태로 되살아난다." 고래의 귀뼈든 상어의 이빨이든 상관없다. "이런 우주적 배경에서 동식물의 일생은 그 자체로 완성된 극이 아니라 무한한 변화의 파노라마에서 짧은 막간극으로 보일 뿐이다." 우리는 모두 이런 원대함과 연결되어 있고, 바다에서 우리 존재는 그저 깜박이는 신호, 거대한 공동空洞을 향한 외침에 불과하다.

어쨌든 우리는 외친다.

한 사람이 어느 정도까지 숭고함을 추구할 수 있을까? 킴은 돌핀클럽 사우나에서, 바다 일곱 곳에서 수영하고 정상 일곱 곳을 최초로 오르겠다는 포부를 다졌다. 가슴이 웅장해지는 계획이었다. 특히 킴이 다시 오른쪽 다리를 써서 정상에 올라야 하는 점이 짜릿했다. 킴은 이미 캘리포니아와 콜로라도에서 4267미터 이상의 고산을 의미하는 '포티너fourteener' 두 곳을 오르며 훈련했다. 지금도 매일 아침 수영한다. 차이가 있다면 지금은 저녁마다 운동기구 스테어마스터StairMaster에 오른다는 것이다.

2017년 10월, 킴이 내게 문자를 보냈다. 문자를 읽자마자 나도 모르게 함성을 터뜨렸다. 킴이 첫 번째 등반으로 킬리만자로산 정상에 올랐다는 내용이었다. 이후 몇 달간 킴은 산을 하나씩 정복하면서(12월에는 오스트레일리아의 코지어스코Kosciuszko산, 1월에는 안데스산맥의 아콩카과Aconcagua산을 정복했다) 본격적인 등반 훈련에 뛰어들었다. 킴은 일주일에 여러 번 헬스장에 다니면서 새 모이를 가득 채운 22킬로그램짜리 배낭을 짊어졌다. 디날리Denali산을 목표로 삼고 그다음엔 에베레스트산을 정복할 계획이었다. 여자로만 셰르파 팀을 만들고 싶었다. 킴의 그다음 목표는 육지만이 아니라 바다에서도 극한 모험가로 유명해지는 것이다.

수영은 킴이 여기까지 오게 해주고 이 모든 일을 꿈꾸게 해주었다. 수영은 킴의 몸과 마음을 치유하고 활기차고 건강하게 만들어주었다. 우리가 사우나에 둘러앉아 있을 때, 킴의 목표는 비밀이었다. 적어도 공개적으로 발표하지는 않았다. 다만 킴은 또 누구한테 이미 목표를 말했는지 기억하지 못해서 사우나에 있던 우리 모두에게 비밀로 해달라고 했다.

킴은 수영 원정을 시작하면서 잃어버린 자신감을 되찾았지만(한쪽 다리를 잃을 뻔한 비극의 여파에서 벗어나 활기를 되찾았다) 시간이 흐르면서 동기가 달라졌다. 수영을 통해 자기를 넘어선 세계를 받아들이는 데 집중한 것이다. 킴은 개인 수영이라고 해도 결코 혼자 하는 것이 아니라고 말한다.

"수영을 통해 나를 넘어선 더 큰 무언가를 이루는 것의 기쁨이 있어요." 최근 두 차례의 주요 수영대회가 사람들의 이목을 모았다. 2016년 11월에 킴은 수영팀을 이끌고 이스라엘과 요르단 사이 사해를 건넜다(그리고 최초로 완주했다). 양국이 그 지역에 나타나는 기후변화에 맞서 어떤 노력을 기울여야 하는지 강조하기 위한 도전이었다. "마치 수영으로 과학 실험을 하는 것 같았어요. 생각지도 못한 부위에 바셀린을 발라야 했어요. 소금이 산酸처럼 눈을 태웠죠." 그래도 킴은 모든 과정을 다시 감행하려 했다. 우선 그 바다에서 수영하도록 이스라엘과 요르단 양국 정부의 허락을 받아내는 것이 목표였다. 그리고 킴은 목표를 달성했다.

킴은 이때의 경험으로 6개월 뒤에 다음 수영에 도전하고 싶은 마음과 희망을 얻었다. 2017년 신코 데 마요Cinco de Mayo*에서는 세계 각지에서 온 열한 명과 팀을 이루어 미국 샌디에이고에 있는 임페리얼Imperial 해변에서 멕시코 티후아나Tijuana까지, 미국과 멕시코 사이의 국경 장벽 인근 바다에서 9.6킬로미터를 수영했다. 육지로든 바다로든 국경을 넘다가 사망한 사람을 조사하는 인권단체 콜리브리Colibrí와 협력해서 치른 대회

• 5월 5일이라는 뜻의 스페인어로, 멕시코 민병대가 푸에블라에서 프랑스군에게서 대승한 날을 기념하는 일종의 독립기념일.

였다. 멕시코의 수영선수 안토니오 아구에예스Antonio Argüelles 가 킴과 함께 수영팀을 이끌었다. 안토니오는 몇 달 뒤 킴의 뒤를 이어 일곱 번째로 일곱 개의 바다 수영 도전에 성공했다.

킴은 미국의 해안경비대와 세관 및 국경보호국뿐 아니라 멕시코 해군과도 협력했다. 지금처럼 미국과 멕시코 사이에 갈등이 심각한 국경 정치의 시대에 대단한 쾌거였다. 킴은 모든 관계자에게 직접 전화해서, 수영은 정치와는 무관하며 공통의 인류애를 위한 노력임을 강조했다.

킴은 티후아나 해변을 따라 헤엄쳐 올라가면서, 절벽 위에서 100명 넘는 멕시코 학생이 수영팀을 응원하는 문구가 적힌 티셔츠를 입은 모습을 보았다. 순간 테레사 수녀의 말이 떠올랐다. "나 혼자서는 세상을 바꿀 수 없지만 물에 돌을 던져 무수히 많은 파문을 일으킬 수는 있습니다." 킴은 이 말이, 물이 우리를 어떻게 연대하게 만드는지 표현한 괜찮은 은유라고 생각했다. 물의 공통성, 물의 연대감. 킴은 파문을 일으키고 싶어 했다.

킴과 수영팀은 바다에서 국경을 넘기 위한 서류 작업을 처리하며 멕시코 해군의 승인을 받았다. 모두의 얼굴에서 빛이 났다. 만감이 교차하는 표정이었다. 킴은 멕시코 해군의 선박을 향해 헤엄치며, 활짝 웃으며 설탕 한 컵 얻을 수 있느냐고, 지친 와중에도 붙임성 있게 물었다.

③
공동체
COMMUNITY

≈≈≈

파도 너머로 드디어 그들이 나타났다. 여전히 2미터쯤 간격을
유지한 채 나란히 안정적으로 팔을 저으며 해안가로 다가왔다.
다음번 파도가 밀려오면 그 파도를 타거나 파도를 뚫고 올 것이다.

– 잭 런던Jack London, 《카나카 파도The Kanaka Surf》

남자가 뜨거운 바다에 차가운 점처럼 찍힌 푸른 수영장 수면 위에 떠 있다. 작열하던 한낮의 태양이 사막에 훈훈한 온기를 남겼다. 늦은 오후나 초저녁은 수영하기에 최적인 시간이다. 눈을 들어 보면 바로크 양식의 야외 수영장을 빙 둘러 늘어선 야자수가 수영장 데크에 앉은 사람들에게 그늘을 자비롭게 드리우는 풍경이 보인다. 그리고 고개를 돌리면 아찔한 높이부터 다양한 높이의 다이빙 플랫폼이 보이고, 정교한 핸드메이드 타일이 박힌 테라스도 보인다. 층층이 깊이가 다른, 깊고 푸른 수영장 물속으로 뛰어들면 마치 캐리비언에 와 있는 느낌이 든다.

머리를 귀까지 물에 담그면 끊임없이 울려대는 사격 훈련 소음이 끊긴다. 결코 잠잠해지지 않는 "타당 타당 타당" 소리.

이제 나는 그런 사하라의 원시호수에 관해 아는데도, '사막의 수영'이라고 하면 여전히 불길한 꿈처럼 느껴진다. 조셉 제이 테일러 Joseph Jay Taylor 라는 남자도 자주 그렇게 느꼈다. 지구상에서 가장 뜨거운 곳이라는 바드다드는 여름이면 기온이 49도를 웃돈다.[1] 하지만 바그다드는 사막으로 둘러싸인 도시이면서 초록의 도시로, 굽이굽이 흐르는 티그리스강 옆에 위치하며 강독에는 버드나무와 야자수와 포플러가 늘어서 있다.

티그리스강 한 굽이에 이곳 사담 후세인 궁전과 대규모 야외 수영장이 있다.[2] 이 수영장은 독재자 후세인이 수영을 좋아하는 두 아들을 위해 만든 것이다. 콩알 모양인 수영장은 가장 긴 쪽이 30여 미터이고, 수영장 옆에는 웅장한 장식이 있다. 화려한 조명의 분수와 잎이 무성하고 키 큰 나무와 돌기둥이 늘어선 웅장한 원형 건물이 있다.

2008년부터 2010년까지 제이는 미국의 해외 파견 문화 담당관으로 바그다드에 왔다. 마침 이라크는 급변하는 불안정한 시기를 맞았다. 미국 대사관은 후세인 궁전 안에 있었다. 궁전의 정식 명칭은 '공화국 궁전Republican Palace'으로, 후세인이 이라크 전역의 전략적 위치에 지은 다수의 궁전과 호화 저택 중 하나였다(한 통계에 의하면 모두 81개였다).[3] 궁전마다 수영장을 만들었는데, 사막의 수영장은 당연히 부의 상징이다. 공화국 궁전은 후세인이 각국의 귀빈을 영접하던 곳이다. 그가 이곳에서 거주하진 않았음에도 넓은 궁전 안에 있는 방이 모두 258개였다. 제이가 바그다드에 파견되었을 당시 궁전에는 '그린존Green Zone'이라는, 국제 공동체가 거주하는 구역이 있었다. 군인과 외교관과 민간인이 한데 어우러지는 공간이었다. 바그다드에서 가장 안전한 장소로 여겨지는 곳임에도, 제이가 파견된 뒤 처음 몇 달간 그 구역에서 연이어 폭격이 일어나 수많은 사상자가 발생했다.

이곳에서는 원래 야외 수영장이란 개념 자체가 말이 되지 않았다. 이렇게 5미터가 넘는 분수로 장식하고 야간 수영을 위해 샹들리에까지 설치해서 조명을 밝힌 수영장이라면 더더욱. 제이에게는 이곳에서의 수영이 꿈만 같았다. 비록 공습경보 사이렌이 울리면 수영장의 깊은 쪽에서 튀어나와, 물을 뚝뚝 흘리며 황급히 콘크리트 벙커로 기어들어가 박격포가 "쾅쾅" 터지는 소리를 듣는 날이 부지기수였지만.

제이는 매일 수영했다. 제이 말고도 그 수영장을 사랑한 사람이 많았다. 겁 없는 병사들은 높은 다이빙대에서 뛰어내렸고, 그런 용맹함을 소셜미디어에 게시했다. 대다수는 그냥 수영장에 들어가 물장난을 치다가 나와 데크에 앉아 잡담을 나누었다. 레인을 오가며 헤엄치는 사람도 있었다. 통합군에 소속된 한 여자는 우아한 동작으로 자유형을 하고는 매력적이며 걸걸한 오스트레일리아 억양으로 잡담을 나누었다.

어느 날 저녁, 제이가 수영 강습을 시작할 때 안드리 람볼라마나나Andry Rambolamanana라는 동료가 보였다. 마다가스카르 출신인 이 건장한 남자는 땅에서는 유능한 킥복싱 선수지만 물에서는 정신없이 허우적대서 혹여나 물에 빠져 죽지 않을까 걱정스러운 인물이었다.

"안드리, 뭐해?" 제이가 물었다.

"그냥 수영합니다, 보스!" 람볼라마나나가 답했다.

제이는 람볼라마나나에게 수영을 가르쳐주기로 했다. 이어서 불가리아에서 온 발랴 크라스테바Valya Krasteva와 마다가스카르에서 온 샌디 야니크Sandy Yannick도 제이에게 수영을 배웠다. 얼마 뒤, 낯선 이들이 제이의 사무실로 찾아와 수영 강습에 관해 문의했다. 결국 그는 주 2회짜리 기초 강습을 개설했다. 요리사, 운전병, 통역관, 평화유지군, 헬리콥터 조종사. 출신 지역과 배경이 제각각인 세계 각지 출신의 사람들이 제이에게 수영을 배우러왔다. 온두라스에서 온 메를린 에스피날Merlin Espinal, 인도에서 온 인드라니 팔Indrani Pal, 우크라이나에서 온 마카 베라제Maka Beradze, 레바논에서 온 마이 샤힌Mai Shahin, 멕시코에서 온 J. P. 산타나J. P. Santana, 그야말로 UN의 축소판, 수영을 배운 적 없는 사람의 전 지구적 디아스포라였다. 그들은 제이를 '제이 코치'라고 불렀다. 그리고 자신들을 '바그다드 수영팀'이라고 불렀다.

제이 코치는 나의 펜팔 친구다. 우리가 메일을 주고받기 시작한 때는 내가 수영을 연결, 특히 디지털 연결에서 벗어나기 위한 최후의 피신처라고 쓴 에세이를 그가 읽고부터였다. 그는 내게 오히려 그 반대라고, 사실 수영은 공동체를 이루어 연결하고 공통의 취미를 통해 서로 위안을 얻는 방법이라고 말했다. 2009년에 그는 당시 국무장관이던 힐러리 클린턴에게서 표창을 받았다.[4] 전시에 수영 강습을 열어 공동체에 기여한 공적을 인정받은 것이다.

나는 수영을 배운 적 없이 바그다드로 파견된 그들이 궁금했다. 누구는 왜 수영하게 되고, 누구는 왜 수영을 하지 않는 걸까? 왜 계속 물을 멀리할까? 어디 출신이든 상관없을까?

수영이 어떻게 사람을 한데 모으고, 또 어떻게 멀어지게 하는지에 관한 질문이었다.

8

누가 수영을 하게 될까?

미국에서 수영장은 하나의 특권이다. 미국인들은 역사적으로 물에 복합적인 감정을 느꼈다. 물속에서 다른 사람(남자와 여자, 부자와 빈자, 흑인, 히스패닉, 백인까지)과 섞여 있으면 온갖 두려움을 느꼈다. 이런 두려움으로 인해 사회 안에서 저마다의 집단을 이루며 살아왔다.

　공공 수영장은 20세기 초에 뉴욕과 시카고 같은 대도시에서 빠르게 확산됐다. 미국의 진보시대Progressive Era*에는 인종과 무관하게 위생에 관심이 커지면서 수영장은 흑인과 백인과 이민자가 한데 어울려 수영하던 공간이었다. 이는 역사가 제프 윌

●　19세기 말에서 20세기 초까지 사회운동과 정치개혁이 활발하던 시대.

츠Jeff Wiltse가 미국 수영장의 사회사를 담은 저서 《논란 많은 물Contested Waters》에 쓴 대목이다. 초창기 시립 수영장은 사실상 노동자계급 구역의 거대한 공중목욕탕과 같았다. 수영장에 울타리를 쳐서 당시 눈꼴사나운 존재로 여겨지던 반라의 젊은 이들을 막기도 했다(더운 여름에 훌훌 벗어던지는 젊은이들!). 남자와 여자가 각기 다른 날에 수영해야 했다.

그런데 1920년대에 들어서 사정이 달라졌다. 도시마다 대중의 목욕이 아니라 대중의 여가를 위해 더 큰 규모로 여가용 수영장이 들어서기 시작했다. 드디어 남자와 여자와 온 가족이 함께 수영할 수 있게 되었다. 수영장은 주민들이 어울리게 하기 위한 사업의 일환이었다. 그중에 플레이시해커Fleishhacker 수영장이라는, 300미터 길이의 유명한 해수 수영장이 있었다. 규모가 어마어마해서 1925년에 개장할 때는 안전요원이 보트를 타고 돌아다녀야 할 정도였다. 또 1936년에는 퀸즈와 맨해튼 사이에 이스트강이 내려다보이는, 거대한 아르데코 양식의 애스토리아Astoria 수영장이라는, 수영과 다이빙 복합시설이 개장했다. 1920년대부터 1950년대까지 매년 많은 인구가 시립 수영장에서 여가를 즐겼다.

제이 코치도 소년 시절이던 1950년대 초에 볼티모어 시내에 있는 YMCA에서 처음 수영을 배웠다. 좁고 사방이 막힌 실내 수영장에서 아이들이 소리를 지르고 물장구치는 소리가 떠

나갈 듯 울렸다. 마침 YMCA의 황금기였고, 그곳에서 아이들도 수영복을 입지 않아도 됐다. 네 살이던 제이에게는 걷기보다 수영이 더 편했다. 그의 어머니는 수영을 중요하게 생각했고, 그의 가족은 메릴랜드의 오션시티라는 휴양도시에 16킬로미터나 길게 뻗은 해변에서 휴가를 보내곤 했다.

볼티모어 교외에 공공 수영클럽이 생겼고, 제이는 지역 수영팀에서 수영하다가 안전요원이 되었다. 이후 터프츠대학교에서 행정학을 전공하면서 매해 여름 볼티모어에서 수영장을 관리했다. 수영과 인명구조에 관한 강습도 진행했다.

그러나 1950년대에는 여가를 위해 전례 없이 많은 사람이 수영장에 몰려들면서 다른 인종과 섞이는 것에 대한 오랜 두려움이 깊어졌다. 공공 수영장을 통해 계층 간 경계선은 사라져갔지만, 인종 간 경계선은 더욱 공고해져서 폭동과 인종차별이 발생했다. 피츠버그에서 세인트루이스까지, 수영장에서 백인이 흑인을 공격하는 사건이 빈번하게 발생했다. 뉴욕 할렘의 한 수영장에서는 근처에 거주하는 흑인과 푸에르토리코인들이 백인들의 폭력으로 입구에서 쫓겨났다.

1950년대와 1960년대에는 수영장이 시민 저항의 공간이 되었고, 물이 있는 다른 공간에서도 비슷한 상황이 벌어졌다. 흑인들이 공공 해변의 출입 금지에 저항하여 미국 전역에서 '웨이드인wade-ins' 운동을 펼쳤다. 바닷가나 호숫가에 집단으로 출몰해서 수영하는 운동이었다. 웨이드인 운동 중 미시시피의 빌록시Biloxi에서 일어난 운동은 백인 폭도들의 폭력으로 얼룩졌다. '블러디 웨이드인Bloody Wade-In'이라 불리는 이 사건은 1960년에 부활절 일요일에 빌록시 해변에서 발생했다. 이후에도 흑인들이 해변 출입을 거부당하는 사건이 계속되다가, 8년이나 지난 뒤 연방법원에서 미시시피 걸프Gulf 해안은 누구에게나 열려 있다고 판결을 내렸다.

사실 피부색과 무관하게 수영장에 출입하기 위해서만이 아니라, 누구나 오락과 여가를 즐길 권리를 쟁취하기 위한 투쟁이었다. 활동가들은 수영장과 해변을 자유의 궁극적 상징으로 보았다. 한 공간에서 여러 몸이 어울리면서 같은 물에 함께 들어가면 수용acceptance에 관한 책 여러 권을 읽는 효과를 얻을 수 있다. 그런데 인종차별 폐지 운동이 일어났을 때 기대했던 결과만 나온 것이 아니었다. 미국의 여러 도시에서 수영장을 찾는 발길이 뜸해졌고, 결국 비극적 결말이 나타났다. 제프 월츠는 이렇게 적었다. "1950년과 1970년 사이에 미국인들은 시립 수영장에서 수영하지 않기로 선택했다." 백인들이 공공 수영장을 대규모로 이탈했고, 여유 있는 사람을 위한 사설 클럽이나 집 뒷마당 수영장이 생겼다. 사회분열은 이전보다 견고해졌다.

이렇듯 역사적으로 공공 수영장을 이용하기 어려웠던 미국에서는 현재도 인종 간 수영 실력의 격차가 크다. 흑인 아이가 익사하는 비율은 백인 아이가 익사하는 비율의 5배가 넘는다.[1] 다른 여러 분야처럼 수영 인구가 형성되는 과정에는 돈이 중요하다. 미국에서는 수입이 5천 달러 미만인 가구에서 자란 자녀의 약 80퍼센트가 수영을 아예 못하거나 잘하지 못한다.

나는 1980년대에 롱아일랜드에서 어린 시절을 보냈다. 교외의 부유한 주택들이 뒷마당에 수영장을 필수로 갖추던 시절이었다. 윌츠의 말처럼 뒷마당에 수영장을 만드는 이유는, 집주인이 내부로 향하고 지역사회보다 집 안에서 특권을 누리고 싶어 했기 때문이다. 그사이 모두에게 열린 공공 수영장은 이용자가 줄고 운영 자금이 부족해져서 하나둘씩 폐쇄되었다. 수많은 공공 수영장이 관리되지 않은 채 버려졌다.

우리 가족은 운 좋게도 관리 상태가 나쁘지 않은 공공 수영장에서 멀지 않은 곳에 살았다. 내가 여덟 살일 때 부모님은 내게 축구부와 수영부 중 하나를 선택하게 해주었다. 나는 수영부를 택했고, 오빠 앤디도 수영부를 택했다. 오빠와 나는 축구를 하면서 정강이를 채는 데 질렸고, 어쨌든 우리 둘 다 축구를 별로 좋아하지 않았다. 그 뒤로 10년간 우리는 집에서 3킬로미터쯤 떨어진 지역 수영팀의 수영장에서 수영했다. 우리는 수영뿐 아니라 우리 팀 친구들을 좋아했다. **소속감**. 수영팀은 우리의 부족이었다. 우리는 도시와 문화와 소득계층과 상관없이 친구가 되었고 이후로도 오래 우정을 이어갔다.

우리가 사는 동네와 달리 우리 프리포트Freeport 수영팀에는 인종이 다양했다. 히스패닉과 흑인도 있었다. 여기서는 아이들이 손가락으로 눈꼬리를 찢거나 내 성을 가지고 놀리지 않았다. 여기서는 다른 모든 종류의 몸과 함께 내 몸이 좋은 의미로 '내 것'으로 느껴졌다.

우리 수영팀의 또 한 가지 특징은 성별이 섞여 있다는 점이었다. 처음에 공공 수영장에서 금지 규정이 생긴 이유가 바로 이런 상황을 두려워했기 때문이다. 인종과 성별과 배경이 다른 사람이 한데 어울리는 상황. 하지만 우리에게는 그렇게 복잡한 문제가 아니었다. 우리는 그저 수영장 데크에 있는 사춘기 아이들이었다. 날마다 호르몬과 H_2O가 뒤섞인 흥분의 물을 조금씩 들이켰다. 몸들은 매력적인 동시에 혐오스럽고, 끌어당기는 동시에 밀어내고, 모두가 염소鹽素 처리된 네모난 가능성으로 뛰어들도록 초대받았다. 수영장은 자유였다. 엄격한 집과, 부모님과, 규율과는 동떨어진 미래로 열린 창이었다. 염소 냄새는 짜릿한 흥분의 냄새를 함께 실어왔다. 우리는 제대로 이해하지 못하는 무언가를 신나게 할 수 있었다.

9

미니 UN

제이는 이라크에 간 지 사흘 만에 아수라장에서 정신을 차렸다. 친구 J. P. 산타나의 의수義手가 문 앞에 떨어져 있었다. 방금 바드다드에 온 뒤 첫 빨랫감을 잔뜩 들고 대사관 직원이 많이 사는 단지 바로 안쪽에 있는 그의 이동주택에 갖다 놓은 터였다. 그리고 박격포 폭격이 발생했다. 제이는 벽으로 내던져지고 정신을 잃었다. 제이에게 저녁을 먹으라고 부르러 온 J. P.는 팔 한쪽이 없는 채로 10미터 밖 도로로 나가떨어졌다.

J. P.가 제이에게 소리쳤다. "제이! 난 괜찮아, 너 괜찮아?" 제이가 괜찮다고 외쳤다. J. P.의 이동주택도 폭격을 당했다. 길 건너에 사는 남자는 죽었다.

"J. P.가 제이의 이동주택에 조금만 늦게 왔어도, J. P.가 자기 이동주택에서 샤워라도 하고 있었다면 죽었을 것"이라고 제이는 말했다.

J. P.는 먼지와 파편 속에서 의수를 찾았고, 잠시 뒤 미육군 특수부대가 와서 죽은 남자의 이동주택을 봉쇄했다. 그들은 안에 들어가 시신을 수습했다. 그을린 채 아직 연기가 나는 J. P.의 이동주택은 출입이 통제되었다. 부대에서는 J. P.와 제이에게 한 시간 뒤 복귀하라고 했다. 기다리는 것 말고 딱히 할 일이 없어서 둘은 썰렁한 식당으로 저녁을 먹으러 갔다. 식당 문 앞에는 모래를 가득 채운 석유 드럼통이 있었다. 총을 든 병사는 식당에 들어가기 전에 드럼통에 총을 쏘아 총이 장전되지 않은 상태임을 입증해야 했다(탕탕).

"이상한 건 그렇게 첫 폭격을 당하고도 우리는 툴툴 털고 일어나 '아, 미트로프가 아직 남아 있으면 좋겠는데'라고 말했다는 거예요." 제이는 고개를 절레절레 흔들었다. "딱히 할 수 있는 게 없잖아요? 그냥 털고 일어나서 다시 살아가는 거죠."

전쟁 중에도 사람은 일상을 추구한다. 시장에 가고, 친구를 불러 함께 저녁을 먹고, 아기 사진을 들여다본다. 베트남에서 전시 간호사로 일한 적 있는, 내 친구의 어머니가 했던 말이 생각난다. 혼돈의 한복판에서는 규칙적인 일상이 중요하다는 말. 인간관계가 중요하다고도 말했다. "그렇게 우리에게서 중요한 무언가가 다 빠져나가지 않았다는 것을 세상에 보여주는 거야."

미국이 주도해 이라크를 침공한 지 5년이 지난 2008년에 종 파간 폭력을 통제하기 위해 여러 부대가 주둔했지만 바그다드 는 여전히 불안정했다.[1] 그래도 낙관적인 측면이 있었다. 수십 년 동안 중단된 이라크 풀브라이트Fulbright 프로그램*이 부활했 고, 제이는 미국에서 석박사 학위를 받고 싶어 하는 전도유망 한 이라크의 젊은 인재를 발굴하는 임무를 받았다. 그는 군모 를 쓰고 13킬로그램이나 나가는 중무장 상태로 헬리콥터를 타 고 대학을 찾아다녔다. 공중으로 이동하는 것이 지상에서 이동 하는 것보다 훨씬 안전해서였다. 병사들은 항상 군복에 위장복 을 입고 무장한 채 다녀야 했다. 하지만 체육시설에서 운동하 거나 수영장에 있을 때는 예외였다.

제이는 주로 후세인 궁전의 휑뎅그렁한 그린룸에 머물렀다. 옛 영빈관이 공보관으로 쓰였다. 제일 눈에 띄는 것은 15미터 나 되는 높은 천장과 방수포로 덮인, 자신만만해보이는 후세인 의 초상화였다. 바로 앞에는 거대한 수영장이 반짝거렸다. 제 이가 받은 공보장교 훈련에는 폭격당한 건물에서 대처하는 방 법도 포함했다. 필요하다면 카펫을 잘라 부상자를 감싸고 밖으 로 끌어내는 방법도 훈련의 일부였다.

● 미국 정부가 우방과 추진한 학생·교수 교환 프로그램. 이라크에서는 지난 1951년부터 시작됐으나 걸프전 이래 중단됨.

"그 건물은 역사적으로 의미가 있는, 웅장한 건물이었어요."
제이가 말했다. 실제로 만난 그는 체격이 자그마했다. 옅은 갈색 머리와 수염을 세심하게 다듬었다. 내가 메릴랜드로 그를 만나러 갔을 때 이라크에 대한 그의 기억은 그의 수염만큼이나 정돈되어 있었다. "우리가 궁전에 들어가기 전에 이미 물건들이 상당히 파손되긴 했지만 그래도 남아 있는 물건은 세세한 부분까지 최상급으로 질이 좋았어요. 목공예품, 변기, 경첩까지도요. 규모도 미국 의회도서관에 견줄 만큼 어마어마했고요. 사방이 대리석으로 되어 있고, 곳곳에 샹들리에가 있었어요."

제이는 후세인 궁전의 공보관에서도 일하고 약 3킬로미터 떨어진, 그보다 작은 궁전에 있던 문화관에서도 일했다. 그 건물은 실제로도 "작은 궁전"으로 불렸다. 작은 궁전에도 후세인의 아들들이 만들었다는 수영장이 있었다. 제이는 초록색 몬태규 접이식 산악자전거를 타고 두 궁전을 오갔다. 아프가니스탄에서 공수부대원들이 타는 자전거와 같은 모델이었다. 헬리콥터에서 떨어질 경우, 땅에 닿자마자 타고 달리기 위한 용도였다. 제이는 헬멧까지는 쓰지 않았다.

수영은 언제나 탈출 수단이었다. 신체적, 영적, 정신적 탈출. 그런 의미에서 전쟁터만큼 수영팀이 필요한 곳이 또 있을까? 교전 지역에서는 누구나 폭격으로 전우를 잃고, 구사일생으로 살아남는다. 죽음의 문턱까지 가보면 사람이 단단해진다. 이런 경험을 한 뒤 함께 수영장에 들어가면, 아직 살아 있다고 뒤늦게 자각하고 넘치는 기쁨이 물거품처럼 수면으로 올라온다.

"사막의 먼지는 석양을 더 화려하게 만들어줘요. 그 광경을 본 사람은 본능적으로 하던 일을 멈추고 바라보게 되죠." 제이가 그때를 떠올리며 말했다. "그런데 바그다드에서 섬뜩한 건 바로 그 시간이 박격포 공격에도 더없이 좋은 시간이라는 거예요. 미군의 공격형 헬리콥터가 타격 대상을 찾아 돌아다닐 때 먼지가 뿌옇게 일어서, 땅에서는 헬리콥터가 잘 보이지 않거든요. 그래서 석양이 유독 아름다운 날에는 박격포가 떨어질 거라고 예상할 수 있어요."

교전 지역의 역설이다.

제이 코치는 궁전 수영장에서 마다가스카르에서 온 안드리와 불가리아에서 온 발야에게 수영을 가르쳤다. 안드리가 팔을 풍차처럼 마구 돌리지 않게 해주고, 발야가 오래전부터 몸에 익은 영법을 버리게 해주었다.

제이가 바그다드에 파견된 10개월 동안 후세인 궁전에 있던 미군 전체가 전보다 보강된 새 대사관 건물로 옮겼다. 후세인 궁전과 그린존을 이라크인에게 돌려주자는 결정이 내려져서다. 궁전과 수영장 모두 이라크 국민에게 돌아가기를 바라며 내려진 조치였다. 새 건물로 옮기면서 화려한 수영장을 잃었지만,

다행히 새 건물에는 24시간 개방하는 약 22미터 길이의 실내 수영장이 있었다. 수영 강습을 본격적으로 시작할 때가 됐다.

제이 코치의 수영 강습을 찾는 강습생이 2주 만에 세 배로 늘었고, 이어서 그 수의 두 배가 되었다. 강습생이 네 명에서 열두 명이 되었다가 스물네 명이 되었다. 그리고 그 수가 또다시 두세 배 더 늘어났다. 안드리와 발야가 친구를 데려오고, 그 친구들이 다시 친구들을 데려오는 식이었다. 거의 다 초보자이고 수영 실력이 미숙하기는 해도 수영을 아예 못 하지는 않았다.

새 수영장 뒤쪽 벽은 거의 유리로 덮여 있었다. 유리창 밖으로는 주거 건물과 사무실을 체육시설과 식당과 이어주는 널찍한 보행자 산책로가 있는 현대 바그다드의 풍경이 보였다. 그 산책로에서도 유리창 안으로 수영하는 사람들을 볼 수 있었다. "그보다 더 효과적인 광고는 없었을 거예요." 제이가 말했다. 안드리는 문화사업을 담당하면서 제이의 풀브라이트 프로그램과 기타 학문과 전문가 교류 프로그램을 지원하는 역할을 맡았다. 두 사람은 그린존을 돌아다니며 주 3일, 오전과 오후에 열리는 수영 강습 홍보물을 붙였다.

제이와 안드리는 두 달간 수영 강습을 진행하면서 접한 강습생들의 뜨거운 반응에 놀라며 대체 무슨 일을 벌인 건지 어리둥절해했다. 수영팀을 꾸린 일은 업무 외에 추가로 시도한,

자발적 업무였다. 수영하러 오는 사람이 늘어나자 두 사람은 강습을 추가해야 했다.

여러 강습생이 새로 찾아왔다. 이번에는 다들 물에 들어가 본 적도 없는 완전 초보였다. 이슬람교 여자 몇몇은 공공장소에서 수영복을 입어본 적이 없었다. 그들은 볼링 말고는 스포츠를 해본 적이 없다고 했다. 그들은 랜즈 엔드Land's End 브랜드의 카탈로그를 들고 와서 어떤 수영복을 사야 할지 물었다. 제이는 그쪽으로는 문외한이라 패션 관련 문의는 모두 벵골인 친구이자 공보관의 동료인 인드라니에게 넘겼다. 인드라니는 초보자들이 투피스나 스피도의 탱크슈트를 고르도록 도왔다.

제이는 모든 강습생에게 번호를 정해주었다. 초기 멤버인 발야는 1번을 받았고, 안드리가 2번이었다. 새로 들어온 강습생마다 기존 회원과 짝을 지어주었다. 강습에 들어오면 누구나, 수영 경험이 있든 없든, 같은 방식으로 수업을 받았다. 얼굴에 물을 뿌리고, 입으로 거품을 일으키고, 유선형의 슈퍼맨 자세로 벽을 밀쳤다. 그렇게 평등한 문화가 조성되었다. 3주 전에 초보자로 온 사람이 이제 새로 온 강습생에게 강사 노릇을 할 수 있었다. 제이는 수영장 데크나 물속에서 지시사항을 전달했다. 일찍이 코치가 된 안드리는 제이가 하는 대로 따라 했다.

제이는 강습생에게 물놀이를 시켜서 수영 강습을 즐거운 시간으로 만들었다. 인명구조 방법도 가르치는 등 창의적인 강습 계획을 세웠다. 그가 좋아하는 고전 영화를 강습의 기초 자료로도 활용했다. "강습 시간에 〈나바론 요새 The Guns of Navarone〉를 틀어줬어요. 그레고리 펙이 나오는 1961년 전쟁영화인데, 아세요?" 제이가 내게 물었다. 그는 강습생들에게 소리 없이 물속에 몸을 거의 다 담근 채, 눈만 물 위로 나오게 했다. 그리고 조명을 다 끄고, 물 위로 높이 올라온 강습생의 머리에 안드리와 함께 배구공을 던지는 놀이를 했다. "나바론 요새!" "교전 지역!" 이 수영 강습에는 블랙 유머가 있었다. 강습생들 사이에 웃음이 끊이지 않았다(제이는 나와 인터뷰하면서도 웃었다).

한번은 남아프리카의 건장한 보안요원이 훈련견(매끈한 근육질의 남아프리카산 사냥개 로디지아 리디백)을 데려와 같이 수영할 수 있느냐고 물었다. 제이는 수영장에 반려동물을 들일 수 없다고 말할 수밖에 없었다.

그래도 사람들이 찾아왔다. 셔틀버스 운행 경로가 새로 생기며 작은 궁전에서 수영장까지 더 편리하게 오갈 수 있게 되었다. 20~30명이 정기적으로 강습에 참가했고, 군대에서 수영하는 사람도 찾아왔다. 수영 자세를 교정하려는 젊은 해병대원도 찾아왔다. 전역을 앞둔 30, 40대 직업군인이 민간인으로 돌아가면 트라이애슬론에 도전하고 싶다면서 체력을 단련하기 위해 찾아오기도 했다. 강습생의 체력과 실력이 제각각이지만,

수영은
언제나 탈출 수단이었다.

제이는 모두를 위한 강습을 진행했다. 그러다 문득 자신이 수영을 좋아하는 만큼 수영을 가르치는 일도 좋아한다는 것을 깨달았다.

제이는 강습생들을 위해 수영모, 물안경, 킥보드 같은 장비를 주문했다. 그는 항상 수영 강습에 창의적인 도구와 요령을 적용했다. 가령 수면 위에서 탁구공을 입으로 불어 호흡의 리듬에 편안하게 집중하게 하거나, 다리 사이에 풀부이*를 끼고 회전할 때 엉덩이의 움직임을 느껴보게 했다. 제이는 이렇게 말했다. "페루나 네팔에서 온 보안요원들은 무척 가난했어요. 힘들게 번 돈을 모두 고향으로 보냈거든요. 누가 수영모나 2달러짜리 물안경을 주면 큰 도움이 됐죠." 제이는 자비로 강습생들을 위한 장비를 구입했다.

수영팀이 처음 생긴 곳은 영국이다. 영국에서 1800년대 초에 처음으로 단체 스포츠로 수영을 했다. 이전에도 영국의 해변 문화가 발전하기는 했지만 주로 위생과 건강을 위한 수영이지, 경쟁을 위한 수영은 아니었다. 1828년에 리버풀에서 영국 최초 시립 수영장인 세인트 조지 바스St. George's Baths가 개장한 뒤 많은 수영장이 문을 열었다.[2]

● 킥을 하지 않고 팔 동작으로만 수영할 때 사용하는 보조 기구.

초창기 수영클럽은 이튼 칼리지를 비롯한 사립기숙학교에서 생겼고, 이튼 칼리지 학생들이 스코틀랜드의 호수와 잉글랜드의 강에서 단체 수영 기록을 따냈다. 이튼 칼리지는 1840년대 초에 수영의 필수요건을 지정하고, 수영 시험을 통과한 학생과 낙제한 학생을 기록했다. 이튼 칼리지가 영국의 수영을 이끌었다. 몇십 년 뒤 이튼 칼리지의 한 수영강사는 삽화를 넣고 금박까지 둘러서 《이튼식 수영법 The Art of Swimming in the Eton Style》이라는 책을 출간했다. 당대 최고의 수영클럽은 '전국수영협회 National Swimming Society'라는, 와인 무역상 존 스트래천 John Strachan이 런던에서 만든 단체다. 1830년대에 전국수영협회는 런던 하이드파크에 있는 서펜타인 Serpentine 호수와 템스강에서 수영대회를 개최하여, 수영이 건강에 유익하다는 점을 대중에 알렸다.

어느 수영대회에서는 상으로 은잔과 코담배갑을 주었다(참으로 영국답다!). 전국수영협회는 각 지방의 수영협회에 은메달을 배포하여, 각지에서 열리는 수영경기에서 상으로 수여하게 했다. 협회 회원에게 무료 강습을 실시했지만, 수강생으로 남자만 받는 관행이 있었다. 그러다 1859년에 영향력 있는 작가이자 사회에 관한 에세이를 쓰는 작가 해리엇 마티노 Harriet Martineau의 지원으로, 여자도 정해진 시간과 날짜에 공공 수영장을 이용할 수 있게 되었다.[3]

"영국 여자는 사지가 멀쩡하고, 섬나라에서 살고, 항해를 다니고, 해수욕을 하고, 학교에서나 가정에서나 물에서 운동해야 하고, 배를 타고 나가야 한다. 한마디로 여자도 물과 얽힌 보편적인 위험을 안고 살아가야 한다." 마티노가 1861년에 낸 수필집에서 비꼬는 투로 쓴 글이다. 여자도 남자처럼 수영을 배울 권리가 있지 않느냐는 뜻이다. 당시는 여자에게 정숙함을 강요하던 빅토리아 시대였다. 마티노는 성별로 인해 건강에 미치는 부정적 영향을 우려했다.[4] 당시 영국에서 여자를 위한 수영학교 몇 곳이 문을 열긴 했지만, 마티노의 입장은 단호했다. 성별에 무관하게 모든 아이가 어릴 때부터 수영 강습을 받아야 한다는 것이었다.

마티노는 파리의 센강에 생긴 공공 수영장에서 여자아이도 수영을 배우는 광경을 목격했다. 머리부터 발끝까지 복장을 갖추고, 허리띠를 밧줄에 연결했으며, 남자(헉!) 강사도 있었다. 마티네는 영국의 여자아이에게도 그런 기회가 주어지기를 바랐다. 그래서 여자가 수영하는 것에 대해 엄격한 금기에 맞섰다. '물에 마녀 담그기'라는, 마녀로 의심되는 여자를 줄에 묶어 물에 담그던 오랜 악습은(물에 가라앉아 익사하면 무고하고, 물에 뜨면 마녀로 판명했다) 19세기 영국에서도 여전히 낯선 일이 아니었다.[5] 마티노는 단호했다. "세계 대다수 나라에서는 아이가 걸음마를 떼자마자 혹은 걸음마를 떼기 전부터 수영을 배운다." 이집트에서 몽골까지, 아메리카와 폴리네시아의 원주민에 이르기까지 "인간은 수륙 양서 생활을 하는 존재"다. 이 말이 또 언급되었다. 이상적인 수륙 양서 생활은 세계 어디서나 누구에게나 바람직한 생활양식으로 기술되었다.

19세기 영국에서 수영 문화가 형성되며, 수영을 보급하자는 취지로 수영클럽 수백 개가 전국적으로 생겼다. 그중 몇 곳은 지금까지도 남아 있다. 서펜타인 수영클럽Serpentine Swimming Club(1864년 설립)과 오터 수영클럽Otter Swimming Club(1869년 설립)이 있다. 그리고 일상적으로 수영을 즐기는 사람이 늘어나면서 영국 전역에서 시립 수영장이 개장했다.

1875년 8월에 세계 최초로 국제적 수영 영웅이 탄생했다. 최초로 영국해협을 수영해서 건넌 증기선 선장 매튜 웹Mattew Webb이다. 영국과 프랑스의 거리는 가장 짧은 경로가 약 34킬로미터이지만, 웹이 지그재그로 지나간 경로는 그보다 두 배 가까이 길었다. 콧수염이 난 그의 친근한 얼굴은 종이 성냥갑에까지 실렸다. 8년 뒤 그는 캐나다의 나이아가라폭포 아래에서 나이아가라강을 건너려다가 소용돌이에 휩쓸려 익사했지만, 그의 열정만큼은 뜨거웠다. 1890년에는 영국과 독일과 프랑스에 아마추어 수영연맹이 설립되었다. 세계 각지의 낚시와 수렵채집 문화와 공동목욕의 전통이 마침내 수영을 배우는 공식 클럽으로 발전했다. 사람들이 수영클럽에 모여서 수영을 연습했다.

해리엇 마티노의 뜻이 결국 이루어진 듯하다. 오늘날 영국에서 가장 인기 있는 스포츠가 수영인 것을 보면 말이다. 나는 초창기 수영 강습에 관해 조사하면서 1906년 9월에 찍힌 빛바랜 흑백사진 한 장을 발견했다.[6] 옅은 금발의 작은 아이 둘이 템스강에서 특대형 나무막대에 묶인 밧줄에 매달린 사진이다. 남자 교사 둘이 막대를 높이 들고, 허리를 숙이고, 팔에 힘을 주면서, 수영을 지도하는 장면이다. 배경에는 옷을 입은 어른들(부모일까? 지나가는 사람들일까?)이 탄 배가 있다. 다들 모자를 쓰고 한 사람은 파라솔을 들고 멀찍이서 안전하게 강습을 구경하고 있다.

이 사진에서 정적인 분위기를 깨는 유일한 요소는(설명할 수 없는 이유로 인해 내게는 동적으로 보였다) 다른 아이들보다 크고 얼굴이 둥그런 아이 하나가 전경에 있는 작은 아이들과 배경에 보이는 배들 사이에서 헤엄치는 모습이었다. 그 아이는 사진 속 강습과 노력의 결과를 제대로 보여주는 것 같았다. 줄에 매달리지 않고 환하게 웃으면서 자유로이 수영하는 모습.

매년 372,000명이 물에 빠져 죽는다.[7] 날마다 한 시간에 40명 넘게 익사하는 셈이다. 2014년에 세계보건기구WHO에서 전 세계 익사에 관한 보고서를 발표하면서 국제 공조 최초로 전략적 예방책을 마련하고자 했다. 익사를 공공 보건의 문제로 지정한 것이다.

물론, 수영할 줄 안다고 해서 물에 빠지지 않는 건 아니다. 익사 사고에는 여러 요인이 작용한다. 예를 들어 아이가 수영을 배웠으면, 부모가 물에 들어간 아이에게 신경을 덜 쓴다는 연구 결과가 있다.[8] 하지만 대다수의 익사 사고는 소득 수준이 낮거나 중간 정도인 국가에서 날마다 물을 가까이 접하는 사람들에게 발생한다. 가령 어부나, 강에서 물품을 운반하는 농부나, 우물이나 연못으로 물을 길으러 온 아이가 주로 익사한다. 수영의 전통이 확고히 자리 잡은 지역에도 수영 강습이 부족한 실정이다. 예를 들어 태국에서는 모켄족이 현대의 삶에 젖어 잠수와 낚시로 살아가는 오랜 전통을 이어갈 능력을 심각하게 상실한 나머지, 세계보건기구에서 최근 모켄족의 어린 세대에게 수영 능력을 길러주기 위한 수영 프로그램을 만들었을 정도다.

마찬가지로 아프리카 동남부의 섬나라 마다가스카르에서는 수영이 사치다. 안드리 람볼라마나나의 가족은 돈이 없었다. 하지만 어릴 때 이모가 사설 가톨릭 학교에서 운영하는 수영 강습에 안드리를 보내라고 안드리의 엄마를 설득했다. 그 강습에서는 강사가 아이들을 수영장 옆에 줄 세웠다. 그리고 한 명씩 뛰어내리라고 명령했다.

"그 강사를 평생 못 잊을 거예요." 안드리가 내게 말했다. "진짜 무서웠거든요! 우린 다 처음이었다고요! 뛰어내리라니! 우리는 수영을 못했어요. 그런데 그 강사가 뛰어내리지 않으면 자기가 떠밀겠다고 했어요." 여섯 살의 안드리는 떨리고 눈물이 날 것 같았다. 수영장 끝에 서서 도저히 물에 뛰어들 수 없었다. 강사가 와서 안드리를 붙잡고 함께 물속으로 뛰어들었다. 거품과 눈물과 공포의 소용돌이가 일었다. 그러고 나서 어떻게 됐는지는 거의 기억나지 않는다. "물에서 어떻게 나왔는지 기억나지 않지만 다시는 물에 들어가지 않았어요."

오들오들 떨던 아이는 건장한 남자로 성장했다. 떡 벌어진 어깨와 짙은 색 고수머리에 인상적인 몸매가 돋보였다. 우리가 화상통화로 대화를 나눌 때(그는 현재 파리에 살고, 나는 샌프란시스코에 있다) 그의 유쾌한 함성과 환한 웃음이 화면을 가득 채웠다. 하지만 물에 관한 첫 경험을 이야기할 때는 순간 몸이 쪼그라들면서 기억 속 어딘가로 돌아간 듯 보였다. 그래도 바그다드에서의 경험에 배경이 되기에 빠뜨릴 수 없는 이야기였다. 그는 어릴 때 이후로 수영이 어떤 의미였는지에 관해 소중한 경험담을 들려주었다. 그에게 수영은 무서운 것이었다.

그는 육지 활동에서는 재능을 타고났다. 마다가스카르의 수도 안타나나리보Antananarivo 에서 대학을 다니면서 각종 스포츠를 즐겼다. 킥복싱도 하고, 농구도 하고, 태권도 사범인 친구에게 태권도도 배웠다. 마침 대학에서 매주 수요일 오후마다 학생들에게 체육시설을 무료로 개방했는데, 안드리는 이때 오랜 공포의 공간인 수영장을 다시 알아갔다.

　오랜 세월이 지난 뒤 그는 자신에게 단호히 말했다. '수영을 배워야 해.' 그는 수영장에 다니면서 강습을 받지 않고 혼자서 정신 없이 물을 튀겨가며 연습에 매진했다. 몇 날 며칠 그리고 몇 주간 인고의 시행착오 끝에, 어떻게든 한 번에 수영장을 가로지를 수 있게 되었다. "그런데 힘이 다 빠졌어요. 힘을 다 빼면서 헤엄쳐 나갔거든요!" 그가 눈이 휘둥그레져서 말했다. 그가 어깨를 흔들었다. 허우적대며 팔을 젓는 시늉을 하면서 묵직한 베이스 톤으로 "허허허" 하고 웃었다.

　2007년 말에 바그다드에 왔을 때 그의 수영 실력이 그랬다. 몇 달 뒤 제이가 바그다드에 도착했다. 안드리는 후세인 궁전 수영장을 처음 보고 아득해졌다. 그즈음 바그다드의 군인과 보안요원은 궁전의 화려함에 젖어 마치 왕이라도 된 것마냥 행동했다. 궁전을 우습게 보았다. 그들은 수영장에 첨벙첨벙 뛰어들고 수영장 옆을 활보했다. "다들 궁전의 주인이라도 된 양 굴었어요." 하지만 안드리는 궁전에 경의를 표했다. "믿기지 않았어요. '우리가 여기서 수영할 수 있다고?' 이런 생각이 들었죠."

　안드리는 근무하면서 제이를 처음 만났다. 그는 바그다드에 새로 도착한 사람을 지원하는 업무를 맡았다. 제이를 골프카트에 태우고 그린존을 안내했다. 사흘 뒤 제이와 J. P.가 폭격을 당할 때 안드리도 이동주택 앞에 있었다. 안드리는 매일 밤 9시나 10시경에는 꼭 수영장에 갔다. 가보면 제이가 이미 와서 수영하고 있었다. 안드리는 우아하지 않게 팔을 풍차처럼 돌리며 수영했다.

"제이가 보고 있는지는 몰랐어요." 안드리가 말한다. "어느 날 저녁에 제이가 '지금 뭐 하는 거예요?'라고 묻더군요." 안드리는 그 기억을 더듬으며 웃는다. "전 그냥 레인 끝까지 가보고 싶었어요." 제이는 보통 초보자에게 시범을 보이는 단계를 안드리에게 설명해주었다. "우선 물속에서 입으로 거품을 내보아라." "머리를 물속에 편안하게 담가라." "물에 가만히 떠 있다가 가볍게 발차기를 하면서 떠보아라." 안드리는 제이가 시키는 대로 했고, 곧바로 차이를 느꼈다. "훨씬 쉬워졌어요. 더 자연스럽게 물 위에 떴어요. 그렇게 시작했어요."

안드리는 서서히 발전했다. 그는 강인한 힘과 어우러지게 유연성을 길렀다. 그가 계속 이동하도록 제이가 이끌어주어 어느새 세 바퀴를 더 돌았다.

안드리는 6개월 만에 수영대회에 참가하기 위해 네 가지 영법을 배웠다. 서른네 번째 생일에는 서른네 바퀴를 쉬지 않고 돌았다. 얼마 뒤 제이는 안드리에게 병사들의 수영 강습을 맡겼다. 처음에는 자신이 없었다. '내가 이 친구들을 가르친다고?

나보다 훨씬 잘하는데?' 하지만 안드리는 강습을 철저히 준비하는 제이를 보고 배웠다. 제이는 상급반 수업 계획을 짜고 수강생을 반복해서 훈련시키고 수강생의 모습을 세심히 관찰했다. 안드리는 제이가 하는 대로 했다. 강습생이 늘어나는 사이, 제이의 진정한 재능은 누구에게든 자신감을 불어넣는 데 있다는 것을 알았다. 평생 물에 들어가 본 적이 없는 강습생도 있었다. 한 바퀴를 채 돌지 못하는 강습생도 있었다. 하지만 누구나 모든 공포를 극복할 수 있었다. 이렇게 하면 되었다. "물에서 놀아라." "입으로 물을 불어서 거품을 일으켜라." "슈퍼맨 자세를 유지하라."

"저도 그렇게 했어요." 안드리가 말한다. "제이의 지식을 전달했어요."

어느 날 제이와 안드리가 차를 타고 작은 궁전 앞 마지막 검문소를 통과할 때 옆 건물인 미국국제개발국United States Agency for International Development, USAID이 직격탄을 맞았다. 사이렌이 울리고 "숨어라!"라는 고함이 들리고 박격포가 떨어졌다. 모든 것이 무섭도록 가까웠다. 제이와 안드리는 차에서 내려 엄호물을 찾아 뛰었다. 안드리는 겨우 안으로 들어갔지만 제이를 놓쳤다. 공포가 엄습했다. 폭탄 터지는 소리가 "쾅쾅" 울려댔지만 어디서도 제이가 보이지 않고 휴대폰도 끊겼다.

폭격의 강도가 줄어들자마자 안드리는 제이를 찾으러 건물에서 뛰쳐나왔다. 그리고 제이를 발견해서(폭격으로 인해 시멘트 벽까지 날아간 제이는 조금 놀라기는 했지만 몸은 무사했다) 안으로 끌고 들어갔다.

안드리가 제이에 관해, 바그다드에서 함께 보낸 시간에 관해 이야기할 때는 울컥한 듯 목이 멘 목소리였다. 그는 촉촉해진 눈으로 신중히 표현을 골랐다. 제이 코치는 안드리 람볼라마나나에게 불가능한 것이 가능해진다는 것을 보여주었다. 안드리는 말한다. "제이한테는 이런 말을 한 적이 없지만 저는 제이 코치를 아버지라고 생각해요. 그는 모든 면에서 제 스승이에요."

10

혼돈과 질서

바그다드에 파견된 사람 대다수는 임기가 1년이었다. 그래서 다들 수영팀에 두 달 정도 들어왔다가 떠나지만, 새로 온 사람이 빈자리를 채웠다. 제이 코치가 바그다드에 머문 2년간 그의 수영팀원은 200명 이상으로 불어났다.

개중에는 잠재력이 폭발하는 사람도 있었다. J. P. 산타나처럼. 활기차고 강인한 외모에 반항적인 면모도 엿보이는 J. P.는 청소년 시절에 고압전선을 잡았다가 오른팔 아랫부분을 잃었다. 그는 어릴 때 수영을 배웠다. 하지만 사고로 온몸에 화상 흉터가 생겼다. "사고를 당한 뒤로 수영장에 들어가는 게 창피했어요. 솔직히 겁이 났어요. 수영하는 법도 잊어버렸고요. 그래서 제이가 수영 강습을 연다고 할 때 맨 앞에 줄을 섰어요."

그는 오른쪽 어깨에 흉터가 많고 왼쪽보다 근육이 유연하지 않아서 다시 수영할 수 있을지 자신이 없었다. "일단 수영장에 들어가면 열심히 헤엄치긴 해요. 바닥으로 가라앉을까 봐 겁나서요. 제이에게 배운 건 균형을 잘 잡아야 한다는 거예요. 수영에서든, 인생에서든."

2008년 4월(미군의 이라크 안정화 작전인 '서지surge 기간')에 새 대사관 건물은 아직 개시하지 않았다. 폭격이 이어지고 상황이 심각해지면 J. P.와 제이 같은 문화사업 인력은 깡통 같은 허술한 이동주택이 아닌, 단단한 방어막을 제공하는 사무실에 머물러야 했다. "일주일의 절반을 물 없이 살고 음식은 매일 똑같았어요. 이라크인 친구가 그러더군요. '이제야 이라크 중산층이 어떻게 사는지 체험하는 거야.' 그래도 운이 좋은 편이었어요. 걱정거리라고는 로켓에 맞아 죽지 않을까 하는 거랑, 손수건으로 몸을 닦아야 하는 거랑, 일주일 내내 같은 음식을 먹어야 하는 거였죠. 군대가 야전에서 마주하는 현실과 이라크인이 일상에서 겪는 현실을 비교하면 복 받은 거죠"라고 그는 말했다.

개인 이동주택으로 돌아갈 때는 마치 출소하는 기분이었다. 그리고 수영장으로 돌아가자 황홀경에 이르렀다.

"균형이 중요해요." J. P.가 내게 말한다. "수영에서든, 인생에서든." 음울하고 무거운 전쟁의 제약 안에서 사람들은 사소한 가벼움을 찾았다. 제이는 특히 수영장으로 몰려온 젊은 병사들에게 감동했다. 정식으로 입대한 사람이든 보안경비업체 소속이든, 그가 이전에 알던 사람들과는 전혀 다른 세계에서 온 사람들이었다. "다들 열여덟 시간 작전을 수행하는 데 적응한, 강인한 청년들이었어요." 그들은 온몸에 폭약 냄새를 풍기며 무기를 받쳐 들고 캠프 빅토리Camp Victory (전투와 도시 정찰과 해병대 저격 특파 부대의 본부)로 돌아왔다. "그들이 가장 좋아하고 절대로 놓치지 않는 TV 프로그램이 뭘 거 같아요?" 제이가 내게 물었다. "〈길모어 걸즈Gilmore Girls〉*에요."

군대에서는 수영을 연습하고 나서 다시 군복으로 갈아입었다. 위계와 질서를 중시하는 복잡한 군대 조직에서, 수영은 그들을 맨몸으로 돌아가게 만들었다. 제이는 진지하게 고민했다. "수영할 때는 평소의 정체성을 더 많이 잃어요. 테니스복 같은 걸 입을 때보다도 더요. 맨몸에 수영모와 물안경만 쓰죠. 수영할 때는 최소한의 복장만 갖춰요. 저마다의 다른 정체성은 보이지 않아요. 두 사람 중 누가 장교이고 누가 사병인지 알 수 없어요."

생각보다 더 대단한 일이었다. 그는 특히 페루에서 온 가난한 경비원을 떠올렸다. 미국 대사관과 교전 지역의 보안과 안전을 위해 수천 명씩 고용된 사람들이었다. "그들이 제복을 벗

● 비혼모와 딸이 함께 성장하는 과정을 그린 미국의 인기 가족 드라마.

고 와서 수영을 배우는 것, 그들이 경비를 서주는 미국인이나 다른 외국인과 동등하게 수영하는 것. 이런 특권이 의미하는 뭔가가 있어요."

제이와 안드리와 J. P.의 말을 듣다보니, 국제적 수영장의 수영 강습이 무엇을 이룰 수 있을지 어렴풋이 알 것 같았다. "그렇게 군인과 외교관과 이라크 현지인과 그 외 여러 국적의 사람이 어우러지는 곳을 본 적이 없어요." 제이 코치가 수영장과 강습생에 관해 말했다. 물에 들어가면 모든 차이가 사라진다. 혼돈 속에 질서가 생긴다. 킴이 물속에 들어가면 다 벗어버리고 자아 본질로 돌아가, 서로를 가장 본질적 방식으로 바라보게 된다고 말한 기억이 났다. 저 멀리 대사관 건물을 배경으로 수영장과 그곳에서 진행하는 수영 강습은 기도 의식과 같은 초월적 힘을 발산한다. 가장 비인간적인 공간에서 일종의 성찬식을 통해 인간성을 확인하는 것이다.

제이가 바그다드에 머문 기간에 그린존에서 일하던 이라크인들이 그만두었다. 미군이나 미국국제개발국이나 미국 대사관과 얽히면 위험해지기 때문이었다. 이라크인들은 여러 측면에서 오해받고 위험에 처했다. "너는 첩자냐?" "그래서 떼돈이라도 버냐?" "미국을 위해 이라크와 가족과 전통을 버릴거냐?" 그들은 끊임없이 진실성을 의심받았다. 그래도 일부는 미국국제개발국에서 계속 일하면서 셔틀버스를 타고 수영장에 와서 수영을 배웠다. 수영장에 있으면 긍정적으로든 부정적으로든 주목받지 않았다. 수영하고 수영을 배울 수 있었다. 남들처럼.

매우 중요한 문제였다. 관점이 달라지고 가능성이 열리고 세상에 어떤 사람으로 존재할 수 있느냐의 문제였다. 나는 바그다드에서 수영하는 사람들을 알아가면서, 물이 특권을 주는 공간이고 그 공간에 들어가는 것이 모든 사람에게 어떤 의미인지 알아가기 시작했다. 트랜스젠더 수영인과 자폐증 수영인을 다룬 다큐멘터리를 보며 수영장이 그들의 몸과 마음에 얼마나 큰 자유를 의미하는지 알았다.[1] "수영장에 들어가면 다시 힘이 생기는 느낌이 든다. '고요한 힘'이다." 런던의 트랜스젠더 수영모임에 관한 다큐멘터리 〈수영클럽The Swimming Club〉에서 어느 수영인이 한 말이다. 그리고 자폐증 수영인들이 마침내 수영팀(뉴저지주 동부 도시 퍼스 앰보이Perth Amboy의 저지 해머해즈Jersy Hammerheads)에 받아들여져 다른 팀원과 경쟁하는 과정을 보면서, 수영이 공동체를 통해 어떻게 자신감을 불어 넣는지도 깨달았다.

제이는 바그다드에서 이룬 가장 큰 성과가, 다양한 강습생에게 모두 같은 수영장에서 함께 머무르는 드문 기회를 제공한 것이라고 말했다. 물론 말썽이 전혀 없던 건 아니다. 물안경을 쓰고 물속에서 여자들을 훔쳐보는 남자도 있었고, 데크에 앉아 구경만 하는 남자도 있었다. 제이는 이런 사람들을 가차 없이 내쫓았다. "여기 오면 반드시 수영해야 합니다. 추파나 던지러 오는 사람까지 받아주지 않습니다."(그는 안드리의 덩치와 전투병사 두 명의 험악한 존재감을 든든한 지원군으로 활용했다)

제이 코치는 바그다드에서 수영인을 조직하고 강습생 사이 생길 수 있는 마찰을 최소화하기 위해, 볼티모어에서 수영강사로 일한 경험을 살릴 뿐 아니라 아프리카와 중앙아시아에서 문화 교류를 담당한 경험도 활용했다. 우리의 대화 주제가 갈등으로 넘어가자 제이는 카이로에 파견됐을 당시 각국 대표가 아랍연맹 회의에서 다툰 이야기를 들려주었다. 먹을 것을 가지고 싸운 일도 있었다고 했다. "바그다드에서는 적어도 누구도 서로에게 수영장에서 오줌을 쌌다고 비난한 일은 없었어요. 그럴 생각을 해봤을지는 모르지만."

안드리의 사례를 접하며, 놀이로 시작한 무언가가 다른 어딘가로의 탈출구가 된다는 데 놀랐다. "책 읽는 것과 같아요. 책에 빠져들면 바깥세상에는 존재하지 않잖아요." 안드리가 내게 말했다. 그전에 전쟁을 겪어본 적 없는 사람이 수영을 통해 어디론가 사라질 수 있는 덕분에 건강하게 지낼 수 있었다.

"누가 저한테 마다가스카르에 관해 물으면 마다가스카르 사람들은 전쟁을 모른다고 답해요." 안드리가 가볍게 웃었다. "우리는 정말로 전쟁이 뭔지 몰라요. 프랑스에게 점령당했을 때도 우리는 순순히 내줬어요. 아, 이건 농담이에요. 어찌됐든 우리는 남들이 느끼는 그런 식의 갈등을 몰라요."

전쟁으로 예측이 불가능하고 불안정하고 변덕스러운 세계에서 수영장과 수영 강습과 수영팀은 모두의 마음을 안정시켜 줬다. 제이 코치는 2010년에 바그다드를 떠났고, 얼마 뒤 안드리도 떠났다. "다른 미군이 수영 강습을 이어받아 진행했지만 즐기지는 못했던 것 같아요." 제이가 말했다. 수영 강습은 한 달 정도 더 이어지다가 다시는 열리지 않았다. 현재 바그다드 수영팀은 해산되었다. 제이는 지금도 문화 교류 프로그램과 중동 문제를 다룬다. 그의 집 차고에서 배도 만든다. 선외 모터가 달린, 길이 4미터의 지미 스키프Jimmy Skiff로, 그가 사는 메릴랜드주와 메인주의 바다에 적합한 배다. 그는 요즘도 볼티모어 외곽에 위치한 집에서 270미터 정도밖에 떨어지지 않은 동네 수영장에서 수영한다. 안드리는 파리 15구에서 배우자와 어린 아들과 함께 산다.

제이는 얼마 전에 딸 리지를 데리고 프랑스에 다녀왔다. 1930년대에 지어진 파리의 역사적인 시립 수영장도 방문했다. 그리고 안드리의 사물함에 바그다드에서 쓰던 물안경과 수영 용품이 들어 있는 것을 보았다. 나중에 안드리의 아들이 크면 수영을 가르치는 데 필요한 용품이 다 갖춰진 것 같더라고 제이가 전했다. 멕시코 후아레즈Juarez에 사는 J. P. 산타나도 여전히 일주일에 두세 번 수영한다. 그에게 수영장은 고난의 시기에 남은 최고의 추억거리다. "당시 제게 수영 강습은 최고의 즐거움이었어요. 우리는 그걸 'la cherry en el pastel', 그러니까 케이크 위의 체리라고 불러요. 이라크인 친구의 표현으로는 비리야니* 위의 양머릿고기 같은 거죠."

얼마 뒤 나는 구글 어스에서 바그다드를 찾아서 공화국 궁전과 한때는 야자수가 우거지고 화려하던 궁전 수영장의 조감도를 보았다. 현재는 수영장 물을 다 빼서 주변 모래사막처럼 메말라 보이지만, 웅달진 수영장 가장자리는 여전히 그대로다. 한때 외로운 사람들이 수영하다 말고 숨을 고르기 위해 잠시 쉬면서 서로를 발견하던 자리.

●　인도의 쌀 요리.

경쟁

COMPETITION

≈≈≈

벼랑 끝에서 전율하며 뛰어내리려고 생각하는 사람의 열정만큼
악마적으로 극성스러운 열정도 없다.

– 에드거 앨런 포,《심술궂은 임프The Imp of the Perverse》

연어야말로 헤엄치기의 극단을 보여준다고 생각한다. "연어 치어: 5주에서 10주 사이에 헤엄치기."[1] 연어의 생애 주기를 나타낸 도표에 붙은 설명인데, 나는 생각지도 못하게 이 짧은 한 줄에 감동했다. 물고기는 물론 태어날 때부터 헤엄친다. 물고기라는 생물이 본래 그러하므로. 그런데도 특히 연어의 일생에는 아름다운 투쟁이 있고, 그 모습은 수영하기 위해 투쟁하는 인간의 모습과 닮았다. 연어는 태어난 지 5주 만에 작고 여린 치어 상태로 강을 따라 내려가 바다로 나간다. 바위 밑에도 숨고 곤충의 유충도 잡아먹으면서.

연어의 일생은 기적에 가까운 자급자족과 인내의 이야기라서, 생존을 이야기할 때 자주 언급되는 훌륭한 사례다. 연어는 강에서 민물고기로 생을 시작한다. 그러다가 2년생이 되면 결국 생리를 바꾸어 바닷물에 적응하고 바다로 헤엄쳐 나가 성년기를 보낸다. 연어가 바다에서 정확히 어디를 돌아다니는지는 알 수 없다. 캘리포니아의 연어 여러 종이 북태평양과 베링해에 널리 분포한다. 연어는 바다에서 성장하고 탐험하면서 최대 8년을 보낸다. 그리고 태어난 민물로 다시 돌아간다. 북아메리카 북서부 해안가 원주민 부족의 신화에서 연어를 숭상하는 이유를 알 수 있다.[2] 원주민 문화에서 연어는 본능과 투지와 부활을 상징한다. 연어는 이들의 주요 식량원이기도 하다. 원주민의 일생이 연어의 일생에 의존한다.

연어는 태어난 강으로 회귀할 준비를 마치면 변태를 시작한다. 종과 성별에 따라 혹이 나기도 하고 송곳니가 자라기도 하고 갈고리코가 발달하기도 한다. 프로 권투선수처럼 주도권을 잡기 위해 만반의 태세를 갖춘다. 비늘 색이 옅은 은색에서 짙은 빨간색으로 바뀌는 종도 있다. 그리고 자기가 태어난 강어귀로 돌아가는 길을 용케 찾아낸다. 민물에 이르면 섭취를 중단한다. 환경에 따라 다른 존재로 변한다. 온 힘을 다해 상류로, 태어난 곳으로 올라가야 한다는 단 하나의 목표만 추구하는 존재로 변모한다. 가장 강인하고 건강한 연어만 상류까지 올라가 알을 낳는다. 산란하고 나서는 거의 다 죽는다. 죽은 연어의 몸은 강을 풍성하게 만든다. 그리고 새로운 삶이 시작된다.

연어는 인간이 물속에서 분투하는 모습을 상징한다. 나에게 수영 이야기는 적응의 이야기이기도 하다. 물에서 우리는 살아남으려고 안간힘을 쓴다. 누군가는 목표를 추구하면서 몸을 변형시킨다. 오늘날 대다수 사람은 (세상의 구드라우구르들과는 달리) 생존이 아니라 스포츠로서 수영한다. 수영대회는 매력적이지만 척박한 물의 환경에서 헤쳐나가는 모험을 감행하는 방법이다.

지속적으로 노력해야만 물에서 자유로이 헤엄칠 수 있다.

　수영인에게 대회는 어떤 의미일까? 수영의 우수함을 제대로 판가름하는 경쟁의 장을 꼽기란 쉽지 않다. '우수함'을 다양하게 정의할 수 있기 때문이다. 우수함의 기준이 거리일 수도 있고, 추위일 수도 있고, 깊이일 수도 있고, 속도일 수도 있다.

　수영은 물고기를 잡는 데 유용할 뿐 아니라 싸움에도 유용한 기술이다. 수영대회가 본래 전쟁 기술로서 시작했다는 데서 본질을 이해할 수 있다. 이집트인부터 그리스인까지 고대 문명에서는 수영 기술을 높이 평가했다. 플라톤은 "글자나 수영을 모르면 제대로 교육받지 못한 것"이라고 말했다.[3] 헤로도토스는 "그리스인이 수영을 뛰어나게 잘한 덕에 페르시아와의 전쟁에서 배가 난파되면 해변으로 헤엄쳐 살아남을 수 있었다"라고 기록했다(그리고 거의 유쾌한 어조로 "그에 반해 야만인은 대부분 수영을 못해서 익사했다."[4]라고 적었다).

　침몰하는 배에서 탈출하고 개울을 건너고 적에게서 도망치는 일. 까마득한 과거부터 수영은 전쟁 기술로서 가치를 인정받았다. 기원전 880년의 얕은 돋을새김 유물에는 아시리아 Assyria의 왕이 군대를 이끌고 강을 건너는 장면이 새겨져 있다.

전사들이 동물 가죽에 공기를 넣어 만든 것으로 보이는 물건을 잡고, 머리를 수면 위로 들고 헤엄친다. 로마제국의 젊은 병사는 티베르강에서 목욕하고 수영하는 훈련을 받았다. 율리우스 카이사르는 타고난 뱃사람으로 불렸다. 그리스의 역사가 플루타르코스Plutarchos는 카이사르를 다룬 대목에서, 기원전 48년 겨울에 카이사르가 알렉산드리아 전투에서 이집트인들에게서 도망치면서 바다에 뛰어들어 (한 손에는 짐을 들고 다른 손으로 열심히 물을 가르면서) 배로 피신한 일화를 적었다. 이후 69년에 로마가 브리튼을 정복할 때도 수영이 군사 작전에서 중요한 요소였다.

이렇듯 수영은 원래 군사 기술로 중시되었다가 나중에 운동이 되어 신과 조상에 제를 올리는 자리에서 거행되었다.[5] 그리고 마침내 운동 그 자체를 위한 대회까지 생겼다. 총을 쏘아 경기 시작을 알리는 데서 엿볼 수 있듯이, 강렬한 전투 욕구가 스포츠 대회로 옮겨갔다.

킴 챔버스, 린 콕스, 루이스 퓨 같은 바다 수영선수는 수영의 인내와 탐험 정신을 대회라는 조건에서 어떻게 구현하는지 보여준다. 격랑이 이는 바다에서 수영하는 시도는 무수히 많았다. 대개는 죽거나 죽기 직전 상태까지 갔다.

2007년 7월의 어느 아침에 퓨는 북극해의 얼음 끝에 서서 어머니를 생각했다.[6] 어머니가 옳았다. 그가 하려는 일은 정상이 아니었다. 최초로 북극해를 수영으로 건너려 한다는 자각이 들자 순간 얼어붙었다. 추워서가 아니라(약 -1.6도인 영하의 수온으로, 인간이 헤엄친 가장 차가운 물이라는 사실은 맞지만) 그보다는 실존적 공포가 엄습해서였다. '인간은 애초에 북극해에서 수영할 수 없는 존재야'라는 자각이 들었다. 그래도 스피도 수영복만 입은 채로 바다로 뛰어들었다.

2003년에 퓨는 해양 변호사를 그만두고 바다 수영의 선구자가 되기로 마음먹으며, 수영으로 피오르를 따라 내려가고 야생의 곳을 돌고 빙하를 가로지르겠다는 꿈을 꾸었다. 누구도 수영할 거라고 상상도 못해본 장소다. "물속의 새클턴*처럼요." 어느 날 저녁, 그가 남아프리카 케이프타운에 있는 집에서 나와의 화상채팅 중에 웃으며 말했다. "제 마음속에서는 세 사람이 경쟁했어요. 저랑 마르틴 스트렐이랑 린 콕스. 두 분이 저보다 먼저 시작했고 따뜻한 바다의 기록을 다 채가서, 저한테는

● 어니스트 섀클턴Ernest Shackleton(1874~1922): 총 3회에 걸쳐 남극을 탐험한 영국인 탐험가.

추운 데서 수영하는 선택지만 남았죠."

물론 농담으로 한 말이다. 퓨가 도전을 시작할 때 콕스는 이미 수십 년간 세계 각지의 차가운 바다에서 수영하면서 인내심의 한계를 밀어붙여 세계 기록을 세운 터였다. 콕스는 남과 경쟁한다고 생각하지 않는다고 말했다. 그리고 항상 인간의 능력을 시험하고 모험하기 위해 수영해왔다고도 말했다. 콕스의 이런 노력에도 사람들은 기록을 중심으로 세상을 보고, 바다 수영의 업적을 이야기할 때도 기록 위주로 이야기한다. 퓨는 전통적 의미에서 경쟁하지 않는다고 말하면서도, 스스로 경쟁심이 강한 사람임을 인정한다. 최근에는 경쟁 욕구의 방향을 돌려서 탐험가에게 붙여주는 최상급 표현(최고의, 최대의, 최초의)을 이용해 그가 중시하는 메시지를 전파하고 싶어 한다.

"최초가 되는 게 중요해요." 퓨가 내게 말했다. 그가 알리려는 대의명분으로 지지를 받으려면 최초가 되어야 한다는 뜻이다. 차가운 바다 수영에서 최고이자 최초가 되는 것은 목적을 이루기 위한 수단이다. 기후변화로 인한 해수면 상승 문제에 사람들의 이목을 집중시키기 위한 그만의 방식이다. 북극에서 하는 수영이 상징하는 바는 자명하다. 원래는 얼어붙어서 수영으로 건널 수 없는 곳인데 이제는 그가 수영할 수 있는 현실이다.

2015년에 그는 남극대륙의 로스해에서 몸이 마비될 정도로 극한의 바다에서 수영했다. 결과적으로 러시아 장관들이 회의를 열고 세계 최대의 해양보호구역을 지정하는 데 대한 러시아 국내의 반발을 잠재우는 데 일조했다.

"저한테 이건," 퓨가 강조하듯이 눈썹을 올리며 말한다. "창조성을 겨루는 자리에요." 그는 식당 쪽으로 눈짓했다. 아무렇게나 펼쳐놓은 지도책이 테이블을 덮고 있었다. 펼쳐져 있는 넓은 페이지는 그것이 어떤 의미인지 아는 사람에게 가능성을 속삭여준다.

하지만 일반적으로 대회에서는 속도가 관건이다. 수영장이라는 통제된 조건에서 정해진 복장으로 치르는 추격전. 올림픽 수영대회에서 측정 기준은 항상 시계다. 얼마나 빠르게 수영하는지를 잰다.

11

첨벙첨벙 질주

올림픽 수영에서 자유형 50미터보다 빠른 종목은 없다. 그래서 이 종목에 붙은 별명이 '첨벙첨벙 질주the splash and dash'다. 입수한 뒤, 한 호흡에 수영장 한쪽 끝에서 반대쪽 끝까지 가야 한다. 세계적인 선수들은 20~24초 동안 숨을 쉬지 않는다. 도중에 한 번이라도 숨을 쉬면 속도가 느려지기 때문이다. 경기에 대해 생각할 여유가 없다. 사실 이보다 더 단순한 경기도 없다. 수영장의 한쪽 끝에서 반대쪽 끝으로 최대한 빨리 가면 된다.

　대러 토레스Dara Torres는 어릴 때 형제들과의 경쟁에서 항상 1등을 하고 싶었다. 저녁 식탁에도 맨 먼저 가야 하고, 차도 맨 먼저 타야 하고, 엄마 생신에도 맨 먼저 전화해야 했다. 토레스는 마흔한 살에 이미 수영선수로서 세 번 은퇴했다. 하지만 은

퇴 상황이 계속 이어지지 않았다. 그녀는 매사추세츠 집에서 나와 전화로 인터뷰하면서, 경쟁이 그녀 자신의 존재에 깊이 각인되어 있다고 말했다.

토레스는 세 번째로 복귀하여 다섯 번째 출전하는 올림픽인 2008년 베이징 올림픽에 나왔다. 올림픽에 최다 출전한 미국 수영선수가 되었다. 마흔한 살의 그녀는 올림픽 역사상 최고령 선수였다.[1] 베이징 올림픽에 출전할 때 함께 대표팀에 속한 마이클 펠프스가 스물세 살이었다. 토레스는 펠프스가 태어나기도 전인 1984년에 올림픽에서 첫 금메달을 땄다.

하지만 토레스가 베이징 올림픽에 출전한 이유는 나이로 기록을 세우기 위해서가 아니었다. 우승하기 위해서였다. 그리고 그녀 나이의 절반 정도인 선수들을 앞지르고 최고로 빠른 기록으로 50미터 자유형 결승전에 진출했다. 당시 동메달을 딴 오스트레일리아 수영선수 케이트 캠벨Cate Campbell은 열여섯 살이었다. 토레스의 두 살배기 딸 테사는 플로리다 집에 있었다. 토레스는 '언젠가 딸이 이 경기를 보고 엄마가 어떤 사람인지 알게 될 거야'라고 마음을 다졌다. 토레스는 준결승 기록이 좋아서 결승전에서 유리한 레인을 배정받았다. 가운데 두 레인 중 하나인 4번 레인이라 양옆 경쟁자가 잘 보이는 데다, 다른 선수들이 수영장 거터gutter*에서 일어나는 물결을 막아주었다.

최단 거리 종목인 자유형 50미터는 어릴수록 유리하다. 신

속하게 반응해서 출발하고, 통제된 혼돈 속에서 숨 한 번 쉬지 않고, 전력을 다해 팔을 젓고, 강력한 모터를 단 것처럼 발차기를 하고, 벽을 뚫을 기세로 결승점에 들어가기 위한 힘을 공급하는 빠른연축근섬유Fast-twitch muscle fiber는 스물다섯 살이 넘으면 급속히 감소하기 때문이다(지구력을 관장하는 느린연축근섬유는 조금 더 오래 남는다).[2] 현재 자유형 50미터 남녀 세계 기록 보유자는 각각 스물두 살과 스물세 살에 기록을 세웠다. 1등과 4등이 100분의 1초 차이로 갈리는 종목이다.

수영에서 '대회'라는 주제에 이르면 나는 늘 불안해진다. 경쟁을 좋아하지 않고 지금도 경쟁의 의미를 제대로 납득하지 못한 터라 솔직히 수영대회에 관해 글을 쓰는 것이 쉽지 않다. 경기만 생각하면 불안해진다. 어릴 때도 경기를 생각하면 속이 울렁거려서 대회마다 두 번 이상 화장실로 달려가곤 했다. 싸우거나 도망치기! 이기는 것도 좋고 빠르게 헤엄치는 것도 좋아하지만, 경쟁자를 물리치기 위해 내 몸을 흥분 상태로 끌어올리는 데 수반되는 부분을 조절할 방법을 찾지 못했다.

대러 토레스를 찾아간 이유는 바로 이런 내면의 욕구를 온전히 이해하기 위해서였다. 토레스는 신호등이 초록불로 바뀌자마자 가속 페달을 밟아 다른 차가 앞에 끼어들지 못하게 할

● 수영장 가장자리에서 물이 넘치는 홈통.

만큼 경쟁심이 강한 사람이라고 고백했다. "그래도 이제 애들도 있고 하니 과속 운전은 안 하려고 노력해요." 토레스는 이길 수 있다면 아무리 오래 수영해도 상관하지 않을 만큼 경쟁심이 강하다. 신경이 곤두서고 속이 울렁거리는 거? 물론, 성가시다. 그래도 최고가 되는 그녀의 여정에서는 사소한 걸림돌일 뿐이다. 경기에서 최고의 자리에 오르는 것, 세계 최고의 선수들과 어깨를 나란히 하는 것, 그녀가 사랑하는 것들이다. 너무나도 사랑한 나머지 멀리하지 못했다.

2008년에 50미터 결승전을 TV에서 본 기억이 난다. 토레스와 통화하기 전에 그 영상을 다시 찾아보았다. 토레스가 출발대 뒤에서 기다리면서 넓은 어깨를 올리고 긴 다리를 턴다. 숨을 깊이 들이마시고 180센티미터에 가까운 기다란 몸을 쭉 편다. 입가에 단호하고도 작은 주름이 잡힌다. 근육이 잡혀서 팽팽히 긴장한 가느다란 팔을 올려서, 미국 국기와 함께 흰색 볼드체로 'TORRES'라고 새겨진 검정 수영모를 고쳐 쓴다. 관중이 열광하며 응원한다. 토레스는 레인을 바라보며 직사각형 안 잔잔한 수면에 집중하면서 손마디를 꺾는다.

갑자기 그녀는 마음이 평온해진다. '출발할 준비가 됐어.'

로마 황제 테오도시우스 1세Theodosius I가 올림픽(고대 올림픽은 올림포스의 신들을 기리기 위한 행사였다)을 이교도의 종교의식이라고 금지한 뒤 천오백 년 이상 지나, 지난 1896년에 아테네에서 열린 최초의 근대 올림픽에는 수영 종목이 포함되었다.[3] 근대 올림픽은 헝가리, 그리스, 오스트리아, 미국의 4개국에서 돌아가며 네 차례 열렸다. 4월의 화창한 아침에 피레우스 반도의 아테네 남서부에 위치한 제아Zea만의 상쾌한 바다에서 수영경기를 진행했다. 주최국 그리스의 왕 요르요스 1세George I를 비롯해 관중 2만 명이 수영경기를 지켜보았다.

선수들은 배를 타고 만으로 나갔다. 그리고 배에서 뛰어내려 해변을 향해 열심히 헤엄쳤다. 당시 자유형은 그야말로 어떤 영법이든 자유롭게 선택해서 수영할 수 있다는 뜻이었다. 미국 대표팀은 다른 종목에서는 거의 다 우승했지만 수영에서는 메달권에도 오르지 못했다. 당시 현장에 있던 사람의 전언에 의하면 미국 선수들은 출발선에서 총이 울리기 전까지는 지중해의 차가운 바다를 '전혀 몰랐다'라고 한다. 차가운 물에 들어가자마자 쇼크로 마비가 온 선수도 있었다. 열여덟 살의 헝가리 선수 알프레드 허요시Alfréd Hajós가 100미터와 1,200미터에서 모두 우승했다. 그는 나중에 기자들에게 이렇게 말했다. "완벽하게 살고 싶은 의지가 이기고 싶은 욕구를 넘어섰다."(그는 생존과 경쟁이 결합된 행복한 결말로 이어진 사례다) 이 대회에 여자 참가자는 없었다.

1908년에 런던 올림픽 대회가 열리는 동안, 국제 스포츠 대회를 주관하기 위해 국제수영연맹Federation Internationale de Natation, FINA이 런던에서 창설되었다. 영국, 벨기에, 덴마크, 핀란드, 프랑스, 독일, 헝가리, 스웨덴, 이렇게 총 8개국이 연맹에 가입했다. 국제수영연맹은 지금도 건재하다. 연맹이 창설되고 4년 뒤 스톡홀름에서 최초로 여자 선수가 올림픽 수영에 출전했지만, 아직 미국 여자 선수는 없었다.

1917년에 뉴욕에서 법원 속기사로 일하던 샬럿 엡스타인 Charlotte Epstein이 여자수영협회Women's Swimming Association, WSA를 창설했다.[4] 엡스타인과 동료 비서들과 다른 직장 소속 여성들은 수영을 직장에서 퇴근한 뒤 하기 좋은 운동 정도로 여겼다. 엡스타인은 여자가 격렬한 활동을 하거나 스포츠에서 경쟁하지 않던 시대에 수영의 선구자였다.

엡스타인은 뛰어난 수영선수가 아니었지만, 수영을 사랑하는 사람으로서 미국 여자 선수들이 세계 대회에서 세력을 형성할 수 있도록 부단히 노력했다. 사실 엡스타인의 목표는 이런 활동을 통해 여성 인권 증진을 위해 싸우는 것이었다. 엡스타인은 여자가 스포츠에서 정식 선수로서 대접을 받아야 한다고 믿었다. 엡스타인이 '미국 여자 수영의 어머니'로서 이룬 중요한 업적은, 1917년에 미국아마추어선수연맹US Amateur Atheletic Union을 설득해서 여자 수영을 정식 종목으로 편입시킨 일이다. 그해에 수영은 연맹에서 여자 대회로 인정받은 유일한 스포츠가 되었다.

엡스타인은 여자수영협회에서 루이스 핸들리Louis Handley라는 이탈리아 출신 올림픽 선수의 코칭 자원봉사를 얻어냈다. 핸들 리는 이 협회의 수영장에서 수영하면서 아메리칸 크롤American crawl 영법을 개발한 인물이다. 아메리칸 크롤은 당시로서는 혁 신적 영법이었다. 오스트레일리안 크롤Australian crawl을 변형한 영법으로, 6비트 발차기*로 속도가 더 빠르다. 사실 프런트 크 롤front crawl의 일부 영법의 기원은 원시시대로 거슬러 올라간 다. 기원전 2000년경 이집트의 돋을새김에서도 발견되고, 이 후 북아메리카와 브라질과 솔로몬 제도의 오지 원주민에게도 발견되었다. 현재 프런트 크롤은 자유형과 동의어이고, 속도가 가장 빨라서 선수들이 대회에서 주로 채택하는 영법이다. 핸들 리 코치는 여자수영협회 소속의 모든 젊은 여자에게 아메리칸 크롤을 가르쳤다. 그중 열두 살의 거트루드 에덜리Gertrude Ederle 가 있었다.

당시 여자 수영복은 수영에 걸리적거리는 장애물이었다. 목 부터 발끝까지 검정 울 소재 복장을 갖추어야 하고, 입수하지 않을 때는 가운을 걸쳐야 했다. 남자 수영복은 좀 더 과감했다. 남자 수영복에 관한 중요 규정은 속옷과 구분되어야 한다는

● 팔을 좌우로 젓는 동안 6번 발차기를 하는 방식.

정도가 다였다. 1917년에 미국공원관리인협회American Association of Park Superintendents에서 수영복 규정을 발표했다.[5] 남자는 투피스 형태의 탱크 슈트를 입을 수 있는데, 반바지를 착용하되 민망하지 않게 사타구니를 덮는 긴 셔츠를 입어야 한다는 식이었다. 하지만 남녀 수영복 모두 빠르게 발전하면서, 수월하게 수영 동작을 할 수 있도록 직물을 덜 쓰는 (그리고 경량인 직물을 사용하는) 방향으로 나아갔다. 엡스타인은 마침내 당국을 설득해 여자 수영선수가 대회에서 스타킹을 신지 않고(스타킹을 신지 않으면 '누드'라고 여기던 시절이었다) 오스트레일리아 수영 챔피언 아네테 켈러만Annette Kellerman이 유행시킨 원피스 수영복을 입고 출전할 수 있게 만들었다.

엡스타인은 미국 여자 수영대표팀 감독이 되어 핸들리 코치와 함께 1920년 벨기에 안트베르펜Antwerpen 올림픽을 준비했다. 미국 여자 수영팀이 최초로 출전한 대회였다. 물론 엡스타인이 결정적 역할을 했다. 여자수영협회 소속 선수인 에셀다 블라이브트리Ethelda Bleibtrey가 안트베르펜 올림픽을 압도하면서 여자 수영 세 종목 모두에서 금메달을 석권했다. 엡스타인과 핸들리는 이후 올림픽에도 계속 대표팀에 합류하여 거트루드 에덜리가 역사상 최고의 수영선수가 되도록 이끌었다.

엡스타인은 수영복 입은 여자를 음란하게 보던 대중의 시선 속에서 '에피의 여자들'로 비춰지지 않도록 경계하면서 물속에서나 물 밖에서나 선수들이 성공적으로 살도록 지도했다. 선수들이 숙녀답게 처신하고 완벽히 예의를 갖추고 옷차림에 신경 쓰게 했다.

에덜리는 엡스타인이 만들어낸 최고의 성공 사례였다.[6] 에덜리는 1921년에서 1925년 사이에 무려 29개 국내외 아마추어 수영대회에서 기록을 세우면서(실내 수영장의 단거리 경기부터 바다 수영의 장거리 경기까지, 모든 거리와 조건에서 기록을 세웠다) 가장 사랑받는 수영 영웅이 되었다. 글렌 스타우트Glenn Stout는 에덜리의 전기 《젊은 여자와 바다Young Woman and the Sea》에서 〈에덜리, 세계 기록을 세우다〉라는 제목이 〈베이비 루스, 홈런 치다〉라는 제목처럼 날마다 스포츠면을 장식했다"라고 적었다.

에덜리는 1924년 파리 올림픽에서 불리한 조건에서도 금메달 하나와 동메달 두 개로, 총 세 개의 메달을 따냈다. 무릎 부상을 입은 상태였고, 설상가상으로 미국 여자대표팀은 올림픽 수영장에서 연습하기 위해 숙소에서 하루에 대여섯 시간을 왕복해야 하는 상황이었다. 미국 대표팀 관계자들이 젊은 여자 선수는 휘둘리기 쉬워 도덕성이 의심스러운 파리지앵들과 어울릴까 봐 숙소를 파리 외곽으로 정했기 때문이다.

에덜리는 파리 올림픽 성적에 실망해서 여자 최초로 영국해협을 수영으로 건너겠다는 목표를 세웠다. 거친 파도와 잦은 바람과 차고 험한 바다를 헤엄쳐 건너는 일은 육체적으로 엄청난 도전이었다. 1925년에 에덜리와 엡스타인은 첫 도전을 위해 영국으로 건너갔다. 하지만 에덜리는 첫 도전에서 실격 당했다. 영국 안내인이 에덜리가 익사하는 줄 알고 도전을 중단시킨 것이다. 에덜리는 나중에 격분하면서 자기는 잠깐 쉬고 있었을 뿐이라고 항의했다. 하지만 이듬해에 화려하게 복귀해서 남자 수영선수가 세운 기존 기록보다 무려 두 시간을 앞당긴 기록을 세웠다. 런던의 로이드Lloyd*는 에덜리가 완주하지 못한다는 쪽에 5대 1의 비율로 베팅했다.[7] 결국 에덜리의 아버지 헨리는 큰돈을 거머쥐었다. 에덜리는 뉴욕으로 돌아올 때 색종이가 흩날리는 가운데 환대를 받았다.

샬럿 엡스타인은 여자수영협회의 선수들이 세계 기록을 50개 이상 세우도록 이끌었다. 〈뉴욕타임스〉에서는 이후 10년 넘게 여자수영협회의 여자 수영 스타를 자주 다루었다.[8] 당시 여자수영협회가 수많은 수영선수권대회를 휩쓴 기록은 타의 추종을 불허했다. '여자수영협회에서 많은 국내 인어를 배출했다'라는 이야기가 더는 새로운 뉴스거리가 아니게 될 즈음, 〈뉴욕타임스〉에서는 '아주 빠른, 새 나이아드'**로 차세대 에덜리를 소개했다.

---

* 세계에서 가장 오랜 역사를 지닌 최대 보험자협회의 런던 지부.
** 그리스 신화에 나오는 물의 정령.

대러 토레스는 1982년 열네 살에 자유형 50미터 세계 기록을 세우면서 아주 빠른 새 나이아드가 되었다. 토레스는 1984년과 1988년 올림픽에 출전해서 계주로 금, 은, 동메달을 땄고, 대학을 졸업한 뒤 왠지 은퇴해야 할 것 같아서 은퇴했다. "그때는 제 나이가 많은 줄 알았거든요." 아직 20대였다. 하지만 에덜리와 달리 토레스는 올림픽 기록에 완전히 만족하지 못했다. 개인전에서는 메달을 따지 못했기 때문이다.

토레스는 텔레비전 방송국에서 일하고 싶어서 NBC 스포츠 방송국에서 인턴으로 허드렛일을 했다. 어느 날 녹화 테이프를 정리하다가, 유명 피겨스케이트 선수 브라이언 보이타노Brian Boitano가 복귀하겠다며 그에게 복귀가 어떤 의미인지 말하는 장면을 보았다. 머릿속에서 벨이 울렸다. '나도 저렇게 하고 싶다.' 1992년 미국 올림픽 국가대표 선발 대회를 11개월 앞두고 토레스는 훈련하기 위해 플로리다로 갔다.

토레스는 1992년에 바르셀로나 올림픽 국가대표팀 주장으로 선발되어 계주에서 다시 금메달을 땄다. 그녀는 이렇게 회고한다. "저는 스물다섯 살에 대표팀에서 최고령 여자 선수였어요. 다들 저를 할머니라고 불렀죠." 토레스는 다시 은퇴하고 7년간 수영장에 들어가지 않았다.

1999년 봄에 친구들과 어머니의 권유로 두 번째로 은퇴를 번복하고 2000년 시드니 올림픽에 대비해 훈련한 뒤 대회에서 메달 다섯 개를 땄다. 이번에는 개인전에서 메달 세 개를 땄다. 토레스가 결승전을 마치고 경기장에서 걸어 나올 때, 기자가 인터뷰를 요청하면서 물었다. "지난 7년간 수영을 안 하셨잖아요. 마흔한 살에도 돌아오실 건가요?"

"'네, 그래요'라고 답하고 싶었어요." 토레스가 말했다. 그녀는 귀국한 뒤 서른세 살에 세 번째로 은퇴하면서 이제는 더 증명할 게 없을 줄 알았다.

그 기자에게 예지력이 있었던 모양이다. 2008년, 마흔한 살 토레스는 첫 번째 올림픽 메달을 딴 뒤 25년 가까이 지나서 다시 수영장에 돌아왔다. 임신 중에 입덧을 달래기 위해 수영을 다시 시작했다. 불어나는 배와 거의 매일 토할 것 같은 느낌에도 불구하고, 옆 레인에 있는 중년 남자와 겨루지 않을 수 없었다. 상대를 이기지 않고는 못 배겼다. 순간 다시 복귀할 때가 된 건가 싶었다. 뜻밖에도 기회는 빨리 찾아왔다. 딸을 출산하고 몇 달 뒤 2008년 베이징 올림픽에 나갈 미국 국가대표팀 선발대회에 출전 자격을 따낼 만큼 실력이 녹슬지 않아서 스스로도 놀랐다.

경쟁은, 애드거 앨런 포의 표현대로 그녀를 다시 벼랑 끝에 서도록 유인했다. 이번 벼랑은 4번 레인이었다.

4번 레인. 토레스는 베이징 올림픽의 자유형 50미터 결승선 출발대로 돌아왔다. 선수들이 출발대에 올라서서 마지막으로 한 번 더 팔다리를 털면서 경기 관계자의 말에 귀를 기울였다. "출발신호가 나면 출발하세요" 하고 "삐" 소리가 나자 선수들이 출발대에서 날아올라 허공에서 꿈틀하며 추진력을 얻어 수면으로 뛰어들었다.

자유형 50미터 경기는 '첨벙첨벙 질주'라는 별명에 어울리게 어지러이 물보라가 일어나는 아수라장이다. 이번에는 24초도 걸리지 않았다. 농구의 30초 규정에도 걸리지 않는 짧은 시간이다. 미식축구 선수가 필드를 질주하여 터치다운하고는 우스꽝스럽게 춤출 수 있는 시간이다. 국제우주정거장이 200킬로미터 정도 이동할 수 있는 시간이다.[9] 24초는 도넛 하나를 먹고 식은 커피를 다시 데우고 친구에게 보낼 생일 축하 문자를 작성할 수 있는 시간이다. 하지만 수영장에서는 한쪽 끝에서 다른 쪽 끝까지 태풍 같은 물보라가 일어나는 장면밖에 보이지 않는다.

토레스는 베이징 올림픽 자유형 50미터에서 출발부터 앞서 나가며, 비교적 잘 절제하면서 효율적인 스트로크로 힘차게 팔을 돌렸다. 마지막 추진력으로 손끝이 제일 먼저 결승점 벽에 닿은 것 같았다. 하지만 수중에서 촬영한 느린 화면에는 3레인의 독일 선수 브리타 슈테펜Britta Steffen이 토레스의 왼쪽에서 힘차게 들어오는 모습이 나타났다. 토레스가 들어오는 사이 슈테펜의 손이 순식간에 지나가며 24.06초로 터치했다. 토레스는 24.07초였다. 슈테펜이 100분의 1초 차이로 금메달을 가져갔다.

100분의 1초. 벌새가 날갯짓을 한 번 하는 시간보다도 짧은 시간.[10] 눈 깜빡할 사이보다도 짧은 시간.

토레스는 수영장에서 멍하니 있었다. 비록 졌지만 정정당당하게 승복하는 모습을 보여주고 싶어서 레인을 가르는 줄 밑으로 건너가 금메달을 딴 슈테펜과 동메달을 딴 캠벨을 축하해주었다. 하지만 물속으로 들어간 잠깐 사이, 탄식과 질문이 맴돌았다. '100분의 1초라고? 내가 무슨 짓을 한 거지? 앞으로 평생 이 순간을 떠올리겠지. 어떻게 해야 더 잘할 수 있었을까? 100분의 1초?'

토레스는 메릴랜드 병원에서 혈액 질환 치료를 받으며, 경기를 지켜보던 개인 코치 마이클 로버그Michael Lohberg에게 전화해서 자신이 뭘 잘못했냐고 물었다. "패드를 세게 터치하지 않았어." 코치가 말했다. 토레스는 50미터 메달 수여식에서 은메달을 받고 2분 뒤 다시 수영장 옆 데크로 돌아가 4×100미터 자유형 혼계영 경기 최종 주자로 나섰다. 이번에는 결승점의 터치패드를 너무 세게 눌러서 인대가 찢어지고 엄지가 부러졌다. 팀은 은메달을 받았다.

토레스는 이기고 싶은 마음 이상으로 지는 것을 싫어한다. 나는 토레스에게 100분의 1초 패배의 충격을 어떻게 극복했는지 물었다. 그녀는 잠시 생각에 잠겼다가 말했다. "한동안은 그 생각이 떠나지 않았어요. 머릿속에서 그 장면을 수도 없이 돌려보고는 나한테는 완벽한 경기였다는 것을 받아들여야 했어요. 덤덤히 받아들여야 했어요. 마흔한 살이면 성숙한 나이인데 100분의 1초에 연연하면 안 되죠." 토레스는 경기에서는 지고도 완벽한 수영이 될 수 있다는 것을 깨달았다.

12

암살자처럼 수영하는 방법

스포츠 세계에서 수영대회는 혼합형 대회다. 개인전도 단체전
과 동등한 점수를 받는다. 따라서 팀의 우승에 기여하든 패배
에 기여하든, 어차피 경기 자체는 고독한 싸움이다. 계주 단체
전 은메달도 결국에는 혼자 고독하게 수영해서 받는다.

물에 들어가면 관중의 열띤 환호와 함성은 사라진다. 감각적
으로 고립된 채 수영한다. 물안경이나 햇빛에 의해 주변시周邊視
가 제한된다. 수영장의 한쪽 끝과 반대편 끝을 빠르게 오가는
사이(계주 경기라면 다음 주자에게 순서를 넘기면서) 무엇보다도 자
신의 뇌와 씨름한다. 육상이든 사이클이든 체조든, 비슷한 형
식으로 겉보기엔 모두 조화로운 음악을 연주하는 것처럼 보인
다. 그런데 수영경기가 펼쳐지는 수중 환경은 선수의 고독한

경주를 극단으로 밀어붙인다.

나는 선수의 마음속 풍경이 궁금했다. 수영이라는 스포츠에서 최고의 경지에 오르려면 어떤 마음가짐이어야 할까? 2004년부터 2016년까지 네 차례 올림픽에서 미국 수영 대표팀에 합류한 스포츠 심리학자 짐 바우만Jim Bauman에게 엘리트 수영선수의 뇌를 들여다보고 싶다며 전화했다. 스포츠 심리학자들은 수영을 90퍼센트의 정신적인 경기로 보지만, 자기는 반대로 생각한다고 바우만은 말했다. "다들 마음챙김mindfulness을 이야기하지만 저는 오히려 마음놓침mindlessness을 중요하게 생각합니다." 바우만은 심리학자로서 그의 진정한 역할은 선수들의 정신 영역을 더 줄여서 경기장에서 767기를 자율주행으로 조종하듯이 경기에 임하게 만드는 것이라고 말했다. 선수가 생체역학과 경기 계획에 지배당하고 정서나 걱정에 지배당하지 않게 만든다. 승무원의 안내 멘트처럼, 정신과 정서의 짐은 안전하게 넣어두게 해주는 것이다.

매일 똑같은 수영장. 옆 레인의 사람들이 보이지만 말은 나누지 못한다. 왔다 갔다, 왔다 갔다, 수영장 바닥의 검은 선만 바라보며 헤엄친다. 생각할 시간이 많고, 잠시라도 방심하면 두려움이 덮친다. 엘리트 선수들 사이에 검은 선은 위협적 존재, 갈수록 혐오하게 되는 존재일 수 있다. 대회 당일에 불현듯 '모든 노력이 가치가 있을까?'라는 의문이 든다. 바우만에 따르면 대회에서 성공해도 머릿속 휑한 공간에서 자아가 커지고 자기와의 대화가 증폭되어 메아리친다.

현재 세계 최고의 수영선수인 케이티 러데키Katie Ledecky는 머리를 비우기 위한 특별한 요령을 터득한 듯하다. 두려움은 선수를 방해하는 주된 문제이지만, 바우만에 따르면 러데키는 다르다. 러데키는 현재 자유형 400미터, 800미터, 1,500미터에서 세계 기록을 보유한 선수다. 2016년 리우데자네이루 올림픽에서 자유형 400미터와 800미터에서 자신의 세계 기록을 큰 격차로 경신했다. 2018년에는 1,500미터 경기에서 자신의 기록을 무려 5초나 능가했다. 러데키는 스물한 살에 이미 세계 기록 14개를 세웠다. 이 책이 나올 즈음이면 더 늘어났을지도 모른다.

러데키가 수영에 관해 한 말을 들어보면 얼마나 외곬으로 집중하는지 알 수 있다. 러데키는 몇 년 전 열다섯 살 수영 유망주로서, 첫 국제 대회 도전인 2012년 런던 올림픽 출전을 준비하면서 마음속에 경기 모습을 그렸다고 한다. 다만 금메달 이외에 다른 것을 받는 장면은 그리지 않았다고 한다.[1]

나는 4년간 러데키의 코치를 맡은 브루스 겜멜Bruce Gemmell과 통화했다. "러데키는 올림픽 대표팀 최연소 선수로, 당시 챔피언을 상대로 그 선수의 홈 수영장에서 경기를 치렀습니다." 겜멜은 메릴랜드의 네이션스 캐피털 수영클럽Nation's Capital Swim Club

에서 선수들을 코치했다. 그가 런던 올림픽 이후부터 리우데자네이루 올림픽까지 러데키와 훈련한 클럽이다. "러데키는 긴장되느냐는 질문을 받으면 금메달 이외에 다른 건 그려본 적이 없다고 답했어요." 젬멜은 대회에 임하는 러데키의 마음가짐을 설명하면서 이런 말을 자주 했다. "러데키는 실패를 두려워하지 않습니다. 그녀의 사전에 실패는 없으니까요."

젬멜에 따르면 러데키가 리우데자네이루 올림픽에 대비해 매일 훈련할 때는 실패한 적이 많았다고 한다. 그리고 그 실패가 비결이라고 한다. "러데키는 늘 사력을 다해 훈련에 임했고, 내가 코치해본 그 어떤 선수보다 많이 실패했어요. 하지만 러데키가 실패한 건, 목표를 아주 높게 잡기 때문이에요. 러데키는 목표를 달성했고, 정해둔 시간에 완수하지 못하더라도 혹은 흔들리다 무너지더라도, 계속 다시 시도했어요. 다음날 와서 다시 시도했고요."

스탠퍼드대학교 학생인 러데키는 현재 심리학을 전공한다. '믿음이 어떻게 현실을 만드는가'라는 수업에서 그녀가 어떻게 목표를 정하고 심상화해서 금메달을 땄는지 말해달라는 요청을 받았다. 러데키는 파워포인트로 발표하면서 젬멜 코치도 언급하고, 실패가 어떻게 성공의 중요한 디딤돌이 되는지, '실패할까' 하고 두려워하지 않으면 정해둔 목표를 달성할 수 있다는 믿음이 생긴다고 설명했다.

겜멜은 내게 러데키는 남다른 자신감으로 대회에 임한다고 말했다. 그렇다고 해서 오만하다는 뜻이 아니다. "마이클 펠프스도 비슷한 자신감으로 대회에 나왔어요. 그런데 러데키는 자신감을 갖는 데 더해서 준비 과정에서 세세한 부분과 굵직굵직한 부분을 모두 꼼꼼히 점검하면서 훈련할 때 더 잘하려고 노력했어요."

스포츠 심리학자 바우만은 미 해군 특수부대인 네이비실Navy SEAL에서도 일한 적이 있다. 또 올림픽 선수단을 이끌고 캘리포니아에서 장애물 코스 훈련도 실시했다. "사람들은 항상 제게 네이비실은 그렇게 극한 상황에서, 온갖 문제가 몰아치는 상황에서, 어떻게 집중력을 잃지 않을 수 있느냐고 묻습니다. 네이비실이 잘하는 건 어떤 상황에서 중요한 게 무엇인지 잘 찾아내는 겁니다. 그들은 무관한 요소, 가령 주변 소음 같은 것에 집중력을 빼앗기지 않습니다. 오로지 주어진 임무, 그러니까 목표에만 몰두합니다. 이게 다예요."

그렇다면 수영선수에게 '무관한 요소'란 무엇일까? 내가 몇 레인에 있지? 옆 레인에는 누가 있지? 관중석에 누가 와 있지? 시계는 어디 있지? 소셜미디어에서 나에 관해 뭐라고 했지? 수온이 몇 도지? "이런 건 수영선수로서 해야 할 일과 상관이 없어요." 바우만이 말했다. 훈련할 때는 생체역학에 집중한다. 이를테면 출발, 킥, 호흡, 리듬에만 집중한다. 바우만은 선수들에

지고도 완벽한 수영이
될 수 있다는 것을 깨달았다.

게 경기에서도 똑같이 하라고 주문한다. "여러분이 할 일은 A 지점에서 B 지점까지 최대한 빨리 헤엄쳐 가는 것이다. 경쟁자가 어떻게 하는지는 여러분이 해야 할 과제와 무관하다. 이것이 바로 네이비실이 생각하는 방식이다."

언제든 좋은 성적을 낼 수 있는 선수들(토레스, 펠프스, 러데키)은 네이비실과 비슷하다. 그래서 바우만은 2016년에 리우데자네이루 올림픽에 출전한 미국 수영선수들에게 "돌고래처럼 수영하고, 네이비실처럼 사고하라"고 주문했다. 바우만은 내게 이렇게 말했다. "물론 엘리트 운동선수와 특수작전을 수행하는 전사에게는 걸려 있는 게 많이 다릅니다. 그래도 생각하는 방식은 비슷합니다." 수영장의 러데키는 '암살자' '매정한' '냉혹한'이라는 말로 표현되었다. 수영에 가장 적합한 마음가짐의 측면에서 가장 유능한 엘리트 수영선수는 가장 뛰어난 전사와 같은 특성을 지닌다는 것이 그리 놀랍지 않다.

토레스와 러데키와 펠프스가 남달리 성공한 데는 자율주행으로 경기를 치를 정도에 이를 때까지 부단히 훈련했기 때문이다. 바로 바우만이 말하는 '마음놓침의 상태'다. 끝없이 반복하고 흔들림 없이 집중하는 과정은 그 자체로 인내심을 수련하는 과정이다.

특히 올림픽에서 최다로 우승한 펠프스는 올림픽 우승을 위해 머릿속으로 무수히 예행연습을 했다. 경기가 어떨지, 기분이 어떨지, 냄새가 어떨지. 경기를 어떻게 펼치기를 원하는지 명확한 상황과 이미지를 떠올렸다. 무엇이 집중력을 흐트러뜨릴지, 어떻게 대처할지. 펠프스는 레인에 머물러 있는 상황을 심상화imaging했다. "레인에 머물러라." 그러면 남들이 뭘 하든 신경 쓰지 않게 되었다.

그의 오랜 코치 밥 보먼Bob Bowman은 펠프스에게 "못한다"라는 말을 입 밖에 내지 못하게 했다. 최근에 펠프스는 "보먼이 그렇게 지도해줘서 마음을 넓히고 원하는 건 뭐든 할 수 있다고 믿게 되었다"[2]라고 말했다. 이것이 둘이 함께 성공한 비결이라고도 말했다.

하지만 수십 년 동안 수영하면서 한결같이 고도의 집중력을 유지하기란 물론 쉽지 않다. 물은 시간이 흐르면 단단한 바위도 침식한다. 엘리트 수영선수는 하루에 두 번 수영장에 들어가 한 번에 약 10킬로미터에서 20킬로미터씩 수영한다. 쉬는 날이 거의 없다. 계속하기에는 고통스러운 훈련이다. 시간이 흐른다. 수영장을 돌고 또 도는 장면이 변함없이 펼쳐진다. 세월이 흐르고 올림픽에서 메달을 28개나 딴 강철 의지의 챔피언조차 결국엔 무너졌다. 수영장 바닥의 검은 선이 그를 괴롭혔다. 펠프스는 그 많은 메달을 따는 동안 자살 충동과 우울증과 싸웠다. 대회 수영은 고독하다. 시간이 갈수록 수영장이 점점 좁아져 결국에는 도망칠 수 없는 어항처럼 느껴진다.

물론 엘리트 수영선수의 머릿속에 들어갈 수는 없다. 그들의 말로 유추할 뿐이다. 토레스처럼 펠프스도 은퇴했다. 우울증과 정신건강 문제로 세상이 한창 떠들썩했다. 결국 그는 2014년에 약물 남용 문제로 중독치료를 받았다. 회복하는 동안 그는 거친 경쟁의 소용돌이에서 어떻게 지쳤는지, 메달을 따는 수영선수가 아닌, 한 인간으로서 자신에게 얼마나 회의적이었는지 알아가려고 노력했다. 그리고 수영을 사랑했던 기억을 떠올렸다. 수영하고 싶었던 기억을 떠올렸다. 그러다 개인적 목표가 달라졌다는 것을 알았다. 전에는 수영선수로서 대회에 출전하는 것이 목표였지만, 이제는 남편이자 아버지가 되는 것이 더 큰 목표가 되었다.

펠프스는 중독치료를 마치고 리우데자네이루 올림픽(이 대회에서 메달 여섯 개를 땄고, 그중 다섯 개가 금메달이었다)을 준비하면서 실내가 아닌 야외 수영장에서 주로 훈련했다. 처음으로 주위에 볼 것이 생겼다. 펠프스는 스포츠 잡지 〈스포츠 일러스트레이티드Sports Illustrated〉 인터뷰에서 이렇게 말했다. "야외에서는 에너지가 달라져요. 수영을 마치고 위를 보면 구름 한 점 없는 파란 하늘이 보여요. 제게는 아주 근사한 광경이에요."

인기 있는 수영팀 이름인 동물의 특성과 그 팀이 미국의 어느 지역에 분포하는지에 관한 비공식 설문조사

창꼬치Barracudas: 주로 온대와 열대 바다에 널리 분포한다. 커다란 이빨과 포악한 행동과 무자비한 살상으로 악명 높다. 캘리포니아, 플로리다, 메릴랜드에 이 이름의 수영팀이 있다.

악어Crocodiles: 남극대륙과 유럽을 제외한 모든 대륙에 서식한다. 어떤 종은 크게 포효하고 꼬리 힘이 세서 수영 실력이 탁월하다. 이 이름의 수영팀은 캘리포니아, 인디애나, 플로리다, 텍사스에 분포한다.

귀상어Hammerheads: 전 세계 열대 바다에서 나타난다. 큰귀상어는 암컷과 수컷 모두 혼자 지내며 인간에게 위협적이지만, 홍살귀상어 암컷은 떼 지어 다닌다. 이 이름의 수영팀은 뉴저지, 메릴랜드, 조지아에서 캘리포니아와 오레곤에까지 널리 분포한다.

범고래Orcas: 북극에서 남극까지 모든 바다에서 나타난다. 사회성이 좋고 떼 지어 다니며 협조하면서 새끼에게 사냥하는 법과 좋은 부모가 되는 법을 가르친다. 이 이름의 수영팀은 조지아와 일리노이와 텍사스를 비롯해 넓은 지역에 분포한다.

해달sea otters: 러시아, 알류샨 열도, 캐나다, 알래스카, 오레곤, 캘리포니아의 태평양 연안을 따라 해조류 숲에 서식한다. 수중에서 한 시간에 최대 9킬로미터까지 헤엄치는 최고의 잠수부다. 이 이름의 수영팀은 특히 캘리포니아에 집중적으로 분포하지만 위스콘신에도 있다.

자라Terrapins: 흔히 '후미거북'으로 불리는 종으로, 미국 동부 해안에 주로 서식하고 멕시코 연안에도 많다. 육지에서 머무는 시간과 염분이 있는 늪지에서 머무는 시간이 대략 비슷하지만 반드시 민물을 마셔야 한다. 재빨리 도망치고 헤엄도 잘 친다. 이 이름의 수영팀은 캘리포니아, 텍사스, 뉴욕, 메릴랜드에 많다.

수영팀의 마스코트, 팀을 상징하는 동물은 어떤 동물인가? 이렇게 동물 이름을 딴 수영팀 이름에는 또 다른 동물 종인 인간의 야망이 담겨 있다. 우리는 본래 수영을 잘하고 싶고 치열하게 경쟁하고 싶어 한다. 야생에서는 속도와 힘과 인내심과 교활함이 동물로 살아가는 데 결정적이다. 수영장에서도 마찬가지다.

13

상어와 피라미들

북부 캘리포니아의 내가 사는 도시에서 3킬로미터도 떨어지지 않은 곳에 있는 올버니 아쿠아틱 센터에 가보면, 오후 4시경부터 어린 수영선수의 하루를 관찰할 수 있다. 인큐베이터처럼 수온이 따뜻한 실내 수영장에 어린아이들이 먼저 들어가 근육이 다 자라지 않은 가느다란 팔다리를 마구 흔든다. 수많은 팔다리를 문어 다리처럼 어지러이 흔들어대고, 거품을 일으키면서 수영장 한쪽 끝에서 중간 깊이로 이동한다. 앞으로 이동하면서도 속도가 느려서 가끔은 물리학 법칙으로는 불가능해보이지만 뒤로 이동하는 것처럼 보일 때도 있다.

아이들은 '올챙이와 해마들'이다. 사실은 안경 쓴 쾌활하고 젊은 여자 수영강사가 아이들을 부르는 표현이다. 모든 아이가 라텍스 수영모와 색이 들어간 물안경을 써서 누가 누군지 알아보기 힘들 것 같은데도, 강사는 아이들의 이름을 하나하나 다 안다.

30분 뒤 '앨리게이터와 크로커다일들'이 물에 들어가고, 이어서 '거북이와 돌고래들'이 들어간다. 이 팀 이름이 마음에 들었다. 무자비한 기운을 발산하면서도 한편으로는 귀여운 포부를 과시하는 이름 같아서였다. 어쩐지 다 진짜처럼 느껴졌다. 큰아이들은 배영을 배우고, 한쪽 끝의 깊은 물에서 기초 다이빙을 시도하고, 물속에서 파도 모양으로 몸을 움직여 접영 발차기에 근접해가는 동작을 연습한다.

그리고 한 시간 뒤 진짜가 나타난다. 고등학교 수영팀이다. 어깨가 떡 벌어진 '아프로디테와 아도니스들'로, 아직 때 묻지 않은 유연한 근육질의 건장한 몸들이다. 아직 세월의 때가 묻지 않은 몸. 수영팀의 모습이다. 아니, 적어도 이곳 북부 캘리포니아의 수영팀 모습이다. 남학생은 스피도 수영 팬티나 몸에 딱 달라붙는 무릎길이 트렁크를 입고, 여학생은 몸을 덮는 정도와 색상이 제각각인 끈 달린 원피스나 투피스 수영복을 입었다. 다들 자신만만하게 성큼성큼 걸으며, 또래 특유의 자의식이 전혀 없이, 뜨거운 김이 나는 실내 수영장을 지나 상쾌한 야외 수영장 데크로 나간다. 그리고 물에 들어가서 물의 일부가 된다. 그들은 그곳에 속한 존재다. 미끄러지듯 물속으로 들어가 잔물결을 일으키며 일제히 움직인다. 그들은 운동을 하지만 운동하는 것처럼 보이지 않는다.

누가 좋은 수영선수가 될 재목인지는 오래 지켜보아야 안다. 사실 몇 년을 보아야 할 수도 있다. 케이티 레베키도 그렇고 올림픽 수영선수들의 면면을 보면 다들 이렇게 말랑말랑한 어린 시절부터 수영을 시작했다. 여섯 살의 레베키가 첫 경기에서 물보라를 일으키며 연신 머리를 내밀고 고개를 돌리며 경쟁자를 살피는 모습을 찍은 홈비디오가 있다.[1] 마지막으로 결승선을 향해 돌진하고 이어서 환한 얼굴이 나타난다. "물속에서 무슨 생각을 했니?" 누군가가 묻는다. "아무 생각 없었어요!" 레베키가 삐뚤삐뚤한 치아를 보이며 명랑하게 말한다. "그냥 열심히 하는 거예요!"

많은 사람이 언제가 한번은 수영팀에 들어가서 연구 주제가 될 만한 체험을 한다. 먼저 생사를 가르는 단계를 거치고, 수영할 줄 알게 되면 물속에서 얼마나 기분 좋은지 깨닫는다. 수영팀에 들어가면 함께하는 팀원들이 고맙게 느껴진다. 어느 정도 수영을 잘해서 더 잘하고 싶어지면 경쟁심이 생긴다.

경쟁에서는 처음부터 속도와 기술이 중요하다. 영법을 계속 다듬어나가면서 결국 이루려는 것은 무얼까? 이기는 것이다. 하지만 특히 이 단계에서 승리는 순식간에 지나간다. 어린아이의 경쟁에서도 승리를 분석해보면 며칠씩 들뜨게 만드는 것은 노력과 타이밍이 절묘하게 어우러진, 드문 순간이다. 수영 실력이 어느 정도든, 모든 수영팀의 구성원이 잘 아는 기분이다.

지금도 내가 몸에서 느끼는 자신감의 기원을 추적해보면 수영팀에 속해 있던 시절로 거슬러 올라간다. 나는 몸집이 크지 않다. 똑바로 서면 167센티미터 정도다. 하지만 물에 들어가면 내가 그 이상으로 크고 강하다는 느낌이 든다.

나는 펜과 크레용으로 그린 그림 한 다발을 아직 간직하고 있다. 스테이플러로 곱게 찍어서 보관한 그림은 1984년 7월에 그렸다. 그림(〈여섯 살 때부터〉라는 제목이 붙어 있다) 속에서 나는 다이빙 보드에 서서 줄무늬 수영복을 입은 멋진 모습으로 용감하게 뛰어내리려 한다. 입수해서 수영장 옆 계단으로 헤엄쳐 가기까지는 무수한 방법이 있다. 포워드 다이브forward dive, 백 다이브back dive, 캐논볼cannonball, 캔 오프너can opener, 펜슬 드롭pencil drop…. 나는 이 모든 동작을 그림으로 남겨놓았다. 여름이었다. 나는 수영을 사랑했다. 그게 핵심이다.

내 그림에는 즐거움과 연습으로 다져진 편안함이 엿보인다. 여기서 포인트는 "연습으로 다져진"이다. 그림과 그림 사이 행간을 보면 복잡한 배경 이야기가 드러난다. 내가 물속에서 자유롭고 자신만만하고 강인할 수 있었던 이유는 이미 수백 시간을 들여 수영을 배웠기 때문이다.

앞으로 떠 있기와 뒤로 떠 있기, 곧이어 물에서 평온하게 떠 있는 방법을 배웠다. 숨을 참고 발차기를 하는 법, 곧 추진력의 기본 리듬을 배웠다. 그리고 기초 단계의 배영(팔을 위로, 몸을 수면 위로, 이 동작을 함께), 횡영(사과를 따서 바구니에 넣는 것과 같은 동작)을 배웠다. 쉴 때 필요한 영법이다. 자유형 시간에는 얼굴을 옆으로 돌리고 호흡하는 법을 배웠다. 가속도를 내서 앞으로 나가기 위한 영법이다. 그리고 평영 시간에는 머리를 물 위로 들고 숨 쉬는 법을 배웠다. 목적지를 보면서 헤엄치는 영법이다. 여름에 주말마다 아침 9시에서 10시 30분까지 반복해서 훈련했다. 힘들여서 연습한 끝에 드디어 힘들지 않게 수영할 수 있게 되었다.

내가 속한 수영팀 이름은 '프리포트 씨 데빌스Freeport Sea Devils'였다. 나는 물에서 더 빨리 나아가게 해주는 여러 가지 방법을 좋아했다. 수영 견인 부표를 따라가며 깐닥거리기, 출발대에서 뛰기, 다리가 타는 느낌이 들 정도로 발차기를 하기. 대개 결과는 바로 나오지 않았다. 오빠와 사촌들과 나는 큰아이들과 게임을 했다. 상어와 피라미들, 워터 폴, 마르코 폴로 같은 게임이었다. 후크와 사다리 게임도 있었다. 두 명이 짝지은 다음 한 사람이 다른 사람의 다리를 잡고 프랑켄슈타인처럼 어기적거리며 수영하는 게임이었다. 한 사람은 발차기를 하고 다른 사람은 손으로 물을 당기면서, 수영장 한쪽 끝에서 다른

쪽 끝으로 우스꽝스럽게 홱홱 움직이면서 밀고 당기며 이동한다.

우리는 일 년 내내 수영했다. 여름에는 올림픽 경기장 규모의 야외 수영장에서 오전 연습을 하고, 연습이 끝나면 오빠와 집에 가서 만화영화를 보았다. 겨울에는 학교를 마치고 실내 수영장에서 연습했다. 저녁까지 연습한 날에는 차를 타고 집으로 돌아오는 길에 머리카락이 얼곤 했다.

우리는 큰 대회를 앞두고 파스타 파티를 열어 허기지고 성장하는 몸에 탄수화물을 집어넣었다. 우리 팀 부모님들이 정성껏 만든 라자냐, 스파게티, 미트볼, 베이크드 지티가 알루미늄 포일 트레이에 담겨 있었다. 우리 팀은 구역 선수권대회에서 매년 라이벌인 에코 파크팀에 이어 2위에 올랐다. 어느 해에는 코치가 우리와 내기했다. 그해 시즌에 한 번도 지지 않고 선수권대회에서 에코 파크팀을 이기면 우리가 자기 머리를 깎게 해주겠다는 것이었다.

그해 우리 팀이 이겼다. 그래서 우리는 경기가 끝나고 승리의 세레모니로 코치를 수영장에 던졌고, 이어진 축하파티에서는 그의 갈색 고수머리를 깎았다. 그날 밤, 우리 팀은 수영장 데크에 모두 모여 사진을 찍었다. 어린아이들이 맨 앞줄에 앉아 신나게 팔을 들고 있고, 큰아이들은 다이빙 보드 계단에 앉아 함성을 지르고 있다. 사진 속 나는 3미터 높이의 하이 다이빙 보드에 올라가 선홍색과 흰색과 검은색의 프리포트팀 배너를 펼치는 걸 돕고 있다.

물장구치는 소리가 실내 수영장 데크에서 메아리치다가 다시 물속으로 들어와 잠잠해지는 진동, 호흡하려고 머리를 들거나 힘들게 돌고 나서 지쳐 벽에 매달릴 때만 똑똑히 들리는 코치의 구령 소리가 수영 훈련의 배경 음악으로 들렸다. 수영장의 염소 소독약 냄새는 내 체취로 베었다. 고등학교 대회 시즌에는 새벽 연습을 마치고 눈가에 찍힌 물안경 자국이 지워지지 않은 채로 홈룸°에 들어갔다. 반 친구들에게 내가 수영하는 것을 알리는 유일한 증거였다. 가끔 한 번씩, 학교 오전 방송에서 알아들을 수 없게 지지직거리며 내가 참가한 수영대회의 성적을 발표하기는 했지만.

여섯 살이 된 내 아이를 수영팀에 보내면서 나도 다시 수영팀에 들어갔다. 어릴 때 10년간 수영팀에서 경쟁했지만, 그 뒤로 20여 년 만에 처음으로 훈련도 받고 다른 팀원들과 연습 경기도 했다. 어른이 된 뒤 그게 어떤 의미였는지 새삼 떠올랐다. 마흔 살에 접어들며 수영을 다시 시작했기에, 대러 토레스의 일반인 버전이 되고 싶었다. 우리 팀 이름은 앨버니 아

* 학생이 등교한 뒤 출석하기 위해 모이는 교실.

마다Albany Armada이고, 펠릭스가 속한 팀은 버클리 배러쿠더스Berkeley Barracudas였다.

아마다는 18세 이상 수영대회 연맹인 미국마스터스수영연맹US Masters Swimming에 속하는 마스터스팀이다. 1970년에 설립된 미국마스터스수영연맹은 현재 미국 전역에 65,000명의 회원과 1,500개 팀과 훈련 모임을 보유하고, 지역 단위, 전국 단위, 국제 단위의 대회를 인가한다.[2] 대학팀에서 갓 배출된 스물두 살짜리 수중 로켓이든 여든 살 넘어 처음 수영을 배우는 사람이든 상관없다. 누구에게나 열려 있다. 대회에 나가는 사람도 있고 연습에만 몰두하는 사람도 있다.

앨버니 아마다의 수석코치인 캐럴 닙Carol Nip은 햇볕에 그을린 구릿빛 피부가 반짝이는 60대 초반 여자로, 늘 새빨간 립스틱을 바르고 환하게 웃었다. 나는 4년간 아마다의 수영장에서 연습했지만 마스터스팀에는 들어간 적이 없었다. 캐럴 코치가 내게 권하지 않은 건 아니다(나도 캐럴이 최고의 지도력과 지역사회 활성화에 기여한 공으로 전국적 상을 수상할 만한 인물이라고 생각한 터였다). 다만 다시 수영장에서 누군가에게 지도받는 상황을 받아들일 마음의 준비가 되었는지 자신이 없었다. 20년간 그저 재미와 운동을 위해서만 수영하면서, 속도에 집착하지도 않고 경쟁 스트레스 없이 한 시간 정도 수영장에서 보냈다. 그러다 마스터스 수영에 나가보라고 하니 덜컥 겁이 났다.

펠릭스도 나도 각자 수영 훈련을 시작하면서 무척 긴장했다. 해묵은 걱정과 불안('재미있을까?' '따라갈 수 있을까?' '다들 나보다 잘할까?')이 머릿속에 맴돌았다. 수영장 데크로 나갈 때 내 뒤로 소녀 시절의 그림자가 무겁게 매달린 느낌이 들어 흠칫 놀랐다.

어렸을 때 경쟁은 애초에 있지도 않은 진실성과 지배력과 힘을 과시하는 방법이었다. 전쟁터와 비슷했다. 내가 살면서 그나마 갈등을 일으킨 곳이 있다면 경기장뿐이다. 경쟁하면 아드레날린이 분출하는 동시에 두려움도 따라온다. 그런 곳으로, 사람들 앞으로, 시계 앞으로, 다른 선수들 앞으로 나서는 것에 대한 두려움. 남들이 나를 어떻게 생각하든 신경 쓰고 싶지 않지만 신경이 쓰였다.

돌이켜보면 내 어린 시절 수영 생활에도 실낙원 같은 순간이 있었다. 경쟁에서 어떻게 우울해질 수 있는지 처음 깨달은 순간이다. 그때 나는 대표팀의 8학년 선수로서, 처음으로 주요 선수권대회의 결승전에 올라갔다. 고등학교 전국 수영대회가 열리는 저녁에, 평영 100미터 결승전에 올라가서 놀랍고도 기뻤다. 내가 선망하던 선배도 함께 결승전에 올랐다. 같은 클럽의 선배였다. 그 선배를 여신처럼 우러러보던 터였다. 나는 바깥쪽 레인에 배정된, 승산이 거의 없는 도전자였다. 그 선배는 가장 빠른 기록으로 결승전에 진출해서 모두가 선호하는, 한가운데 4번 레인을 배정받았다.

경기가 시작하기 전에, 그 선배가 출발대 뒤에서 기다리던 내 쪽으로 다가왔다. 선배를 만나 기쁘고 반가워서 웃었다. 하지만 그녀의 표정을 보고는 내 얼굴에도 미소가 싹 가졌다. 그녀는 걱정으로 토할 것 같은 얼굴이었고, 지금 와서 생각해보면 전염성이 있었던 것 같다.

"나 너무 떨려." 그녀가 내 팔을 꽉 붙잡으며 말했다. 내가 알던 선배가 아니었다. 항상 잘 웃고 다정하면서도 침착한 자신감이 엿보이던 사람이 아니었다. 완전히 다른 사람이었다. 내가 무슨 구명보트라도 되는 양 나를 절박하게 붙잡은 사람. "이번이 고등부 마지막 경기야." 이어서 깜짝 놀랄 말을 했다. "날 이기지 말아줘."

우리는 경기를 치렀고, 그 선배가 우승했다. 경기가 끝나고 선배는 나를 안아주고 평소의 활기찬 모습으로 돌아와 팀 동료들과 자축하러 갔다. 나는 물론 그날 이기기 위해 최선을 다했지만 그 선배의 말이 어떤 식으로든 내게 영향을 주지 않았다고 확신할 수는 없다. 그날부터 서서히 무언가를 깨달았다. 이기는 데만 익숙해지면 패배를 두려워하게 된다는 것. 대회는 8학년 아이에게도 마냥 행복한 경험이 아니었다. 게다가 대회 걱정으로 인해, 그즈음 느끼던 자유로이 비행하는 느낌이 사라질 것만 같았다.

아마다에서 우리가 번쩍거리고 색상도 화려한 수영복을 입고 빠르게 레인을 오가며 헤엄치는 모습을 보면(변치 않는 한 가지가 있다면 스피도 수영복은 여전히 우리가 입어본, 가장 야한 옷이라는 사실이다) 마치 번쩍거리는 물고기 떼처럼 보인다. 몇 주가 지나자 나는 수영팀에서 하던 훈련, 함께 수영하면서 생기는 동기부여가 그리워졌다. 동료가 있으면 더 힘을 내서 함께 나가게 된다. 우리 물고기 떼에는 공통의 의식과 공통의 목표가 있었다.

어떤 날은 한낮 연습을 마치고 유난히 녹초가 되어, 집에 가서 책상 앞에 앉았다가 일어설 때 왼쪽 어깨가 아팠다. 아니, 오른쪽이던가? 어떤 날은 그냥 나이를 핑계대며 연습을 빼먹고 낮잠을 자기도 했다.

어느 날 아침에 캐럴 코치가 우리에게 작은 노트를 한 권씩 나눠줬다. 물에 들어가기 전에 다음 해에 이루고 싶은 목표 두 가지를 적으라고 했다. 나는 뭐라고 적었을까?

1. 두려운 일을 하자.
2. 이십여 년 만에 처음으로 대회에 나가자.

그날 연습이 끝난 뒤 캐럴 코치가 수영장 밖에서 나를 불러 세우고 쾌활하게 말했다. "퍼시픽 마스터스 단거리 선수권대회가 얼마 안 남았어요. 회원님도 연령별 경기에 출전할 수 있을 것 같아요. 달력에 표시해두세요!"

이 말을 듣자 갑자기 아드레날린이 샘솟고 오래전에 사라진 줄 알았던 파블로프의 반응이 되살아났다. 하지만 다시 경쟁할 수 있을지 자신이 없었다. '프리포트 씨 데빌'에 속해 있던 어린 시절을 떠올렸다. 한때 신나서 경기에 출전하던 그 소녀는 어떻게 된 거지? 내 안에 있는 어떤 경쟁자의 모습이 대회 당일에 나타날까?

대회 당일, 짙푸른 수영장에 햇살이 비추어 반짝거렸다. 아침 일찍 차를 몰고 버클리 언덕을 지나 소다 아쿠아틱 센터로 가는 길에 속이 울렁거렸다. 왼쪽 어깨가 이틀 전 서핑으로 조금 뻐근했다. 내가 40~44세 연령 그룹에 속한다는 사실을 새삼 절감했다. 불안감을 떨쳐내려고 속도감 있고 재미있는 두 종목에 출전하기로 했다. 평영 50미터와 100 IM, 즉 개인 혼영 (접영, 배영, 평영, 자유형을 25야드*씩 수영하는 종목)이다.

소다 아쿠아틱 센터 수영장은 아름다웠다. 레인이 18개라서 9개 레인씩 나누어 두 종목을 치렀다. 수영장이 워낙 커서 가운데 두 개 레인을 완충지대로 남겨두었다. 짙푸른 수면에 희부연 안개가 덮여 있었다. 잠든 해가 떠올라 태워 없애주기를

●   22.86미터.

기다리듯이. 맨 왼쪽의 철제 관람석과 시간을 표시하는 디지털 전광판 뒤로 준비운동 전용 수영장이 따로 있어서, 경기와 경기 사이에 그곳에서 가볍게 몸을 풀 수 있었다.

선수 수백 명이 팀마다 특별 제작한 정강이 길이의 후드재킷으로 몸을 감싼 채 무리 지어 서 있었다. 후드재킷은 플리스로 안감을 댄 나일론 재질의, 두툼하고 흉물스러운 옷이었다. 색이 제각각이지만 빨강과 검정과 로열블루가 주를 이루고, 가장자리에는 금색과 검정과 흰색이 둘러 있고, 해독 불가한 이니셜이 새겨져 있었다. MEMO. TOC. EBAT. ALB(그나마 마지막은 우리 팀 이니셜이라 안다. 앨버니 아마다).

어떻게 해야 하는지는 아직 기억났다. 우리 팀 그늘막에 모여 수영복으로 갈아입고 물안경을 쓰고, 얇은 라텍스 재질이며 노란색과 남색인 우리 팀 수영모를 쓸 때는 손톱으로 찌르지 않으려고 조심했다. 준비운동을 마치자 캐럴 코치가 고무밴드를 나눠주었다. 항상 유연해야 한다고 일깨워주는 장치였다. 그리고 코치가 내 손에 파란 리본도 꼭 쥐어주었다. "회원님은 이미 이긴 거예요. 고등학교 이후로 첫 대회잖아요!"

우선 평영 50미터 경기에서 배정받은 레인 앞으로 가서 주위를 찬찬히 둘러보았다. 근처에 서 있는 80~84세 집단에 속한 선수에게 나도 모르게 눈길이 갔다. 그 여자 선수는 검정 수영모에 빨간색 팀 재킷을 걸쳤고, 재킷에 어울리는 쨍한 색깔

립스틱을 발랐으며, 아름답게 화장한 얼굴로 진지한 표정을 짓고 있었다. 그녀의 만족스러운 표정을 보자 어느새 내 마음도 진정되었다.

대회 관계자가 내가 참가하는 경기를 알렸다. 나는 출발대에, 화려하고 아름답고 거대한 수영장의 벼랑 끝에 올라섰다. "출발신호가 나면 출발하세요." 출발신호가 울리자 수면으로 뛰어들었다.

귀로 물이 거세게 들어왔다. 바다처럼 철썩거리는 소리. 수면 아래의 기분 좋은 정적. 힘껏 팔을 젓고 발을 차면서 앞으로 쭉 미끄러져 나갔다. 그 시간은 가능성으로 충만했다. 수면 위로 올라가고 싶지 않았다. 아무 소리도 들리지 않았다. 팔과 다리가 저절로 움직이며 그토록 충실히 연습해온 평영을 했다. 그런데 내 마음은 아직 한 박자 뒤처지며 몸을 따라가지 못했다. 그러다 두 바퀴를 도는 경주에서 두 번째 바퀴를 돌 때 갑자기 머리가 놀랍도록 맑아지면서 집중력이 되살아났다. 마지막 15미터를 남기고 팔다리에 힘이 솟구쳤다. 퍼뜩 가속페달을 밟아야 한다는 생각이 든 것처럼.

경기가 끝난 뒤, 팀 동료를 응원할 때 빼고는 헤벌쭉 웃으며 붕 뜬 기분으로 수영장 데크를 돌아다녔다. 아직 경기가 하나 더 남아 있고 결과는 몇 시간 지나서야 나오는데도(두 경기 모두에서 3등을 차지했다). 나는 올림픽 수영선수가 아니다. 내 목표는 소박하다. 위험부담이 적다. 그런데도 비록 찰나이지만 그게 어떤 기분인지 기억났다. 순간의 가벼움, 언제나 도달하기 어려운 '최선을 다했다'라는 느낌.

연습할 때 캐럴 코치가 끊임없이 자세를 교정해주었다. 평영할 때는 머리를 반드시 두 팔 사이에 둬라. 머리를 내려라. 머리가 튀어나와서 앞으로 나가는 데 방해가 된다. 배영할 때는 오른팔이 자꾸 가운데로 온다. 세 시 방향으로 뻗으려고 해봐라. 접영 동작으로 입수할 때는 양손을 벌려라. 어깨너비로 벌려야지, 모으면 안 된다. 자유형할 때는 오른팔을 길게 뻗고 팔꿈치를 높이 들어라. 지금은 너무 짧게 들어간다.

연습 시간 외에 혼자 수영할 때도 항상 코치의 말을 되새겼다. 눌러라. 뻗어라. 머리를 내려라. 손끝으로 끌어라. 끊임없이 자세를 교정하면서 반복하는 동작은 일종의 명상으로, 경기에서 이기자는 단순한 목표를 초월할 수 있다는 생각이 들었다. 사실 전에는 이런 식으로 수영을 생각해본 적이 없다. 치열한 경쟁의 열기에 사로잡혔기 때문이다. 지금도 그렇다(마흔 나이에도 조만간 치러야 할 경기에 대한 불안감만큼 화장실로 달려가게 만드는 것도 없다). 그래도 수영장에서 하는 동작에는 선禪 수행의 일면이 있다. 영화 〈카라데 키드Karate Kid〉에서 "왁스 온, 왁스 오프"를 정확히 할 때까지 연마하듯이. 수영도 자기 수양 방법이 될 수 있다.

출발과 턴과 유선형 자세를 연습했다. 출발대에 오르고 계주를 연습했다. 이렇게 집중 훈련에 점점 더 몰두하면서 스포츠로서의 수영에서 무엇이 나를 자극하는지 생각했다. 사실 진정한 적은 상대 선수가 아니다. 그 선수는 거기 바로 옆에서 수영할 뿐이다. 수영은 펜싱이나 레슬링처럼 상대의 허점을 찌르는 스포츠가 아니다. 육상처럼 수영에도 기본적이고 근본적인 느낌이 있다. 적은 시계이고, 수영에서 싸워 이기기 위해 함께 노력해야 할 상대는 물이다.

14

사무라이 영법

사무라이가 어깨까지 물속에 잠긴 채, 말없이 빠르고 효율적으로 강을 헤엄쳐 건너는 모습을 떠올려보라. 20킬로그램이 넘는 갑옷을 입은 채로.

섬나라 일본에는 수백 년 전 사무라이 수영에 관한 기록이 남아 있다.[1] 봉건시대에 '류流'라는 수영의 유파가 발달했다. 각 지역을 지키는 무사인 사무라이는 저마다의 효율적 방식으로 자기네 지역 바다를 항해했다. 1603년에서 1868년 사이 봉건시대에는 거의 모든 지역의 가문마다 류가 있었다. 도쿠가와 쇼군의 지원 아래 무술로서의 수영이 꽃피우던 시대다.

무사 집단의 수영 유파는 적에게 몰래 접근하고, 물속에 오래 떠 있고, 물살이 거센 강을 건너기 위한 저마다의 영법을 고

안했다. 일본의 전통 수영 무술인 '일본 영법'은 우아함과 고상함을 중시하여 섬세한 동작으로 잔물결이나 높은 파도와 같은 물의 조건에 따라 몸과 물이 하나가 되어 조화롭게 움직이는 영법이다.

일본은 1898년에 항구도시 요코하마에서 최초로 현대적인 수영대회를 주최했다. 요코하마는 일본 최초로 세계에 문호를 열어 무역을 시작한 항구도시다. 요코하마를 통해 고립되었던 이 나라에 온갖 외국 문물이 들어왔다. 최초의 영자신문 〈재팬 헤럴드 Japan Herald〉, 최초이자 최대 규모의 차이나타운 그리고 최초의 국제 수영대회까지. 이 대회에서 일본은 영국, 오스트레일리아, 미국의 연합팀을 상대했다.[2]

당시 일본 선수들은 수백 년 전통의 사무라이 영법으로 100야드(91.44미터)와 440야드(402.37미터) 종목에서 외국 선수들을 이겼다. 이 역사적인 스포츠 행사에 관한 영문 기록을 찾는 일이 난관이었지만 결국 일본의 수영 역사를 다룬, 1935년에 출간된 책을 발견했다. 이 책에는 세 번째 경기인 880야드(804.67미터) 경기에서 승리한 수수께끼의 인물 '영국인 아빈 Arbin'에 관한 기록이 있다. 왜 이 거리를 종목으로 채택했는지는 알 수 없다.

하지만 요코하마 대회가 일본 수영 역사에서 특별한 지위를 차지하는 것만은 분명하다. 이 대회는 단순한 수영대회를 넘어

동양과 서양의 전통과 철학이 맞붙은 격전장이었다. 이 대회에서 영국인은 머리를 물 밖으로 내놓고 양팔을 자유형처럼 번갈아 돌리지만 발을 평영처럼 옆으로 차는 트러젠trudgen 영법으로 수영했다. 영국인 존 아서 트러젠John Arthur Trudgen이 어릴 때 브라질에서 살면서 원주민 부족에게 배워 1873년에 영국에서 처음 선보인 영법이다. 2년 뒤 그는 트러젠으로 기록을 세우면서 영국의 국내 대회에서 우승했다. 그 뒤로 트러젠 영법은 획기적 영법으로 인정받았다.

일본 선수들은 독특하게 팔을 위로 던지는 식의 횡영으로 당시로서는 놀랄 만큼 빠르게 수영했다. 일본 선수가 우승하여 일본 영법(말타기, 활쏘기, 칼싸움, 육박전을 비롯한 사무라이 수업의 열여덟 가지 무술 중 하나)으로 수영하는 선수가 서양 영법으로 수영하는 선수와 경쟁해서 이길 수 있다는 사실을 입증했다. 대회의 저변에는 메이지 시대와 일본의 근대화와 통일 과정에서 발달한 민족주의적 자긍심이 흘렀다.

20세기 초 일본은 국제 수영대회에 더 많은 선수를 출전시켰다. 이 시기에는 서양 영법이 빠르게 발전했고, 일본은 따라잡느라 고전을 면치 못했다. 일본은 서양 선수들의 최신 프런트 크롤 영법을 채택하면서 영국과 미국에서 들여온 책으로 영법을 연구했다.

오사카의 한 중학교에 신설된 현대적인 수영장에서 학생들은 크롤 영법을 배웠다. 다카이시 가츠오高石 勝男라는 청년이 바로 이 중학교에서 대회 수영을 시작했다. 그는 1924년에 파리 올림픽에서 주목받은 최초의 일본 선수로, 100미터와 1,500미터 자유형에서 5위로 들어오고 네 명이 한 팀으로 출전한 800미터 계주에서 4위로 들어왔다. 그의 성적을 계기로, 이듬해 일본의 모든 수영 조직이 공식 아마추어수영연합으로 통합되었다.

다카이시는 일본의 자유형 챔피언이 되었다. 1926년에는 일본의 다른 선수들과 함께 하와이에서 열리는 대회에 초청받았다. 미국의 뛰어난 수영선수들이 참가하려고 고대하던 대회였다. 이 대회에서 다카이시는 자유형 50미터와 400미터에서 조니 와이즈뮬러Johny Weissmuller의 올림픽 기록을 깨트리며 일본인을 열광시켰다. 대단한 쾌거였다. 당시 와이즈뮬러는 미국에서 잘생긴 외모로 유명한 수영선수이자 세계에서 가장 빠른 수영선수로, 불과 얼마 전에 파리 올림픽에서 하와이의 전설적 수영선수이자 서퍼인 듀크 카하나모쿠Duke Kahanamoku를 따돌리고 금메달 두 개를 따냈다. 그리고 4년 전에는 자유형 100미터에서 최초로 '마의 1분 벽'을 깨트린 선수이기도 했다(이후 그는 MGM의 블록버스터 영화에서 타잔을 연기하며 세계적 스타가 되었다).

다른 영법은 어떨까? 같은 시기에 츠루타 요시유키鶴田 義行는 평영을 주 종목으로 하는 뛰어난 선수로 발전하여 1928년 암스테르담 올림픽에서 일본인 최초로 평영 200미터에서 금메달을 땄다. 츠루타는 일본의 전통 수영 무술이 평영에 미치는 영향에 관해 목소리를 내면서 "일본 영법 중 '히라 오요기'의 속도를 높인 영법"이라고 설명했다.[3] '히라 오요기'란 칸카이 류에서 특히 장거리 바다 수영에 맞게 발전시킨 영법이다. 그는 일본의 유구한 전통 훈련 방법이 평영에 유리하다는 특징을 발견했다.

1932년 로스앤젤레스 올림픽에서 일본 챔피언들이 세계무대에 등장해 압도적인 존재감을 과시했다. 다카이시가 주장과 코칭 스태프로 참가하고 츠루타의 평영 선수단이 주축이 된 일본 대표팀은 체력과 속도를 과시했다. 총 열두 개의 메달을 따면서 수영 종목 전체 메달 수의 3분의 1 이상을 쓸어갔다. 여섯 가지 남자 종목 중 다섯 종목에서 금메달을 목에 걸면서 100미터 배영 시상대를 휩쓸고 나머지 세 종목도 거의 휩쓸다시피 했다. 츠루타는 평영 200미터에서 다시 금메달을 따서 일본 수영 최초로 동일 종목에서 연이어 금메달을 딴 선수가 되었다.

츠루타는 여자 평영 200미터에서 은메달을 딴 마에하타 히데코前畑 秀子라는 어린 선수에게서 평영의 인기(그리고 일본의 수영 전통에 대한 자부심)를 부활시킬 희망을 엿보았다. 4년 뒤 마에하타는 금메달을 목에 걸었다. 일본은 츠루타와 함께 평영 종목을 지배하기 시작해 100여 년 동안 수많은 올림픽 메달리스트를 낳았다.

영법마다 나름의 개성이 있다. 나는 흔히 느린 영법으로 여겨지는 평형을 가장 좋아한다. 팔을 저을 때마다 머리를 들고 호흡한다. 자유형과 배영처럼 물을 휘젓는 힘이 수면 위로 드러나지도 않고, 접영처럼 시선을 끄는 화려한 쇼를 선보이지도 않는다(접영은 특이하게도 1930년대에 평영에서 진화한 영법이다.[4] 선수들이 평영을 하면서 물 밖에서 팔을 저으면 물속에서 저을 때보다 더 빠르다는 것을 깨달았다. 1952년까지 평영 종목 안에서 다양한 형태의 접영을 시도하다가 마침내 국제수영연맹에서 별도의 새로운 영법으로 인정하고, 1956년 올림픽에서 접영 종목이 따로 생겼다).

평영의 섬세한 속도 뒤에는 은근한 힘이 숨어 있다. 어릴 때 오빠는 이런 특징을 자연스럽게 이해했지만 나는 아니었다. 평영을 잘하려고 열심히 연습하며 평영에 필요한 자질을 획득하려 했다. 나는 서두르는 성향이 있었고 지금도 그렇다. 하지만 평영에서는 조급해할 수 없다. 조급해하면 미끄러지듯 움직이는 동작이 흔들린다. 사실 속도를 내는 메커니즘 전체가 팔 동작에 숨겨져 있다. 서두를수록 느려진다. 평영의 역설이다. 힘을 빼고 엿가락처럼 팔을 뻗는다. 이어서 재빨리 몸을 들어 깐닥거리면 배가 새벽의 유리 같은 강을 가르고 지나가듯, 힘들이지 않고 부드럽게 나아갈 수 있다. 수면 위로 물보라를 일으키지 않고 물속에서 차는 프로그 킥frog kick이 비밀 프로펠러다.

나는 연습하다가 힘들 때는 오빠가 지나간 자리를 뒤따라가면서 힘을 아꼈다. "나 따라오지 마." 오빠가 말은 이렇게 해도 누그러진 말투로 빙긋이 웃었다. 평영 경기는 속도감이 다르다. 시간 조절을 잘하고 서두르지 말아야지, 안 그러면 좋은 성적을 내지 못한다. 속도에 집착하는 현대인에게 속도를 늦추면 무엇이 가능한지 일깨워주는 종목이다.

나는 수영을 더 잘하기 위해 캐롤 코치와 함께 영법을 교정했다. 팔을 길게 뻗고, 몸을 더 유선형으로 유지하고, 다리를 붙여야 한다. 파도가 끊임없이 몰아치는 어린이 파도풀에서 수영하는 아들을 보았다. 연습 한 세트를 끝내고 입술이 파래진 채 어깨를 떨면서 물 밖으로 나오는 아들의 모습이 꼭 어릴 때의 오빠 같았다. 수영이 어땠는지 묻자, 아들은 차가운 물이 좋지 않다고 말했다. "경기는 어땠어?" 내가 물었다. 아들이 레인에서 누가 바짝 따라붙으면 조금씩 더 힘을 내는 모습을 본 터였다. "빨리 가는 게 좋니?"

아들은 잠시 생각했다. "누가 시키면 싫어요. 내가 하고 싶어서 하면 좋고요." 이제는 아들에게 내 모습을 본다. 자제력을 발휘하고 자기를 향상시키는 것은 어느 나이에나 어려운 일이지만, 특히 어릴 때는 더 어렵다. 이제 나는 어른이 되었다. 자신을 더 나아지게 만드는 것에 관해 일본의 수영 무술을 통해 배울 수 있었다. 인내력도 중요하지만, 무엇보다도 우리 몸이 온갖 종류의 물에서 어떻게 움직일 수 있는지에 관한 오랜 연구로 다져진 관점을 알아볼 필요가 있었다.

　나는 요즘도 일본에서 사무라이 수영대회가 열리고(사무라이가 25미터 길이의 수영장을 조용히 미끄러지듯 가로지르는 장면을 떠올려보라) 멀리 폴란드와 영국의 선수들까지 참가한다는 소식을 듣고 일본 영법의 주요 선수들을 만나보기 위해 도쿄를 찾았다.

　일본의 한 텔레비전 프로그램에서 사무라이가 수영장을 향해 몸을 수그리는 모습을 보았다.[5] 그가 완전 무장 수영을 뜻하는 '가추 고젠 오요기'를 선보이는 장면이었다. 그는 옆으로 가만가만 움직이며 수영장을 가로지르고 다리를 번갈아 돌렸다. 머리에 쓴 강철 투구가 물에 젖지 않았다. 그는 대갈못으로 고정한 묵직한 가죽 갑옷을 입고도 유령처럼 스르륵 나아갔다. "갑옷이 몹시 무겁습니다." 청년이 물에 푹 적은 장비를 걸친 그대로 수영장 밖으로 나와 잔잔하게 웃으며 말했다. "그래도 수영할 수 있어서 기쁩니다."(고맙게도 이 영상에는 영어 자막이 있었다)

　또 한 선수는 트렁크를 입고 검정 바탕에 흰색 줄무늬가 쳐진 모자를 쓰고 좀 더 동적인 다른 영법을 보여주었다. 이나토비, 곧 '숭어 뛰기'라는 뜻이다. 물속에 가만히 잠겨 있다가 수직으로 뛰어오르면서 팔을 뒤로 휙 돌리고 머리를 앞으로 내밀어, 햇볕에 많이 그을린 가느다란 허리까지 드러냈다. 점프

하면서 수영하는 방법으로, 해초나 부유물을 떼어내거나 배에 뛰어오르기 위한 영법이다.

마지막으로 가장 기본적인 동작으로 제자리에 서서 수영하는 '타치 오요기'가 있다. 젊은 선수의 얼굴이 편안하고 눈은 수평선을 향했다. 거의 눈에 띄지 않게 머리를 움직였다. 수면이 유리처럼 잔잔했다. 마치 수면 바로 아래에 숨겨져 있는, 아주 느린 트레드밀을 타는 것 같았다. 얼굴과 머리카락은 물에 젖지 않았다. 유파마다 다르게 변형되어 발전했지만 기본적으로는 동일한 동작이다. 오늘날 싱크로나이즈드 수영과 수구 선수가 상체를 물에서 힘껏 올리기 위해 하는 에그비터 킥 eggbeater kick일까? 두 손을 쓰지 않는 영법을 중심으로 연마하던 코보리 류의 16세기 지도자가 두루마리에 적어 소개한 방법과 상당히 유사하다. 다리를 가만히 돌리는 효율적인 동작으로, 상체를 움직이지 않고 안정적으로 유지한다. 일본 싱크로나이즈드 수영팀이 선보인 에그비터 킥은 노지마 류에서 유래했다.[6]

사실 이렇게 서서 헤엄치는 입영을 잘하면 물속에서 뭐든지 할 수 있다. 서예도 하고, 라이플총을 장전해 쏘고, 칼로 결투할 수도 있다. 무기와 깃발을 들고 이동할 수도 있다. 물속에 거의 잠수하다시피 해서 화살을 꽤 정확히 쏠 수 있다. 화살은 깃털이 젖지 않아야 정확히 날아간다.

앞선 뉴스 영상에서 남자 둘이 두 손으로 목검을 들고 싸우는 장면이 나왔다. 고함을 지르고 서로를 경계하며 빙빙 돌았다. 마치 춤을 추는 것 같았다. 그들은 호수 한가운데에서 걷고 있었다. 그리고 여자 둘이 손을 안쪽으로 당기는 동작으로 수영하는 누키테 영법도 나왔다. 팔꿈치를 높이 들고 하는 크롤 영법인 누키테는, 바람과 파도에 맞서 수영하거나 조류를 가로지를 때 쓰인다. 어깨로 파도를 헤쳐서 거품이 일어나는 거센 파도에 휩쓸리지 않을 수 있다.

이시비키 미도리는 오랜 전통의 사무라이 영법을 통달했다. 일본수영연맹에서는 이시비키를 일본 수영 무술을 지키는 여덟 명 중 한 사람으로 인정했다. 유도나 검도 같은 다른 무술처럼 일본 영법에도 레벨이 있고, 각 레벨에서 다년간 훈련과 시험을 거쳐야 다음 레벨로 올라갈 수 있다.

이시비키는 도쿄에서 자랐고, 현재는 도쿄에서 남쪽으로 한 시간 거리의 해안도시 가마쿠라鎌倉에 거주한다. 적갈색 단발머리에 둥그런 얼굴, 쉰 살이 된 이시비키는 잔물결 하나 일으키지 않으면서 수영장을 유유히 가로질렀다. 일본 영법은 몸의 기술만 의미하지 않는다. "영적인 길도 중요해요." 이시비키가 영국의 노위치Norwich에서 오래 살면서 익힌 활기찬 영국식 억양으로 말했다. "명상처럼."

일본의 옛 문헌에는 차가운 물에서 수영하면 인내심이 길러지고, 잠수하면 끈기가 길러지고, 다이빙하면 용기가 길러진다고 쓰여 있다. 몸이 물에 떠 있으면 마음이 평온해진다. 구조와 소생을 숙달하는 능력은 진정한 자비의 징표다.

이시비키는 열세 살에 치바의 해변에서 여름을 보내면서 일본 영법 사범에게서 전통 영법을 배우고 도쿄시에서 도쿄만을 건넜다. 이시비키가 속한 단체의 사범인 야마구치 카즈오는 현재 80대 중반이다. 이시비키는 요즘도 여름마다 그에게서 수영을 배운다. 다만, 이제 이비시키도 사범이 되었고, 현재는 치바에서 머물 때는 중학교 클럽하우스의 학생 200명 이상을 가르친다. 이시비키가 속한 수이푸 류에서는 바다와 강에서 효율적으로 수영하는 실용적인 방법을 고안했다. 가령 안전하게 파도를 뚫고 헤엄치거나 가까이 떠 있는 물건을 잽싸게 주워오는 방법이 있다.

사무라이 수영은 일본 수영 문화의 토대이지만 현재는 서서히 쇠퇴하고 있다. 전통을 지키려는 사명감을 지닌 사람들은 오늘날 일본이 국제 대회에서 좋은 성적을 거두는 데 전통 수영이 직접적인 영향을 미쳤다고 말한다. 5월 초, 때 이르게 훈훈한 시기에 나는 사무라이 수영이 현재는 어떻게 유지되는지 그리고 사무라이 수영을 하는 것이 어떤 의미인지 알아보기 위해 도쿄를 찾았다.

이시비키 미도리를 찾아 요코하마의 한 실내 수영클럽 데크에서 땀을 줄줄 흘리고 서 있었다. 실내 수영장 데크가 뜨거운 사우나 같았다. 완벽하게 훌륭한 수영장 옆에서 옷을 다 입고 있자니 괴로웠지만 이시비키의 수영 수업이 어떻게 진행되는지 제대로 기록하려면 어쩔 수 없었다. 오늘은 '한시藩士'라고 불리는 사범 다섯 명이 일반 학생과 함께 수업에 참여했다. 그중에 일본수영연맹 일본 영법 위원회의 부의장인 일흔세 살 이마무라 마사키가 호기심 어린 눈빛으로 나를 살폈다. 그 역시 밖에서 입는 옷을 입고 서 있는 나를 이상하게 여기는 듯했다.

"왜 수영을 안 하세요?" 그가 중저음의 굵직한 목소리로 말을 건네며 매력적인 미소를 지었다. "많이 더워요." 그는 검정 스피도를 입고 검정 천 수영모를 쓰고 수영모에 달린 흰색 끈을 턱 밑에 묶었다. 검정 수영모는 신덴 류에서 연장자를 의미했다. 흰색 수영모는 초보자용이다. 유도나 가라데 같은 무술에서 초보자가 흰 띠를 매는 것과 같다. 하지만 색깔 서열은 류마다 다르다고 했다. 나는 그에게 미소를 짓다가 찡그린다. 나도 당장 라커룸에 가서 무거운 면 원피스와 레깅스를 벗어 던지고 물에 뛰어들고만 싶었다. 하지만 곧 펼쳐질 장면을 놓치고 싶지 않았다.

수업이 시작되자 남녀 열다섯 명이 둥글게 모여 인사했다. 그리고 한 사람씩 수영장 가장자리로 가서 소리 없이 물속으로 들어갔다. 호수에 뜬 오리처럼. 이마무라는 몇 바퀴 돌고 나오더니 내게 스포츠 아나운서처럼 중계해주겠다고 자청했다. "우리가 왜 수영을 하냐고요?" 이마무라가 다시 매력적으로 미소를 지으며 말했다. "음, 실은 아주 단순해요." 그는 교수처럼 두 손끝을 첨탑 모양으로 맞대고는 가무잡잡한 가느다란 손가락으로 한 대목씩 짚어가며 이렇게 말했다.

생존을 위해: "일본은 물론 바다로 둘러싸여 있어요."
종교를 위해: "신도神道*의식에서 미소기(몸과 마음을 물로 정화하는 의식)는 신성한 의식입니다."
싸움을 위해: "사무라이는 봉건 영토를 지키기 위해 지방마다 독특한 수영 유파를 발전시켰어요."
대회를 위해: "다이빙이나 경주나 싱크로나이즈드 수영 등의 종목이 있어요."
몸과 마음의 힘을 기르기 위해: "일본 영법에서 최고 원칙은 마음과 물이 함께한다는 것입니다."

마지막 원칙은 미즈노 코코로水の心, 곧 '물과 같은 마음'이라는 뜻이다. 그는 말하면서 우리가 앉은 벤치 위에 손끝에 묻은

● 일본 고유의 민족 종교.

물로 일본 글자를 적었다. "이게 가장 중요한 원칙이에요. 수영하는 데는 많은 이유가 있지만, 나이가 들수록 선禪의 영역과 숙달의 영역과 철학을 이해하게 됩니다."

우리는 잠시 말을 끊고 이시비키가 수영하는 모습을 지켜보았다. 이시비키는 이 단체의 수장이라는 표시로 흰색 줄무늬 두 개가 그려진 검정 수영모를 쓰고 있었다. 모두가 수영장 옆에서 지켜보는 가운데 이시비키가 누키테 영법을 선보였다. 내가 일본 텔레비전 방송에서 보았던, 팔을 안으로 끌어당기는 영법이다. 다가오는 파도를 가르며 머리를 내밀어 바다로 향하기 위한 영법이다. 하나도 힘들지 않아 보이는 얼굴에 미소까지 지으면서 물속에서 편안하게 있는 이시비키의 모습을 바라보았다.

"이시비키상은 참 잘해요." 이마무라가 인정한다는 듯이 말했다. 그는 이시비키의 유연하고 우아한 동작에 관해 설명하면서 강력한 추진력을 강조했다. "기타지마라고 아세요?" 일본의 평영선수 기타지마 고스케北島 康介를 말하는 것이다. 아마 역사상 최고의 평영 선수일 것이다. 그는 2004년 아테네 올림픽과 2008년 베이징 올림픽에서 100미터와 200미터 남자 평영에서 금메달 두 개를 따고 2016년에 은퇴했다. "기타지마는 평영을 일본 영법처럼 했어요. 강하게 한 번 물을 헤치고 떠올라 오래오래 미끄러져 나가는 식으로요." 팔로 강하게 물을 젓는 동작이 핵심이다. 이 동작은 선수가 속도와 인내력을 얼마나 크게 지배하는지 보여준다.

이마무라가 이어서 말했다. "이런 동작으로 아주 빠르게 갈 수는 있지만 그게 중요하지 않습니다. 오늘날 일본 영법은 나이 든 사람을 위한 수영이에요. 젊은 사람이 원하는 경기나 우승을 위한 영법이 아니라는 것을 알 만한 사람이 하는 수영이죠. 우리는 연습하고 또 연습하고 또 연습해서 선의 경지에 이르도록 정진해요. 마음의 힘이 중요하죠."

이마무라도 이시비키처럼 수십 년간 일본 영법의 세계에서 높은 자리에 오른 인물이다. 그는 어릴 때 학교에서 일본 영법을 배웠다. 그가 일본 영법을 무술처럼 꾸준히 연마한 이유는 신체 동작과 연결되는 명상이 좋아서라고 했다. "태극권이랑 비슷해요. 물속에서 한다는 점만 다를 뿐. 적절한 비유죠. 정신을 집중하면서 마음의 평화를 찾는 겁니다."

수업은 세 조로 나뉘어 진행되었다. 그룹마다 삼각형의 대형을 이루고 출발했다. 머리는 들고 팔은 프런트 크롤로 번갈아 돌리고 다리는 프로그 킥을 했다. 각자가 자기 조 사람들을 온전히 인식하면서 전체가 조화롭게 이동하도록 섬세하게 조율한다. 체형에 따라 힘이 다 다르다고 이마무라는 말했다. 세 명이 한 조를 이루는 이유는 인식(자신과 타인의 몸에 대한 인식)과 통제력을 단련하기 위해서였다. "물을 거스를 수는 없습니다. 물과 함께 가야 해요." 네덜란드와 같은 여느 해안가 사회와 마찬가지로, 이곳에서도 물이 동지이지, 적이 아니라는 개념을 중시했다. 물에서 살아남는 법을 알면 물을 친구로 여길 수 있다.

수업이 끝나고 사범들이 내게 수영장 건너편에 있는 작은 맥주집에서 같이 맥주를 마시자고 했다. 이시비키와 이마무라와 나는 나무 테이블에 둘러앉았다. 보조개가 팬 30대 여자 사범 코주마 사키도 함께였다. 눈부신 젊음으로 수업에 참석한 사람 중 단연 돋보이던 여자였다. 또 안경을 쓰고 짧게 자른 백발을 단정하게 빗어넘긴 남자가 테이블 한쪽에 앉았다. 히노 아키노리라고, 일본 영법 전국 위원회 회장이다(일본 영법에 관한 뉴스 보도에서 본 적이 있는 사람이다). 일요일 오후지만 이시비키에게 내가 왔다는 소식을 듣고 재킷에 넥타이까지 갖춰 메고 나를 만나러 와줬다. 유명한 수영 사범이 모인 자리에서 나는 일본 영법이 오늘날까지도 사람을 끌어들이는 매력이 무엇이라고 생각하는지 물었다. 왜 일반 수영 강습이 아니라 수영 무술을 배우러 오는 건가? 무엇을 찾으려는 건가?

"정말 재밌거든요!" 이마무라가 말했다. 이시비키가 크게 웃었다.

"일본 영법은 자기를 발전시키는 방법이에요." 이시비키가 이렇게 말하고는 잠시 뒤 말을 이었다. "건강이든 생활습관이든. 혹은 정신 수양 방법이기도 해요. 모두에게 각자의 수준이 있고, 연습하면서 자기만의 목표를 정할 수 있어요. 최선의 목표는 뭘까요? 시간이나 속도도 목표로 삼을 수도 있지만 그것만은 아니에요. 팔 동작을 더 아름답게 다듬고 싶은 것도 목표가 될 수 있어요."

아키노리가 점잖게 고개를 끄덕였다. "일본 영법의 인내심, 이완, 느림이 제가 관심 있는 부분입니다." 맥주집 여주인이 맥주가 담긴 쟁반을 들고 오자 그가 잠시 말을 끊었다. 다 같이 한 차례 건배를 외치고 대화가 이어졌다.

코주마는 유치원에서 수영을 배웠다고 했다. 일본에서는 수영이 필수 교과목이다. 일본 영법은 대학에 다닐 때 시작했다고 했다. "선헤엄 치는 법, 물을 잡는 법 그리고 몸만이 아니라 마음을 단련하는 법을 생각하는 게 좋았어요." 코주마는 도쿄에 있는 대학 수영클럽에서 고등학생과 대학생에게 일본 영법을 가르친다.

"물은 사람들이 제게 문자를 보내거나 전화하거나 찾아오지 않는 마지막 공간이에요." 코주마가 웃으며 말했다. 그녀는 다음 세대를 길러내는 데 힘쓰면서 일본 영법에서 뜻밖의 장점을 발견했다.

토니 쿤디는 키 198센티미터에 몸무게는 90킬로그램이 넘는 거구다. 물속에서 일본 영법을 연마할 때는 턱까지 몸을 거의 다 감췄다. 그는 물속에서 세상을 다른 관점으로 본다고 했다. 최근에는 런던 하이드파크에서 백조와 함께 헤엄쳤다고 했다. "호수에 들어가 있을 때 물살을 가르거나 첨벙거리지 않으니까 잠자리가 옆에서 날아가고 뱃사공이 유유히 지나가더군요. 세상에 대한 이해는 수면 아래가 아니라 수면 위에서 일어나요." 그는 말을 끊고 잠시 생각에 잠겼다. "백조에게 한 번 공격당하긴 했지만요."

쿤디는 일본인 이외에 일본 영법을 가르치는 자격증을 받은 유일한 사람이다.[7] 현재 그는 도쿄에서 기업의 최고 광고 책임자로 일하지만 어릴 때 영국의 유명한 해군도시인 플리머스Plymouth에서 수영하면서 자랐다. 청년 시절에는 기량이 뛰어나고 속도가 빠른 선수로 올림픽에도 출전했다. 그러다 스물두 살이던 1995년에 합기도를 배우러 도쿄로 이주했다. 그리고 5년 뒤 일본 영법을 알게 되었다. "그리고 제가 수영에 관해 알던 지식이 다 무의미해졌어요."

쿤디는 수영장 물속에 서서 수영강사와 수영 무술의 전통에 관해 한참 대화를 나누었다고 했다. 강사는 그의 앞에서 팔짱을 끼고 서서 고개를 끄덕였다. 그런데 나중에 보니 수영장 바닥을 딛고 서 있는 게 아니었다. '타치 오요기'라는 일본식 선 헤엄을 치고 있었다. 상체가 흔들리지 않고 가만히 있어서 쿤디가 유심히 쳐다보지 않을 수 없었다고 했다.

어떤 강사는 수심 5미터인 수영장 바닥으로 내려가, 걸어서 수영장을 가로지른 다음 유유히 물 위로 올라왔다. 또 누군가는 선헤엄을 치면서 팔을 높이 들고 5킬로그램짜리 덤벨을 든 채로 한 시간 이상 그대로 있었다. 쿤디의 강사는 화살을 쏘아서 갖가지 표적을 명중시켰다. 쿤디는 문득 수영은 속도나 거리가 중요한 게 아니라 세상에서 만나는 어떤 물의 조건에도 대처할 만큼 기술을 갖추는 일이 중요하다는 것을 깨달았다. 그는 동작과 힘을 새로운 방식으로 개발하는 법을 익혔다. 팔을 훨씬 적게 쓰고 엉덩이와 다리로 수영하는 방식이다. 하나의 계시였다.

"제 수영은 늘 이런 식이었어요. '머리를 숙이자' '힘껏 요동치면서 앞으로 나가자' '아래, 위, 아래, 위' '몇 바퀴를 돌 수 있지?' 그 외 다른 건 생각한 적 없었죠. 이제는 머리를 항상 위로 들고 코로 숨을 쉬어요. 물살을 다 보고 주변 상황을 잘 알아요." 속도는 일본 영법의 한 요소이지, 궁극의 목적은 아니다. 쿤디는 일본 영법을 주변 환경을 보다 섬세하게 체험하기 위한 방법으로 받아들인다.

쿤디는 일본에서 매년 열리는 전국대회를 비롯해 각종 일본 영법 대회에 출전했다. 전국대회에서는 단 두 종목만 속도를 겨루고, 그중 한 종목에서는 요코하마 수영선수가 1898년에 외국 선수와 겨룰 때 사용하던 영법으로 겨룬다. 그밖에 시험과 대회는 일정한 거리를 두고 시간을 겨루는 종목, 무게를 지탱하는 종목, 깃발을 흔들고 갑옷을 입고 수영하는 종목 등으로 다양하다.

나는 쿤디에게 농담조로 전투에 나갈 준비가 되었는지 물었다. "아하!" 그는 잠시 생각에 잠겼다. 그러더니 일본 영법의 몇 가지 원리는 네이비실의 전투와 선혜엄 기법과 유사하다고 말했다(물론 네이비실은 스포츠 심리학자 짐 바우만이 말하는 우수한 정신력과 같은 여러 가지 개념을 구현한다). 하지만 일본 영법의 모든 육체적 도전과 운동 정신에서 생각과 섬세함의 수준(도자기 그릇에 유약을 바르는 작업에 적용하는 수준의 섬세함)이야말로 그를 계속 수영하게 만드는 측면이라고 했다.

사무라이 수영의 이상은 오늘날에도 분명 철학적 울림을 준다. 철학자 데이먼 영Damon Young은 《운동에 관해 생각하는 법 How to Think About Exercise》에서 운동이란 (단지 '몸'이라는 기계만이 아니라) 한 사람의 인간성 전체를 생각하는 방법이라는 고대의 운동 개념을 부활시켰다. 영은 이원론(운동광 대 공부벌레, 스포츠맨 대 독서가)으로 생각하는 경향이 몸과 마음을 단련하는 측면에서 볼 때는 그릇된 이분법이라고 말한다.

영은 수영의 장점이 몸을 단련하는 것만이 아니라 지적으로도 향상하는 데 있다고 강조한다. 오늘날 이상적 수영인은 운동을 준비 과정으로 간주하는 것이 아니라 온전한 경험으로 집중한다. 게다가 열심히 운동한 몸에서 느끼는 자부심도 중요하다. 영은 언젠가 인터뷰에서 이렇게 말했다. "자아 감각이 충만할수록 자아에 대한 책임감도 커진다."[8]

세월이 흐르면서 수영은 단순한 기술과 생존(군사 기술)에서 좀 더 실체적인 의미로 바뀌었다. 말하자면 오락, 즐거움, 정신 건강을 주기도 하고 신체 건강을 단련하는 방법이 되기도 한다. 수영이 건강과 정서적 울림과 전반적인 인간성을 위한다는 개념에 나도 동의한다. 육체는 정신과 얽혀 있다.

일본에서 아츠히로 사와이厚博 澤井는 기氣, 곧 삶의 에너지를 기르는 마음과 몸의 통합 원리에 관해 책을 쓴 베스트셀러 작가다. 그는 이 책에서 일본 영법의 사범이 되기 위해 수련한 경험을 소개했다. 그가 가장 인상 깊게 본 영법 '슈소쿠 가라미'은 양손과 양발을 묶은 채 수영하는 방법이다. 오늘날 적의 수용소에서 탈출해 성을 둘러싼 해자垓字●를 헤엄쳐 건너야 할 사람은 많지 않지만 수업은 있다. 아츠히로는 이렇게 적었다. "나는 손발을 묶은 채로, 헤엄치는 개구리와 물결치듯 움직이는 장어를 혼합한 듯한 동작으로 수영장을 가로지르는 남자를 보고 놀랐다. 그는 앞으로도, 뒤로도, 머리부터도, 발부터도 수영

● 성 주위에 둘러 판 못.

할 수 있었다. 그리고 우리 수업의 사범은 놀라운 말을 해줬다. '팔과 다리로 수영한다고 생각하지만 틀렸습니다. 팔다리가 없어도 수영할 수 있습니다. 물고기를 보세요. 진정한 수영은 몸 전체를 쓰는 겁니다."[9]

내 마음속에서 연어가 다시 수면으로 올라온다. 연어는 적응력과 끈기와 정력의 우아한 본보기다. 우리는 물고기가 아니지만 끊임없이 물고기에게서 영감을 얻는다. 물고기가 수영할 때는 우리의 전체를 써야 한다고 일깨워준다. 딱딱한 수영대회에서 벗어나 전인주의적 자기 함양의 방법으로서 수영에 몰두하라고 알려준다. 몸에만 머무르던 관심이 몸과 마음이 함께하는 것으로 이동한다. 개울이 강으로 흐르고, 강이 바다로 흐르는 것을 생각해보라.

이렇게 한 방향으로 흐르는 물을 보며 내가 왜 수영하는지 깨닫는다.

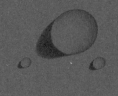

5

몰입

FLOW

≈≈≈

물은 H₂O, 수소 분자 하나와 산소 분자 하나로 구성되지만
물을 물로 만드는 세 번째 요소가 있고 그게 무엇인지는
아무도 모른다.

– D. H. 로렌스D. H. Lawrence, 〈세 번째 것The Third Thing〉

소설 《모비딕》의 도입부에서 이슈메일은 이렇게 말한다. "그래, 다들 알다시피, 명상과 물은 영원히 결합되어 있다."

이슈메일은 소설의 도입부에서 안식일 오후에 맨해튼 해변으로 모여들어 꿈꾸듯 바다를 바라보는 사람들에게 독자의 관심을 돌린다. 그렇게 멀리까지 나와서 바다를 바라보는 사람들을 보라. 그들은 이슈메일이 앞서 한 말을 입증해준다. 이슈메일은 또한 고대 페르시아인이 바다를 신성시했고, 그리스인이 강력한 바다의 신을 섬겼다고 말한다. 첫 항해는 신비한 떨림과 함께한다. 그런데 물의 마법이란 정확히 무엇이고, 물은 우리에게 무엇을 해주는가? 불가사의하다.

호수나 강이나 바다를 바라보고 있으면, 물이 우리를 홀리는 것을 느낄 수 있다. 깊은 물은 우리의 의식을 끌어올려서 그냥 바라만 보지 말고 어서 들어와 헤엄치라고 유혹하는 듯하다.

물속에 뛰어들면 기이한 경계의 공간에 머문다. 물에서는 매달려 있으면서 움직인다. 떠 있으면서 가라앉을 위험에 처한다. 조류潮流와 싸우지 않고 조류에 몸을 맡기면, 순간 동적이면서도 역설적으로 정적인 상태인 '몰입flow'에 이른다.

몰입은 헝가리의 심리학자 미하이 칙센트미하이Mihaly Csikszentmihalyi가 소개한 획기적 개념으로, '어떤 활동에 완전히 빠져들어서 다른 것은 아무것도 중요해보이지 않는 상태'[1]라는 뜻이다. 수영하거나 연주할 때와 같은 경험이 완벽히 즐거워서, 큰 대가를 치르고서라도 그 활동에 몰두하려는 것이다. 차디찬 물, 새벽 운동, 어깨 부상, 비키니에 쏟아부은 돈이 떠오른다.

칙센트미하이는 30여 년 전에 처음으로 '몰입'이라는 용어로 자아가 사라지는 것 같으면서도 시간의 경과를 오롯이 인식하는, 완전한 몰입 상태를 기술했다. "모든 행위와 운동과 생각은 필연적으로 이전 행위와 운동과 생각에서 이어진다. 마치 재즈를 연주하듯이." 이렇게 애쓰지 않고 깊이 빠져들어 집중하면 즐겁다. 나는 물에서 이렇게 황홀한 마음 상태를 추구하는 것이 두 배로 매력적이라고 생각한다. 한 번에 두 가지 몰입을 경험하기 때문이다.

칙센트미하이가 몰입의 개념을 정의한 때부터 150년을 거슬러 올라간 1810년에 시인 바이런 경Lord Byron은 오늘날 터키 북부의 다르다넬스Dardanelles해협인, 6.4킬로미터 길이의 위험한 헬레스폰트Hellespont 해협에서 수영했다. 에게해에서 마르마라Marmara해로, 유럽에서 아시아까지 헤엄쳤다. 그러면서 수 세기에 걸쳐 내려온 바다에 대한 환상으로 뛰어들었다. 요즘도 수영인들은 상징적인 그 바다를 헤엄쳐 건너고 싶어 한다. 하지만 내게 가장 흥미로운 지점은 헬레스폰트 해협에서의 수영이 바이런의 창조성에 물꼬를 틔웠다는 점이다.

바이런은 수영에 집착했다.[2] 그는 다리 장애로 인해 많이 절뚝거렸다. 그런 그에게 물에 들어가 있을 때만큼 자유로운 적이 없었다. "나는 바다에서 즐거움을 느끼고, 다른 어디서도 느껴보지 못한 정신적 고양을 경험한다."[3] 그는 전생에 인어였을 거라고 자주 생각했다. 수영할 수 있는 곳이라면 어디든 찾아갔다. 템스강에서 이 다리에서 저 다리로 헤엄치거나, 리스본 타호Tajo강에서 헤엄치거나, 베네치아의 대운하를 따라 헤엄치기도 했다. 헬레스폰트 해협에서 수영할 때만해도 시를 발표한 적은 있지만 아직은 위대한 낭만주의 시인으로 자리매김하기 전이었다.

헬레스폰트 해협을 무사히 건너자 그의 뮤즈가 말하기 시작했다. 그는 "세스토스*에서 아비도스로 헤엄친 뒤 쓴 시"라고, 수영에 경의를 표하고 헤로와 레안드로스에 관한 그리스 신화

● 트라키아Thrácia의 옛 지명으로 발칸반도 동부에 있으며 그리스령과 터키령으로 나뉨.

에 바치는 풍자시를 발표했다. 아비도스의 청년 레안드로스는 세스토스의 탑에 사는 아프로디테의 사제 헤로를 사랑했다. 그는 밤마다 헤로의 등불을 보면서 6.4킬로미터를 헤엄쳐 헤로를 만나러 갔다. 어느 날 밤, 등불이 꺼지고 레안드로스는 격랑에 휩쓸려 죽었다. 헤로는 연인을 따라 탑에서 몸을 던져 죽었다.

바이런은 그 위험한 바다에서 수영한 뒤, 신화 속 연인과 자신이 맞이한 각자의 운명에 대해 무심히 노래했다.

누가 최선의 결과를 얻었다고 말하기 어렵다
슬픈 인간이여! 신들은 여전히 우리를 괴롭힌다!
그는 노고를 잃었고, 나는 익살을 잃었다.
그는 물에 빠져 죽었고, 나는 학질을 얻었으므로.

실제로 바이런은 해협을 건넌 뒤 고열과 오한에 시달렸다. 하지만 시의 의기양양한 어조로 보아 바다에서 수영한 뒤 우울증에서 빠져나오고, 창조성의 보고가 열리고, 최선의 자아를 접했던 듯하다. 실제로 헬레스폰트 해협에서의 수영은 바이런에게 전환점이 되었다. 1819년에 대작 장편 시 〈돈 주안Don Juan〉

의 처음 두 편을 쓰면서 헬레스폰트 해협을 건넌 경험을 자랑스럽게 언급한다. 친구들에게 보내는 상상력이 풍부한 편지에서도 헤로와 레안드로스의 신화를 여러 번 언급하면서 헬레스폰트 해협에서의 수영에 관해서도 이야기한다. 바이런은 오스만제국에 대한 그리스의 독립전쟁에 참전해 그리스의 국민 영웅이 되었다.

이후 남달리 열정적인 탐험가와 수영인과 예술가에게 '바이런스러운Byronic'이라는 수식이 붙었다. 바이런은 문화사가 자크 바전Jacques Barzun이 "집념 그리고 고매한 정신, 재치, 대낮 같은 분별력, 진실을 향한 열정, 한마디로 지적 활력의 분출"이라고 표현하는 이상을 대표하는 인물이 되었다.[4] 헬레스폰트 해협의 수영은 바이런의 상상력을 풀어놓은 중요한 사건이다. 그 사건을 계기로 그의 언어와 세계는 우리에게 전해질만큼 강력하고 생생한 전기electricity potent를 생성했다.

15

종교의식

수영의 몰두하는 직접성(현재에 머무는 상태)으로 인해, 나는 수영할 때 내 아이들의 마음 상태가 된다. 항상 현재에 존재하는 마음 상태가 되는 것이다. 지나간 모든 순간이 곧바로 새로운 순간으로 대체된다. 지금, 지금, 지금이 끊임없이 이어져 지나간 일과 앞으로 일어날 일을 오래 생각할 여유가 없다. 사실 지금을 사는 것은 늘 분주히 돌아가는 나의 뇌가 어려워하는 상태다. 그래도 그런 상태를 갈망한다. 수영은 실존적 불안의 해독제다.

박물학자 로저 디킨Roger Deakin은 영국의 강에서 헤엄친 기록을 담은《워터로그Waterlog》라는 유명한 책에서 "수영이란 사람을 변화시키고 '이상한 나라의 앨리스'로 만드는 활동, 자아와 시간에 대한 인식에 강력한 영향을 미치는 활동"이라고 설명한다. "물에 들어가면 일종의 변태變態가 일어난다. 육지를 뒤로하고 거울 같은 수면을 가르며 새로운 세계로 들어간다. (…) 수영할 때는 그 어떤 상황과도 전혀 다른 방식으로 세상을 보고 경험한다. 더불어 현재에 대한 감각이 강렬해진다."

운동선수는 흔히 '무아지경zone에 빠진 상태', 곧 몸이 자동으로 움직이는 것 같은 상태를 안다. 연구자들은 무아지경이란 마음에서 시간을 변형하여 지금 여기에 집중하는 상태라고 설명한다. 당장 활동에 몰두하면서 외부 자극을 읽고 반응하는 데 집중하느라 시간이 느리게 흐르는 것처럼 느껴져서, 현재의 순간이 확장한다.

1980년대에 스포츠 심리학이라는 학문 분야를 정립한 심리학자 로버트 니더퍼Robert Nideffer는 '무아지경zone'과 '몰입flow'을 유사하지만 명확히 구분할 수 있는 두 가지 마음 상태로 정의했다.[1] 무아지경은 신체 수행에서 최적인 상태를 말하고, 몰입은 정신 수행에서 최적인 상태를 의미한다. 무아지경에 빠진 사람은 시간이 느려지는 것처럼 느낀다. 반면에 몰입 상태에서는 시간에 대한 인식을 잃어서 시간이 날아가는 것처럼 느낀다.

운동선수는 물론 신체 동작에 집중하느라 여념이 없다. 경기에서는 무조건 빨라야 하므로 마음이 주어진 목표를 벗어나 배회하지 못한다. 바로 러데키와 펠프스가 잘하던, 네이비실

방식의 집중력이다. 정식 선수도 아니고 일개 수영인인 나조차도 대회에 나갈 때는 집중력이 강해져, 시야가 좁아지는 터널시tunnel vision가 생긴다. 신경심리학자 데이비드 이글먼David Eagleman은 이처럼 시간이 느리게 흐르는 것처럼 인식하는 이유는 아드레날린 수준이 높고 스트레스가 심한 사건일수록 기억이 더 풍성해지기 때문이라고 설명한다.[2] 경쟁 상황이든 생사가 갈리는 상황이든 마찬가지다(어쨌든 경주는 생존 본능을 경쟁으로 승화시킨 것이다). 돌아보면 이런 사건을 더 세세하게 기억한다. 그래서 시간이 확장되고 느려진 것처럼 느낀다.

하지만 경쟁 상황이나 위험한 물에 들어간 상황 이외에, 자동적으로 움직이도록 신체를 단련하면 관심이 다른 데로 옮겨갈 수 있다. 경쟁 자체는 몰입과 상충하지만 훈련 과정에서는 가능하다. 훈련으로 능숙한 수준에 도달해서 몸이 편안하고 즐거워지면 마음이 자유로이 미지의 영역을 탐색할 수 있다. 거울 같은 수면을 뚫고 들어가면 존재의 다른 형태를 발견할 수 있다. 이처럼 집중력이 강해지는 상태(시간이 느려지거나 빨라지고, 시간이 더 이상 중요하지 않거나 생각보다 덜 중요하다고 인식하는 상태)가 바로 내가 추구하는 몰입 상태다.

인간이 물고기처럼 헤엄칠 수는 없다. 당신도 나도 그 사실을 안다. 우리는 날마다 물속에서 살면서 주위에 물이 있다고 의식할 필요가 없다. 그래도 물고기가 어떤지 엿볼 수는 있다.

순간적으로 물의 존재를 망각할 수 있다. 망각하고 떠다닐 수 있다. 몽상에 빠지는 것이 문제 해결과 창조성에 중요하다고 한다. 과학자들은 마음이 외부 상황에 집중하지 않고 배회할 때 뇌의 '디폴트 모드 네트워크default mode network'가 활성화한다고 말한다. 이는 새롭고 예상치 못한 연결을 가능하게 해주는 뇌의 기능이다. 그래서 샤워하다가 퍼뜩 최고의 아이디어가 떠오른다. 해양생물학자이자 작가인 월리스 니컬스Wallace Nichols는 '블루 마인드blue mind'●라는 개념을 전파한 인물이다. 블루 마인드는 두서없이 떠오르는 생각이 새로운 발견으로 이어지는 과정이 물로써 가능함을 강조하는 개념이다. "물에 둘러싸여 있으면 감각이 풍성해지는 물의 환경에 은근히 매료되어 집중력이 흩어지고 디폴트 모드 네트워크가 작동하기 시작한다."[3] "아르키메데스가 목욕하다가 형태가 불규칙한 물체의 부피를 구하는 법을 추론한 것은 우연이 아니다. 유레카!"

린 콕스는 수영에 인간을 변형시키는 힘이 있다는 점에서 수영이 마약과도 같다고 말했다. 가끔 우리는 어느 한 가지에 고도로 몰입하면서 주위의 무관한 부분에는 관심을 꺼버릴 수 있다. 또 어떤 때는 집중력이 흐트러져서 하나의 생각이 중단 없이 다른 생각으로 넘어가기도 한다. 콕스는 이런 농담을 던

● 강이나 바다 같은 물을 가까이할 때 느끼는 평온한 마음.

졌다. "바다로 수영하러 가면 되는데 환각제가 왜 필요해요?"

신경학자이자 작가인 올리버 색스는 그의 아버지(거대한 고래 같은 몸으로 아흔네 살까지 날마다 우아하게 수영했다[4])부터 어린아이 까지 누구나 경험할 수 있는 초월 상태를 설명했다. 색스는 수영하면서 머릿속으로는 책을 구상했다. 콕스는 색스와 친해져 같은 시기에 뉴욕이나 캘리포니아에 머무를 때는 함께 수영하러 갔다. 처음 같이 수영한 곳은, 맨해튼 수영장의 한 레인이었다. 그날 색스는 수영장에서 나와서 아직 물에 젖은 채로 방수 태블릿에 메모를 남겼다.

그런 색스를 보고 콕스는 자기도 수영할 때 브레인스토밍이 가장 잘 된다고 말했다. 그들은 수영이 사색에 잠기고 이런저런 아이디어를 떠올리고 머릿속으로 글을 쓰기에 이상적인 활동이라는 데 동의했다.

콕스는 수영할 때 머릿속으로 무슨 생각을 할까? "꿈꾸는 상태와 깨어 있는 상태의 중간쯤이에요." '바다 몽상sea-dreaming'이라고 부를 수 있다. 수영의 리듬이 몸을 평온하게 만들어주고 (숙련되면 저절로 몸이 움직이는 것처럼 보인다), 그 사이 뇌는 어디든 원하는 곳으로 갈 수 있다.

콕스가 이어서 이렇게 말했다. "부두에서 누군가가 마시는 커피 향까지 맡을 수 있어요. 잔물결이 일고 바로 옆에서 펠리컨이 미끄러져 가는 모습도 알아채죠. 내 몸 바로 아래서 파도를 일으키듯 헤엄쳐 가는 은빛 멸치 떼를 보면 심장이 멎을 것만 같아요." 고요하게 으르렁거리는 대양에서 무엇을 무시하고 무엇에 집중할지 선택할 수 있다. 인지과학자들은 물소리(규칙적으로 응응거리는 대양의 소리, 폭포수 소리)가 사람의 뇌를 평온하게 만든다는 사실을 입증했다.[5] 심박수와 혈압이 떨어지고 알파파(휴식과 세로토닌 상승과 관련이 있는 뇌파) 활동이 증가할 뿐 아니라 창조적 사고도 증가한다. 언젠가 스포티파이Spotify*를 둘러보다가 백색 소음인 물소리가 최고 히트 음악 리스트에 오른 것을 보았다. 〈굽이치는 대양의 파도 소리〉 같은 트랙이 1천 5백만 회나 스트리밍되었다.

소로우는 초월주의의 고전 《월든》에서 숲에서 거닐면 몸과 마음에 좋다고 했다. 하지만 1845년부터 1847년까지 월든 호수의 오두막에서 지낸 2년 2개월 이틀간, 그는 매일 이른 아침에 수영했다. 그는 아침 수영을 "종교의식이자 내가 한 최고의 활동 중 하나"라고 적었다. 그는 수영하면서 매번 몸과 마음에 자극을 받았다. 매일 아침 일찍 일어나 수영하는 일과는 뉴잉글랜드의 숲에서 느긋하게 살겠다는 소망을 구현하는 방법이었다.

찰스 다윈, 알베르트 아인슈타인, 아모스 트버스키Amos Tver-sky, 대니얼 카너먼Daniel Kahneman 등 위대한 사상가에게 걷기가

• 음악 스트리밍 서비스.

중요했다는 기록은 많다. 특히 카너먼은 함께 걸으면서 의사결정의 과학에 일대 혁신을 일으킨 학자로 유명하다. 하지만 수영이(걷기와 비슷하게 유용하고 도구라기보다는 매체이지만) 정신생활에 관심을 기울이고 생각의 흐름을 향상하는 데 어떤 역할을 하는지에 관한 언급은 훨씬 적다. 아인슈타인은 수영을 못했지만, 물에서 여행하는 것을 좋아했다.[6] 1922년부터 1923년까지의 기록이지만 최근에서야 출간된 그의 여행일지에는 이렇게 적혀 있다. "항해는 얼마나 생각하고 일하기에 좋은가! 편지도 없고, 손님도 없고, 회의도 없고, 그밖에 온갖 악마의 발명품이 없는 천국에 머무는 것과 같지 않은가!"

신체적 행위도 환경만큼 중요하다. "우리가 몸을 어떻게 움직이는지에 따라 생각의 성격이 달라지고, 그 반대도 마찬가지다." 과학 저널리스트 페리스 자브르Ferris Jabr가 에세이 〈걷기가 생각에 도움이 되는 이유Why Walking Helps Us Think〉에서 쓴 말이다. 이어서 수영의 속도는 특유의 유동적인 연속성 때문에 특정 사고를 부추긴다는 내용도 나온다. 땅에서 운동할 때처럼 물속에서 수영할 때도 몸의 화학 작용에 변화가 일어난다. 심장박동이 빨라지고 혈액순환이 잘되고 근육과 뇌에 더 많은 혈액과 산소가 흐른다.

자브르는 버지니아 울프의 작품에서 생각에 잠긴 채 거니는 인물 클래리사 댈러웨이를 보고 "주변의 도시 풍경을 단순히 지각하는 것이 아니라, 과거와 현재를 넘나든다"라고 표현했다. 울프 자신은 일기에서 런던을 거닐면서 얻은 활력에 관해 쓰면서 물을 의미하는 활기찬 표현으로 몰입의 경험을 서술한다. 가령 "가장 거대한 파도의 꼭대기에서, 세상의 한복판에서 헤엄치는 느낌"이라고 적었다.

자브르는 걷기와 창조성의 관계에 관한 스탠퍼드대학교의 연구를 자세히 소개하면서 걷기는 "허황된 생각의 바다에서 마음이 표류하게 만든다"고 적었다. 자브르든, 울프든, 다른 누구든, 그들이 고른 단어에 그들의 생각이 담겨 있다. 가령 "생각의 거품이 일어나고, 다시 폭삭 꺼지고, 생각의 조류에서 주름살처럼 일렁이는 물"이라는 식으로 표현했다. 걷기는 생각을 잘 통하게 하지만 수영은 생각이 흐르는 도관 그 자체다.

수영인으로 유유자적하게 산다는 것은 탐구자가 된다는 뜻이다. 이를테면 코르덴처럼 일렁이는 푸른 바다에서 파도를 쫓는 사람, 강을 따라 떠내려가는 사람이 된다는 뜻이다. 과학작가 플로렌스 윌리엄스Florence Williams는 "장소가 중요하다"라고 말했다. 이는 아리스토텔레스부터 워즈워스에 이르기까지 유구한 역사에서 시인과 철학자가 전하는 진실이다. 윌리엄스는 《자연이 마음을 살린다The Nature Fix》에 이렇게 적었다. "우리의 신경계는 환경의 설정값에 공명하도록 설계되었다. 오늘날 과학은 낭만주의자가 믿었던 진실을 증명한다." 바이런은 직관적으로 진실을 알았고, 상황이 허락할 때마다 이런 진실을 좇아 수영하러 다녔다. 우리는 바다와 호수와 강 근처에 머물고 싶어 한다. 허리케인 경보와 해수면 상승이란 위험에도 굳이 바닷가에 집을 짓는다. 바다 풍경이 우리에게 주는 것이 있어서다.

심장 수술을 받고 회복 중인 환자는 병상 옆에 자연의 풍경이 보이면 진통제를 덜 필요로 하는 것으로 나타났다. 물의 이미지가 빽빽한 숲의 이미지보다 수술한 뒤 나타나는 불안을 더 효과적으로 떨어뜨렸다. 인간에게는 자연이 어느 정도 필요하다. 윌리엄스는 "우리의 뇌가 특히 물을 좋아하므로 우리에게는 초록의 자연에서만이 아니라 도시에서도 푸른 공간을 필요로 한다"라고 적었다. 윌리엄스는 샌프란시스코만 구역(앨커트래즈섬으로 헤엄치는 사우스엔드조정클럽과 돌핀클럽의 모든 수영인!)의 특별한 바다 환경도 높이 평가하지만, 뉴질랜드 웰링턴의 공공 스노클 코스에 가장 큰 찬사를 보낸다(당장 항공권을 끊으시길).

콕스는 색스와 함께 수영하다가 그에게 배영 자세에 관해 조언을 해줘도 괜찮겠냐고 물었다. 색스는 기꺼이 콕스의 조언을 받아들였다. 수영을 한결 수월하게 할 수 있다면 수영 행위에 정신적 에너지가 덜 간다면 수영하면서 마음속으로 다른 문제를 심사숙고할 수 있기 때문이다.

색스는 2015년에 여든두 살에 암으로 세상을 떠났다. 그는 하루에 꼭 800미터(반 마일)라도 수영하면서 세상을 떠나기 전

마지막 순간까지 글을 썼다.

즐거움은 몰입에 이르기 위한 필수 요소다. 니더퍼와 칙센트
미하이 두 사람 모두 심리적 문제를 겪는 이유는 하고 싶지만
이루지 못할 무언가가 있기 때문이라고 말한다.

몰입을 연구하는 학자와 연구에 관해 조사할수록 결국 수영
의 장점을 명확히 드러내는 시인에게 돌아가게 된다. 수영은
창작과 발견에 도움이 될 뿐 아니라 기분도 바꿔준다. 다만 수
영을 시작할 때 수영의 감각적 쾌락에 빠지지 못하면 몰입에
이르지 못한다.

뉴햄프셔의 한 시골 농장은 2014년에 세상을 떠난, 퓰리처
상을 받은 시인 맥신 쿠민Maxine Kumin의 고향이다.[7] 그녀도 수
영인이었다. 쿠민에게는 래드클리프 칼리지 수영부의 여름 캠
프 강사이자 주장을 맡은 독특한 이력이 있다. 초기 시 〈청소년
인명 구조Junior Life Saving〉에서는 "무릎의 이등변"에서 "햇볕에
죽은 피부"에 이르기까지 여름 호숫가의 아이들이 보이는 자
유분방한 각도와 질감을 소환했다. 호수에는 그 나름의 지각이
있고 재치가 있고 박자가 있다. 호수는 "물고기에게 웃어주고
/ 다시 잔잔해지며 유리로 돌아간다." 아이들에게 수영은 마법
과도 같다. 쿠민은 아이들에게 호수의 위험을 알리고 싶지도
않고 마법이 풀리는 것을 보고 싶지도 않다. 그래도 위험을 알

린다. 그녀가 해야 할 일이므로. 그래서 아이들에게 자신을 지키면서도 마법이 풀리지 않게 하는 기술을 일러준다.

훗날 쿠민은 그녀가 만든 웅덩이에서 매일 혼자 수영하는 일상에 관해 글을 썼다. 웅덩이는 그녀와 남편이 1963년에 뉴햄프셔 소유지의 습지대를 파서 만든 연못을 말한다. 쿠민은 그 연못을 사랑해서 시간이 날 때마다 연못으로 가서 수영했다. 겨울에는 연못이 "사격 연습 때처럼 탕탕 소리를 내며 얼어붙는" 모습을 보았고, 봄에는 올챙이가 "몸을 부르르 떨며 젤리에서 빠져나와 / 세상에 태어나는" 모습을 보았다. 수달이 헤엄치는 광경을 장관이라고도 했다. 그리고 수영하면서 "두 손 가득 물을 잡아 / 끌어당기는" 모습을 노래의 리듬에 비유했다. 수영의 사운드트랙. 쿠민이 수십 년에 걸쳐 여러 시에서 반복해서 회귀하는 개념이다.

쿠민의 가장 유명하고 대표적인 시 〈아침 수영 Morning Swim〉은 시인 자신이 가장 좋아하는 시이기도 하다.

물고기가 내 밑에서 파닥거렸다. 재빠르고 단조롭게
물고기들이 그들의 푸른 지대에서 내 이름을 노래했다.

수영의 리듬 속에서
나는 4분의 2박자의 느린 찬송가를 흥얼거렸다.

쿠민은 이 시에서 아침 수영의 음악성을 노래한다. 물고기가 박자를 맞추고, 그녀도 박자에 맞춰 발차기를 한다. 호흡부터 거품까지 모든 것이 정확한 박자에 맞춰 조화를 이루는 데 묘미가 있다. 이렇게 육체와 환경의 동시성에 빠져드는 사이, 육체와 환경을 나누는 경계선은 존재하지 않는다. 수영은 우리 몸을 우리와 다른 몸, 곧 물의 일부로 만드는 행위다. 쿠민은 물에 들어가면 물이 그녀에게 들어온다고 표현한다. 완전한 합일을 의미한다.

나는 쿠민의 시를 읽으며 수영이 물에 굴복하지 않으면서 은근히 스며드는 행위라는 것을 깨달았다. 수영의 쾌락에 관한 쿠민의 시를 읽고는 수영하면서 나를 흡수하는 것에 대한 자각이 더 커졌다. 가령 암초가 도사리는 곳을 돌자 숨이 멎을 듯 수온이 급변하는 것과 같은 단순한 것에 대한 자각. '어떤 느낌이 들지?' 민물송어 수컷에 이어 암컷이 지나가는 모습을 바라보는 것처럼 단순한 것에 대한 자각. '쟤들은 어디로 가는 거지?' 바위에서 뛰어내려 "연둣빛의 / 거품 속으로" 나오려는 것처럼 단순한 것에 대한 자각. '나는 변형된 나로 다시 나오게 될까?'

이처럼 소박한 관찰의 순간에 얼어붙은 시간이 있다. 이 글을 쓰던 중에 나는 친구 둘과 서노마 카운티Sonoma County의 수풀이 우거진 휴양지의 러시아강으로 수영하러 갔다. 늦은 봄의 캘리포니아 북부는 건조하고 낮에는 햇볕이 뜨겁고 벌써부터 모기가 왱왱거리지만, 산들바람이 천막처럼 우거진 나무를 바스락거리며 선선한 저녁을 예고했다. 초록빛 강에 뛰어들자, 물은 차지만 환영하지 않는 느낌은 아니었다. 물이 얼굴을 거칠게 때리는 것이 아니라 엉덩이를 다정하게 토닥여주면서 상쾌하게 깨워주는 느낌이었다. 나는 자갈 깔린 굽이를 돌아 상류로 올라갔다. 문득 수영머신 속에서 수영하는 기분이었다. 규칙적으로 물살을 일으키며 몸을 제자리에 잡아주는 엔들리스 풀Endless Pool이라는 수영머신처럼. 수영하면서도 나뭇잎이 거센 물살에 실려 내 옆으로 스쳐가는 것을 알아챘다. 연신 팔을 젓고 고개를 아래로 숙인 채 자잘한 나뭇가지가 휙휙 지나가는 모습을 보았다. 수영을 멈추는 순간, 내 몸은 앞으로 가다 말고 일순간에 뒤로 흘러가고 강 상류의 굽이가 무서운 속도로 멀어졌다.

물속에서 내 동작의 경제성을 시험해보았다. 수영하면 제자리이고, 잠시라도 멈추면 뒤로, 하류로 떠내려갔다. 수영하면 머무르고 쉬면 떠내려갔다. 마침내 수영하던 동작을 멈추고 두 팔을 그냥 앞에 든 채로 잔물결이 이는 강바닥에서 위로 솟아올랐다. 물고기가 꼬리를 튕기며 물속으로 깊이 들어가고, 나는 강 위에 누워서 하늘을 보았다. 혼자이지만 외롭지 않았다. 이 강에서는 수영하는 것은 세상의 일부가 되는 일이므로.

16

액체 상태

수영할 때 우리는 무슨 생각을 할까? 땅에서 하는 운동과 달리 수영하려면 물에 들어가 특유의 고립 과정을 거쳐야 한다. 다만, 수영할 때 느끼는 고립감은 귀한 축복이다. 특히나 한시도 쉴 새 없이 연결된 현대 사회에서 물은 잠시나마 사라지기 위한 수단이다. 수영장은 현대인의 탈출구가 될 수 있다.

때로 수영은 끝없이 돌아가는 일상의 시스템에서 탈출하기 위한 웜홀*이다. 나는 호수에 뛰어들어 최대한 멀리까지 헤엄친다. 실제로든 비유적으로든, 멀리까지 헤엄치면 멀리 온 것을 스스로 알아챈다. 그러면 다시 돌아가고 싶다는 생각이 든다.

●   블랙홀과 화이트홀을 연결하는 우주 시공간의 통로.

수영은 임계점을 넘나드는 운동이다. 얼마나 감당할 수 있을지, 얼마나 멀리 가야 하는지, 무서워지기 전에 어디까지 갈 수 있는지, 어느 지점에서 다시 육지로 돌아가고 싶은지. 중요해 보이는 문제를 한참 고민하지만 수영을 마칠 즈음이면 모든 고민이 물에 씻겨 사라진다. 물에서 나올 때는 적어도 48퍼센트는 기분이 좋아지고 정신이 맑아진다.

가을 아침, 차가운 금속 같은 하늘에서 찬비가 흩뿌리며 수영장 수면에 툭툭 떨어진다. 배영으로 유유히 헤엄치며 지금 여기의 따뜻한 물을 느낀다. 까마귀 한 마리가 내 시야를 가로지른다. '얼마나 많은 새가 날마다 이 수영장에 똥을 쌀까?' 수영할 때 하는 가장 심오한 생각은 아니지만 자주 하는 생각이다. 새들은 늘 하늘을 난다. 새들은 자주 똥을 싼다. 집 앞 진입로나 차나 학교 주차장에서 증거를 볼 수 있다. '새들이 물 위로 날아갈 때는 어떻지? 물속에 있는 내 몸 위로 날 때는? 언제, 얼마나 자주 그럴까?' 이런 생각이 이어지는 사이 수영장 가장자리에 이르러 정신이 든다. 그리고 새들의 똥이 가장자리의 홈통으로 흘러가기를 바란다. 즐거운 마음으로 한참 새똥에 관해 생각한다. 이렇게 꼬리에 꼬리를 무는 생각이 주는 즐거움은 색다른 호기심에서 나온다. 예상치 못한 생각에서 생각을 전환하고, 오로지 생각하기 위해 생각한다. 어떤 날에는 노래를 부르거나, 할 일을 정리하거나, 아침으로 뭘 먹을지 생각한다. 꼭 심오한 생각을 해야만 머리 속이 맑아지는 것은 아니다.

동이 트자마자 서핑을 하러 바다에 가지 않는 날에는 오전 여덟 시 반이면 거의 언제나 동네 수영장으로 뛰어든다. 땅에 서리가 낀 날에도 수영장 물은 따뜻하다. 안전요원이 호루라기를 불면서 날 끌어내는 것만 아니라면 거기 누가 있는 줄도 모른다. 축복받은 60분의 시간과 3킬로미터 거리 안에 관객은 나 혼자다. 수영장에서는 물안경이 뿌옇게 되고부터는 앞이 잘 보이지 않는다. 침을 뱉어 닦아보기도 하고 갖가지 흐림 방지 방법을 다 써봤지만, 무엇으로도 물안경에 수증기가 뿌옇게 서려서 백내장처럼 시야를 가리는 현상을 막지는 못한다. 그래도 괜찮다. 소리? 출렁이는 물소리가 다른 모든 소리를 잠식한다. 맛과 냄새는 거의 소금 맛과 염소 냄새다. 예전 수영장에서는 아래층 카페에서 햄버거 굽는 냄새도 올라왔다. 요새는 옆 건물 고등학교 학생식당에서 에그 앤 해시브라운 냄새가 넘어온다. 지난 몇 년 사이의 온갖 기술의 진보에도, 수영하면서 이어폰이나 골전도 헤드폰을 착용한 사람은 보지 못했다. 이런 장치가 수영에는 통하지 않는다.

물속에 들어가면 내면이 고요해진다. 때로는 소중한 공백을 얻기 위해 수영한다. 몇 바퀴를 돌았는지 세어보다가 명상에 들어가고, 레인을 가로지르는 햇살의 오묘한 빛을 관찰한다. 한 가지 생각이 다른 생각으로 이어지다가 어느 순간 아무 생각이 없어진다. 짧은 막간에 생각의 무게에서 완전히 해방된다. 마이클 펠프스는 어릴 때 주의력결핍 과잉행동장애ADHD 진단을 받았다. 어린 펠프스에게 수영장은 안전한 피난처였다. 수영장에 있으면 마음이 느려지기 때문이다. 은퇴하고 경쟁 스트레스에서 멀어진 최근에, 그에게 수영장은 안식처이자 새로운 정신건강센터다.

존 치버John Cheever가 1964년에 발표한 단편《수영하는 사람 The Swimmer》에서 네디 메릴이란 인물은 교외 주택가의 뒤뜰 수영장을 돌아다니며 수영하면서 집으로 간다. 집으로 가는 길에 물가의 온갖 파티와 떠들썩한 만남을 거친다. "어느 집에서는 잠시 바 옆에 서서 그의 항해를 지연시킬 대화에 끌려들어가지 않으려고 신중을 기했다. 사람들이 몰려들 것 같으면 물에 뛰어들어 수영했다." 물은 온갖 사회적 압박에서 간단히 빠져나가게 해주는 거품이다.

제이 코치는 장거리 수영을 하다보면 여느 스포츠와는 다르게 마음이 평온해지고 차분해지고 정돈된다고 내게 말했다. "어떤 일로 화가 난 채로 수영장을 나서기는 쉽지 않아요. 수영은 그런 상태와 어울리지 않거든요." 나날이 늘어가는 벨소리와 알림음으로 히스테리에 시달리는 세상에서 물에 떠 있는 순간의 매력이 점점 더 커진다.

"레인을 오가거나 제프Jeff 호수를 돌면서 수영할 때 머릿속에서 온갖 이론과 이야기가 구성된다." 내가 가장 좋아하는 올리버 색스의 에세이 〈물의 아이들Water Babies〉에 나오는 말이다. 수영장 레인을 500번 돌아도 지루하거나 단조롭지 않다. "그보다 수영이 주는 기쁨과 행복감이 극도로 커져서 때로는 황홀경까지 맛보았다." 몸은 온전히 신체 동작에 몰입하지만 마음은 어디에도 얽매이지 않고 떠다닌다. 나아가 색스는 "수영에는 온갖 상징성이 있다. 상상력의 울림, 신화적 잠재력이 있다"라고 말한다. 바이런의 메아리다.

최근에 평일 오전에 수영장에서 내 옆에서 수영하는 여덟 살 소년과 소년의 십대 누나를 보았다. 소년은 땅에서는 입술이 퍼렇게 변했고, 무릎을 후들거리며 서 있었다. 그런데 물속에 들어가자 당당해졌고 집중하였으며 물개처럼 유연하게 헤엄쳤다. 한동안 자유롭게 부유하는 소년만 존재했다.

수영인은 선 수행자가 되기 쉽다고 말하려는 게 아니다. 빌 클린턴은 언젠가 〈PBS〉와의 인터뷰에서 매일 오후에 힐러리와 수영한다고 말했다.[1] "수영하는 동안 누가 정치 문제를 꺼내려 한다면 상대의 입을 막는다"라고 했다.

올림픽에 다섯 번이나 출전하면서 무수한 훈련 시간을 쌓은 대러 토레스와 통화하면서 수영할 때 무슨 생각을 하느냐고 물었다. "저는 항상 한 번에 다섯 가지 일을 해요." 운전하면서 통화하던 토레스가 답했다. "그래서 물속에 들어가면 뭘 해야 할지를 하나하나 떠올려요. 그런데 가끔 이상한 상태가 되기도 해요. 아무 생각도 할 수 없는 상태요." 토레스는 중요한 건 '시간이 우리 것이라는 점'이라고 말했다. "무엇에든 시간을 쓸 수 있어요. 생각이 어디에 가 있는지가 관건이죠. 그리고 그 생각은 내가 어디에 있는지를 말해주고요."

내가 어디에 있는지 말해주는 것. 사실상 나에게 맞게, 나에게만 맞는 상태로 만들어준다. 그리고 이런 경험은 누구에게나 공평하다. 수영을 잘해야만 물이 주는 기분 좋은 감각적 고독과 마음의 평정을 누릴 수 있는 것은 아니다.

문학, 미술, 영화에서
우리의 상상력이 헤엄치던 유명한 물

이오니아해의 깊은 바다: 분노한 포세이돈이 오디세우스를 빠트린 바다. 오디세우스는 결국 아테나 여신의 안내로 지금의 코르푸Képκυ ρα섬으로 추정되는 셰리아 강둑에 무사히 상륙한다(호메로스, 《오디세이》, 기원전 8세기).

아프리카 대서양 해안: 이 지역 물의 정령과 유럽의 성상聖像이 결합하여 마미 와타Mami Wata, 곧 '물의 어머니'라는 신이 만들어졌다. 아프리카 유민과 함께 바다를 건너 아이티, 브라질, 도미니카 공화국 등지로 간, 꼬리 두 개 달린 반인반어의 신이다(15세기 후반).

티베르강: 카시우스와 카이사르가 수영 시합을 벌이던 강. 카시우스가 힘 빠진 카이사르를 구해주었고, 훗날 그는 이 사건을 카이사르보다 우월하다는 증거로 삼았다(윌리엄 셰익스피어, 〈율리우스 카이사르〉, 1599).

멕시코만 루이지애나 해변: 에드나 퐁텔리에가 수영을 배우고 몸을 던진 바다. 에드나는 그녀를 암울하게 옭아매던 사회적 기대를 떨쳐내고 자유로워진다(케이트 쇼팽Kate Chopin, 《각성 The Awakening》, 1899).

멕시코 만류 유람: 늙은 어부 산티아고가 지칠 줄 모르고 헤엄쳐 가는 거대한 청새치에게 이끌려가는 사흘의 여정이 펼쳐진 쿠바 앞바다(어니스트 헤밍웨이, 《노인과 바다》, 1952).

양쯔강을 건너서: 마오쩌둥이 실제로 헤엄쳐 건넜다는 강. 이 일화는 마오쩌둥이 직접 썼다는 시에서 공산주의 선전으로 나오는, 사실과 허구가 뒤섞인 이야기다. (마오쩌둥, 〈수조가두 유영水調歌頭 游泳〉, 1956).

캘리포니아의 어느 집 뒤뜰 수영장: 로빈슨 부인이 나타나기 전에는 앞으로 무슨 일이 벌어질지 고민하지 않고 목적 없이 살아가는 한 청년의 빈 캔버스 같은 삶을 은유한다(마이크 니콜스Mike Nichols, 〈졸업The Graduate〉, 1967).

프랑스 남부의 수영장: 화가 호크니와 동성 연인의 관계를 풀어가는 무대가 되는 수영장. 더없이 행복하던 동성 연인과의 가정생활을 그린 호크니의 대표적인 수영장 장면과 나란히 놓고 보면 의미가 훨씬 더 선명해진다(데이비드 호크니, 예술가의 초상Portrait of an Artist: 수영장의 두 인물Pool with Two Figures, 1972).

폭풍우가 몰아치는 마이애미 해변: '리틀'이라고 불리는 소년이 마약 상 후안에게 번쩍 들려 떠 있는 바다. 후안은 소년에게 수영을 가르친다. 감동적이고 계시적인 변형의 순간을 상징하는 장면이다(배리 젱킨스Barry Jenkins, 〈문라이트Moonlight〉, 2016).

사람들은 종종 내게 자신의 수영 습관을 들려준다. 낯선 도시를 방문하거나 이사할 때 수영장과 바다부터 확인한다는 사람이 있다. 새로운 지역을 알아가는 근사한 방법이다. 낯선 지역의 지도를 그리면서 친숙해지기 위한 방법이다.

어렸을 때 아버지는 내게 남중국해에서 '중국의 하와이'로 불리는 하이난海南 섬 이야기를 자주 들려주었다. 중국인에게 하이난섬은 낭만적인 경계지역의 분위기가 흐르는 곳이다. 중국 최남단에 있는 이 섬은 중국에서 유일한 열대섬이고, 역사적으로 시인과 정치인의 유배지였다. 내 아버지에게, 홍콩에서 태어난 화가이고 내 어머니와 이혼한 뒤 뉴욕을 떠나 중국으로 돌아간 그분에게, 야자수로 둘러싸인 이 섬은 꿈에 그리던 고향과 같은 곳이자 이상적인 영감을 불러일으키는 낙원이었다.

서른 초반에 3년쯤 아버지를 만나지 않았다. 그러다 어느 날 아침, 심호흡을 하고 아버지에게 전화를 걸었다. 그해에 일 때문에 하이난에 가게 된 터였다. "하이난으로 오셔서 다시 수영해요." 내가 떨리는 마음으로 말했다. "남중국해로 절 만나러 오세요." 아버지는 내 말대로 해주었다.

하이난에는 한창 개발 붐이 일었다. 그래도 아직은 시원한 파도가 밀려드는 텅 빈 백사장에서 거닐고 섬 깊숙이 자리한 시골로 드라이브를 할 수 있었다. 미국에서 중국인 지인이 기억을 더듬어 한자가 잔뜩 들어간 운문으로, 하이난의 기막힌 절경을 노래하는 한시를 하나 적어주었다. 그는 이렇게 말했다. "하이난은 무척 아름다운 곳이에요. 나도 가본 적은 없지만 학교에서 그렇다고 배웠어요." 그가 적어준 시를 하이난으로 가져와 아버지에게 번역해달라고 했다. 그렇게 낡은 서예 두루마리와 화첩에서 안개 덮인 절봉과 해안선이 어우러진 전설의 비경이 살아났다.

나는 어린 시절의 일상에 존재하던 아버지의 기억을 지우려고 애썼다. 열두 살의 어느 날 아버지는 내가 당신의 가장 친한 친구라고 말해주었다. 그 생각을 하면 마음이 아팠다. 어른이 되어서는 아버지를 일 년에 한두 번 겨우 만났다. 처음에 내가 우겨서 중국으로 아버지를 만나러 갔을 때(오스트레일리아의 대학에서 교환학생으로 공부하고 미국의 집으로 돌아가는 길이었다) 아버지에게 소리를 지르며 울었다. 아버지가 어머니를 떠나서가 아니라 아버지가 떠난 방식을 원망했다. 그때는 우리가 함께 수영하지 않았지만 내가 흘린 눈물이 수영장을 채울 정도였다.

하이난 여행에서는 부녀간 휴전 상태였다. 내게는 새롭고 넉넉한 장소로의 순례여행이었다. 아버지에게 같이 수영하자고 했다. 한때 안전요원까지 했던 아버지는 마지막으로 수영한 게 언제인지 기억도 나지 않는다고 했다. 아버지의 접영은 괜찮았다. 후텁지근한 날이었다. 따스한 물이 위로하듯 몸을 감싸주었다. 아버지는 행복해보였다. 나는 물에 누워 남중국해 위로 구름이 빗금을 긋듯이 지나가는 하늘을 바라보며 문득 행복하다고 생각했다.

프란츠 카프카는 이렇게 말했다. "진실은 언제나 심연에 있다. 그러니 (수영장에서처럼) 사소한 일상의 경험이라는, 흔들리는 다이빙대에서 뛰어내려 심연으로 떨어졌다가 다시 (웃으며 숨을 헐떡이며) 두 배로 밝아진 세상의 수면으로 올라와야 한다." 과감히 도약해야 새로운 것을 볼 수 있다. 때로는 한때 느꼈던 감각을 되찾기 위해 도약한다.

16. 액체 상태

17

수영하는 사람이
수영하는 사람에게

나는 가족과 호수를 사랑했다. 수영이라는 의식에서 하나의 몸
이 다른 몸과 연결되고 한 사람이 다른 사람과 연결되는 사이,
색다른 종류의 몰입에 이른다.

매트는 우리가 사귄 첫해 여름에 뉴욕에서 북쪽으로 다섯 시
간 떨어진 조지호의 북쪽 호숫가에 위치한 조부모의 오두막으
로 나를 데려갔다. 그의 조부모인 테드와 셜리는 1939년에 조
지호 수영보트에서 처음 만났고, 전쟁이 끝난 뒤 결혼했다. 두
분의 안전한 피신처는 실버베이라는 작디작은 마을과 1899년
부터 그 마을에 있던 오래된 YMCA 리조트였다. 대학을 갓 졸
업한 매트와 나는 그 뒤로 8년간 결혼하지 않았다. 하지만 수
은 용액 같은 호수(방충망을 친 뒤편 베란다에서 보이는, 상록수로 둘

러싸인, 엽서 사진 같은 풍경)는 처음부터 우리에게 모든 것의 기준이 되었다.

매트의 가족은 모두 저마다의 방법으로 호수를 건넜다. 테드 할아버지는 어선을 타고 유유자적 떠다니는 것을 특히 좋아했다. 그는 평생 어선 세 척을 소유했다. '디 얼티메이트 폴리 원, 투, 쓰리'라는 이름의 배들로, 매번 새로운 배가 앞의 배보다 더 크고 정교해졌다. 그런데 아무도 할아버지가 물고기를 잡은 일을 기억하지 못했다.

182센티미터의 장신인 크리스 삼촌은 몸을 구겨 넣다시피 카약에 타서 노를 저었다. 매트의 어머니 로빈은 소형 고무보트를 타고 떠다니는 것을 좋아했다. 자주 호수에 들어가지는 않지만 호숫가에서 물장난하는 걸 좋아했다. 해사검정인*이던 매트의 아버지 젠은 호수에서 윈드서핑을 하고, 나중에는 패들보드를 탔다. 전국아웃도어리더십학교의 강사이자 만능 아웃도어맨인 조지 삼촌은 항해를 좋아했다. 매트의 동생 제스는 그즈음 4미터짜리 보스턴 웨일러를 조종하기 위해 면허증을 땄다.

어느 날 아침에 테드 할아버지는 아침 식사를 한 뒤 십자말풀이를 하면서 예전에 친구들과 실버베이에서 다이빙 바위까

● 선적 화물의 적재와 손상 화물에 관한 조사 및 감정을 하는 직업.

지 1.6킬로미터 거리를 헤엄친 적이 있다며 별거 아니라는 듯이 말했다. 그 바위는 세대를 거듭해 아이들이 호수로 아찔하게 뛰어내리는 장소라고 했다. "그때는 마치 영국해협을 건너는 느낌이었단다." 할아버지의 두 눈이 천천히 내 쪽으로 왔다가 다시 십자말풀이로 돌아갔다. 사각형 안에 한결같은 글씨체로 빼곡히 글자가 적혀 있었다. "너희가 호수를 헤엄쳐 건넜다며? 그거 대단한 거다."

할아버지의 말에 귀를 기울였다. 그리고 웃어주었다. 내가 할 줄 아는 그것을 할아버지도 아는 것 같아서였다. 나는 내 앞의 여러 세대 사람들이 호수를 건넌 이야기가 좋았다. 나와 같은 방식으로. 할아버지가 내게 은밀한 초대장을 내밀었다.

그날 오후 우리는 실버베이에서 출발했다. 매트는 수영하고 나는 셜리 할머니의 낡은 파란색 카약을 타고 옆에서 따라가면서 매트가 주변의 다른 고속 모터보트에 치이지 않게 지켜주었다.

우리는 항구에 떠 있는 범선과 모터보트를 지나고, 테드와 셜리가 처음 만난 베이 해변의 수영보트를 지나고, 매트의 부모님이 결혼한 스카치 보닛Scotch Bonnet이라는 작은 섬을 지나고, 메가폰으로 우리를 향해 "온갖 배와 제트스키가 빠르게 돌아다니는 이 호수에서 수영하는 건 위험해요"라고 외치는 남자가 탄 배를 지나쳤다. 45분 뒤 우리는 다이빙 바위에 도착했다.

매트의 가족이 뛰어내린, 깎아지른 바위 절벽이었다. 그의 집안이 조지호에서 보낸 일대기를 돌아본, 진정한 물의 여행이었다.

우리도 다이빙 바위에서 뛰어내리는 의식을 치렀다. 이번에는 내가 헤엄칠 차례였다. 고속 모터보트 따위는 걱정하지 않고 파란색 카약에서 나를 지켜주는 남자를 믿었다. 호수는 잔잔하고 완벽했다. 호수를 건너고 실버베이로 올라올 때는 마치 입단식을 치른 기분이었다. 드디어 매트와 나보다 앞서 호수를 건넌 사람들에게 그 호수가 어떤 의미였을지 알 것 같았다.

그로부터 8년이 지난 뒤 우리는 조지호에서 수영을 이어갔다. 결혼식을 마치고 친한 친구들 마흔 명과 함께였다. 매트와 나의 외조부모가 모두 와서 우리를 축복해주었다. 한 가족에서 다른 가족으로 헤엄쳐서 건너간 느낌이었다. 그 뒤로 우리는 매년 이곳을 찾았다. 미국 반대편의 샌프란시스코로 이사한 뒤로도 계속 이곳으로 돌아왔다. 가을이나 겨울에 올 때도 있지만 주로 여름에 왔다. 이곳의 수영에는 여러 변주가 있었다. 새해 첫날 매트와 나는 맨발이 얼얼한 채로 눈밭을 걸어가 실버베이 북극곰 수영클럽(총 회원 두 명)의 첫 번째이자 유일한 모임을 가졌다.

몇 년 뒤 매트의 할아버지가 세상을 떠났다. 매트의 동생 제스도 떠났다. 이제 이곳으로 돌아올 때마다 여전히 나를 반겨주는 것은 반딧불이와 밤하늘의 별이다. 빽빽한 나무와 숲으로

난 구불구불한 산길을 따라 호수로 가는 동안 현대의 삶이 거의 다 걸러진다. 지평선을 따라 일렁이고 불가능할 정도로 빽빽하게 밤하늘을 수놓은 별빛이 반짝거리며 신호를 보낸다. 속도를 늦추고 깨어나 우리에게 주어진 진정한 관계를 잃기 전에 알아채라고 일깨워준다.

수영의 즐거움이 직접성에 있다고 생각했지만, 수영이라는 행위 자체가 하나의 의식이라는 생각이 들었다. 매트의 가족만의 이야기도 아니고 이 호수만의 이야기도 아니다. 물은 공유의 공간이다. 공유하는 물에는 신화가 있다. 구드라우그순 수영대회는 어떤가? 단순한 기념행사일까? 사람들이 구드라우구르와 아이슬란드인에게 느끼는 연대감 이외의 다른 어떤 이유로 이 대회에 참가할까? 나는 위대한 생존의 이야기를 찾아다니며 결국 무엇을 발견했을까? 함께 수영하는 사람으로서 구드라우구르라는 사람과 연결된 느낌이 들었다.

세상과 세상의 힘에 집중하면 진실이 드러난다. 물의 흐름에 따라 헤엄치면 절대로 부러지지 않을 것 같은 느낌이 든다. 물살을 거슬러 헤엄치면 갑자기 나에게 저항하는 보이지 않는 힘이 느껴진다. 나는 내 아이들이 두려움 없이 살아가기를 바란다. 물의 흐름이 있다는 것을 알고, 물을 만나면 어떻게 해야 할지 알아서 무서워지지 않기를 바란다. 여기까지가 내가 아는 수영의 이야기다.

파블로 네루다는 불과 열아홉 살에 《스무 편의 사랑의 시와 한 편의 절망의 노래 Twenty Love Poems and a Song of Despair》를 발표했다. 그는 물의 심상으로 사랑에 빠져 도취되고 황홀한 상태, 사랑에 빠져 통제력을 잃는 상태를 그렸다. 나는 이 시집에서 아홉 번째 시 〈소나무에 취해 Drunken with Pines〉를 가장 좋아한다. 이 시를 읽으면 수영하는 두 사람이 파도 속에서 서로를 붙잡아주는 모습을 연상하게 된다. 서로 욕정을 느끼고 서로 닮은 두 육체, 한쪽이 다른 한쪽에게 굴복하는 모습을 생생히 연상시킨다. "영원히 내 영혼에 묶여 있는 물고기처럼."

이것이 사랑 이야기가 아니면 무엇이란 말인가?

수영을 이야기할 때 언급하는 몰입이라는 개념을, 단지 칙센트미하이가 정의한 광대하고 영원한 존재의 상태만이 아니라, 수영이 가능하게 해주는 넘치는 생각과 우리가 서로에게 그리고 우리가 사는 지구에 연결되어 있다는 의미로도 이해할 수 있다.

몰입 flow이라는 단어는 고대 영어 'flówan'에서 유래하고, 같은 어근 'flo-'에서 고대 스칸디나비아어로 '범람하다'라는 뜻의 'flóa', 네덜란드어로 '흐르다'라는 뜻의 'vloeijen'이 나왔다. 'flow'에는 다른 비밀도 있다. 이를테면 라틴어로 '눈물을 흘리다'라는 의미의 'plōrāre', 산스크리트어로 '헤엄치다' '목욕하다'라는 의미의 'plu', 고대 고지대 독일어로 '씻는다'라는 의미의 'flewen', 그리스어로 '헤엄치다' '뜨다'라는 의미의 'πλωειν'가 있다. 언어의 흐름을 따라가 보면 수많은 연결이 나타난다. 범람하다, 눈물을 흘리다, 헤엄치다, 목욕하다, 씻다, 뜨다. 이렇게 언어의 계통을 따라가 보면 육체적으로든(몸이 물 속에 들어가 평소의 무게와 중력에서 풀려난 상태) 정서적으로든(실컷 울고 눈물로 정화된 상태) 우리를 옭아맨 족쇄를 풀고 짐을 내려놓는 상태로 이어진다. 바다에서 수천 킬로미터 떨어진 곳에서 다가오는 조수는 작은 댐 하나하나가 터진 물을 삼킬 수 있다. 들뜨고 행복한 기분이 몰입의 필수 요소이지만 사실 몰입flow 이라는 단어의 역사에는 슬픔 한 조각도 담겨 있다.

나는 깊은 슬픔에 빠진 순간조차(부모님의 이혼, 나의 유산, 친구의 죽음) 물을 중심으로 기억한다. 나는 슬픔에 오래 머무르지 않으려고 애쓴다. 수영하면 모든 슬픔을 치유한다는 뜻이 아니라 수영은 모든 상황에서(수영장에서, 호수에서, 서프보드를 타고 바다로 나갈 때도) 항상 내가 어려운 시기의 반대편으로 빠져나오도록 도와주었다는 뜻이다. 조수는 하루에 두 번 끊임없이 바뀐다. 물은 영원히 유동적이다. 수영은 내 주위 환경에서 그리고 나 자신에게서 일어나는 변형을 목격하는 일이다. 수영은 무수한 삶의 조건을 모두 받아들이는 일이다.

처음으로 돌아가 보자. 우리는 자궁 속에 떠 있었다. 처음 수

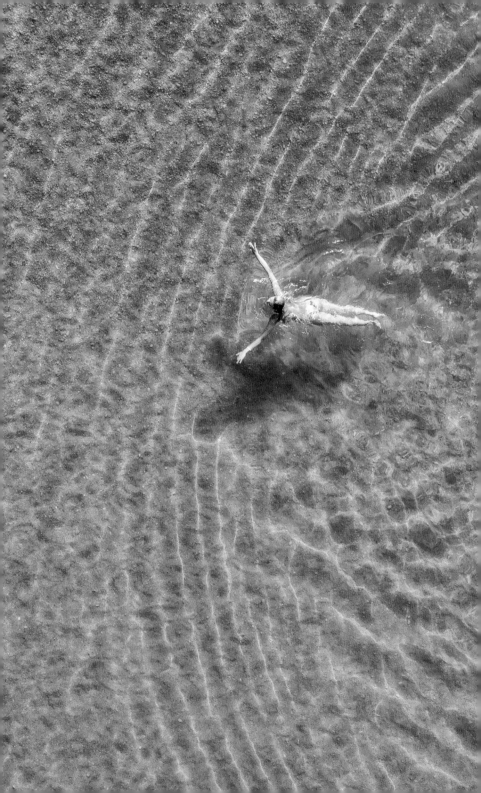

수영은 무수한 삶의 조건을
모두 받아들이는 일이다.

영을 배울 때도 물에 뜨는 법부터 배웠다. 나는 파도가 밀려와 우리 모두를 함께 떠받치는 모습을 지켜본다. 내가 여기 샌프란시스코에 떠 있고 당신은 태평양 건너 도쿄에 떠 있다면 우리는 함께 떠 있는 것이 아닐까?

토니 쿤디의 부모는 아들이 사는 도쿄에서 수천 킬로미터 떨어진 잉글랜드의 남서부 해안가의 집에서 영국해협을 바라본다. 쿤디는 일본의 호수나 강에서 수영하고 일본 영법을 연습할 때마다 부모님과 연결되어 있다고 느낀다. 그에게 수영의 즐거움은 주로 그가 어디에 있는지 생각하게 만드는 공간 그 자체에 있다. "아무리 선을 그으려고 해도 물은 우리를 연결해 줘요." 그가 내게 해준 말이다.

지난 몇 년간 여덟 살과 여섯 살인 나의 두 아들 펠릭스와 테디가 수영을 배우는 과정을 지켜보았다. 처음에는 두려울 테지만 두려움이 다른 무언가에 자리를 내주는 순간이 오기를 고대하고 희망했다. 실제로 두 아이에게 두려움이 잠시 스쳐지나갔다. 하지만 가끔 환경이 달라질 때(수영장에서 바다로, 따뜻한 물에서 차가운 물로) 두려움이 다시 나타났다. 그래도 얼마 안 가 아이들은 호기심을 보이며 머뭇머뭇 새로운 환경을 탐색했다. 혼자 벽에서 떨어져서 헤엄쳐 나갈 때 느끼는 아찔함, 수영장으로 뛰어들기, 물속에서 공중제비 돌기. 기쁨.

하와이 카우아이섬 북쪽 해안의 터널스 해변에서 명경 같은 짙푸른 태평양 바다에 몸을 담그고 나팔리 해변의 잔물결 모양의 붉고 푸른 절벽을 바라보던 기억이 난다. 6년 뒤 우리 가족은 고된 일상에서 석 달간 휴가를 내고 그 섬으로 다시 가서 하에나Haena 북쪽의 작은 해변 마을에서 안식년 여름을 보냈다. 나는 펠릭스가 나를 떠나 혼자 물에 떠서 어리고 깡마른 몸으로 물의 파동을 온전히 느끼기를 바랐다. 펠릭스가 시간여행을 해보기를 바랐다. 아기가 되어보기도 하고 소년이 되어보기도 하면 좋겠다고 생각했다.

펠릭스는 조금씩 잔잔하게 오르내리는 파도를 이내 편안하게 마주했다. 파도를 타면서 깐닥거렸다. 자유형과 배영을 했다. 분홍색과 파란색이 섞인 비늘돔도 찾아보았다. 섬 주민들에게 서프보드 없이 파도를 타고 백사장으로 떠밀려 나오는 바디서프body surf도 배웠다. 펠릭스는 잔잔한 수영장 물과는 다른, 살아 있는 물에 있는 느낌을 사랑하는 법을 배웠다. 어느 날 펠릭스는 햇볕에 탄 통통한 중년의 바디서퍼 데이브와 친해졌다. 데이브는 우렁찬 함성을 내지르며 능숙한 동작으로 힘 있고 우아하게 몸을 해변으로 밀어냈다. 그날 저녁에 펠릭스는 새 친구 데이브와 함께 바디서핑으로 파도를 탄 이야기를 들려주었다. 몇 년이 지난 지금도 펠렉스는 데이브 얘기를 한다.

나는 매일 아침 터널스 해변에서 2킬로미터 정도 암초를 피해 현지인을 따라다니며 진귀한 구경을 했다. 한번은 탁한 녹색의 위장 잠수복을 입은 작살어부 두 명을 쫓아가다가 바다 밑바닥에서 쉬고 있던 거대한 바다거북 네 마리를 보았다. 바다거북은 청소놀래기라는 작은 물고기를 먹고 살고, 청소놀래기는 바다거북의 딱딱한 등껍질에서 기생충과 각질을 청소해주면서 신비한 공생관계를 이루고 산다. 45분 뒤 두 청년은 그날의 수확물을 손에 들고 물에서 나왔다. 각자 마히마히*를 두 마리씩 들고 있었다. 또 어떤 날에는 근육질 팔뚝의 서퍼들을 따라 최대한 멀리까지 나갔다. 그들은 거기서도 더 멀리 바깥쪽 암초를 지나 바람에 흰 파도가 이는 곳까지 나갔다. 나는 암초 안쪽에 안전하게 머물러 선헤엄을 치면서, 서퍼들이 파도가 부서질 때마다 우아하게 선회하며 파도를 타는 모습을 구경했다.

우리는 아침마다 자주 보이는 이웃집 젊은 가족과 친해졌다. 그 집의 아장아장 걷는 딸이 우리 집 간식과 장난감을 구경하고 테디베어를 가지고 놀았다. 피부가 햇볕에 타 밤색이 된 아이 아빠는 바닷가에 앉아 섬세한 문양의 아기 치아만 한 조개껍데기를 주웠다. 한때 하와이의 여러 사제 중에서도 가장 신성한 사제가 모으던 것이라고 했다.

● 하와이에서 흔히 먹는 생선.

어느 날 아침에는 산호초가 자라는 얕은 바다에서 수영하는데, 남자 둘이 허리 깊이의 물에서 옆으로 누워 있는 길이가 120센티미터쯤 되는 상어를 가리켰다. 어린 상어가 미로처럼 얽힌 연안의 산호초를 지나 깊은 바다로 돌아가는 길을 찾다가 죽은 것 같다고 했다. 바위만 한 산호초도 있고, 선인장 모양도 있고, 주름진 뇌 모양도 있었다.

잠시 뒤 선글라스를 끼고 빨간 수영 바지를 입은 안전요원이 모래사장 전용차를 타고 요란하게 웅웅거리며 나타나 상어를 해변으로 끌고 나왔다. 구경꾼들이 몰려들어 부드러운 회색 가죽과 피투성이 코와 희부연 눈을 보았다. 그렇다고 우리가 수영을 그만둔 건 아니지만 어쨌든 바다에 항상 도사리는 위험을 알리기에는 충분했다. 상어, 두 개 이상의 조류가 부딪혀 격랑을 일으키는 조충潮衝, 날카로운 암초.

어른이 되면서 물(바다든, 호수든, 수영장이든)을 내면에서든 외부에서든 나를 어딘가로 데려가 주는 매체로 생각하게 되었다. 호놀룰루 시내에는 내가 좋아하는 수영하기 좋은 장소로, 알라모아나Ala Moana 해변이 있다. 호놀룰루 시내 한복판 고층 건물에서 몇 걸음만 걸으면 나오는, 맑고 잔잔하고 암초로 둘러싸인 알라모아나 바다는 사실상 이 도시의 공공 수영장이다. 여기서 수영하면 해수면을 기준으로 그곳을 체험하게 된다. 고개를 마카이makai, 곧 바다로 향하고 숨을 쉬면 서퍼들이 부서지는 파도를 향해 서핑하는 모습이 보이고, 고개를 마우카mauka, 곧 산 쪽을 향하면 결혼식을 올린 일본인 신랑 신부가 사진을 찍는 모습이 보인다. 이렇게 보면 이상하게도 무엇이든 가능하다고 느껴진다.

나는 왜 수영을 할까? 앞에서 나도 이 책에 등장하는 한 인물이라고 언급한 바 있다. 그런데 어쩌면 반대일 수도 있다. 수영이 오히려 항상 내 인생의 주요 등장인물이었다. 늘 등장하지만 변덕스럽고 자주 변신하는 인물이다.

지금까지 이 책에서는 생존과 건강과 공동체와 경쟁과 몰입이라는 다섯 갈래의 이유를 제시했다. 하지만 모두 하나로 통한다. 수영은 하루의 어느 시간인지, 한 해의 어느 시기인지, 생애의 어디쯤인지에 따라 다른 형태, 다른 기분, 다른 기능성을 보여줄 수 있다. 빛을 뿌릴 수도, 빛을 걸러낼 수도, 빛을 아예 차단할 수도 있다. 기운을 북돋울 수도 있고 사기를 꺾을 수도 있다. 나를 편안한 곳으로 이끌어줄 수도 있고 두려움의 장소로 밀쳐낼 수도 있다. 수영이라는 의식을 통해 각성할 수도 있고, 몰입을 통해 망각할 수도 있다.

수영은 속도를 늦추게도 하고 속도를 높이게도 한다. 나는 수영을 충분히 연습해서 평온해지는 법, 분노를 조절하는 법을 안다. 목욕탕만큼 따스한 호수에서든, 시내가 흐르는 아이슬란드의 석호에서든, 나를 잊고 현재에 머무르며 반짝거리고 깜빡거리는 모든 빛이 나의 뇌에 영원히 새겨지게 할 수도 있다.

작가 리베카 솔닛이 파란색에 관해 쓴 글이 있다. 솔닛은 파란색을 매혹적이게도 "여기서 보이는 저기의 색, 내가 없는 곳의 색"[1]이라고 정의했다. 물은 유혹적이다. 멀리서 보면 은은하게 빛나고 반짝거리는 액체로 된 보석 같다. 물은 우리를 부른다. 소용돌이치고 부채꼴로 퍼지고 한데 합쳐지면서 우리를 감싼다. 물은 우리를 붙잡지만 우리는 물을 붙잡지 못한다. 물에 들어가면 깨어난다. 시야가 열리고 청력이 살아난다. 물에서 중요하고도 새로운 감각을 발견한다.

나는 학교에 다닐 때 안전요원을 한 적이 있다. 언젠가 물에 빠진 여자아이를 구해줬는데, 물속에서 아이의 눈이 접시처럼 커졌다. 그 아이를 다이빙 수영장 옆으로 끌고 가는 동안 아이의 근육이 바짝 긴장해서 작고 마른 몸집에 비해 엄청나게 무거웠다. 아이는 수영장에서 나오자마자 울음을 터트렸다. 아이의 오빠와 언니가 달려와 아이가 수영할 줄 모른다고 소리쳤다. "수영을 못한다면서 왜 들어갔니?" 나는 아이에게 침착하게 물었다. 아이는 눈물만 흘렸다.

아이의 오빠와 언니가 아이에게 수건을 둘러 안아주는 모습을 보면서 오래전 일이 생각났다. 예전에 존스 해변에서의 내 모습이 떠올랐다. 물에 빠지는 사고는 소리 없이 순식간에 일어난다. 누가 알아챌 수도 있고 아무도 모를 수도 있다. 우리 같은 안전요원은 '왜지? 수영도 못하면서 왜 들어갔지? 도대체 왜 자기를 위험에 빠트리지?'라고 의아해한다. 내가 구한 아이는 내 질문에 대답하지 못했다. 내가 그 또래일 때 파도 속으로 들어간 이유를 말하지 못했던 것처럼. 그런데 이제 그 답을 안다.

파란색: 내가 없는 곳의 색.

머릿속으로 어디에 가 있든 '내가 없는 어딘가'라는 물의 속성이 내게 눈짓하며 다른 어딘가로 나를 부른다. 세상의 땅에서 정기적으로 떠나는 탈출인 셈이다. 나는 낯선 물에 들어갈 때마다 물이 나를 어떻게 대해줄지 궁금하다. 나를 편하고 차분하게 받아줄까? 아니면 연신 철썩거리며 나를 떠밀고 내게 물을 뿌리고 나를 거부할까? 수영장의 부드럽고 정제된 염분은 바다의 거친 미네랄과는 맛이 다르다. 민트 캔디 모양의 캐리비언해는 코발트색으로 드넓은 에게해와 다르다. 나는 그 모든 물을 맛보고 싶다. 모든 물에 대한 내 갈증은 네루다가 말하는 "나의 강렬한 바다의 광기"인 것 같다.

이처럼 파랗게 물드는 생명의 물은 자연을 넘어 인공적인 것으로도 퍼져나간다. 팜스프링스로 돌아오는 비행기에서 내려다보니, 저 아래 청록색의 직사각형과 타원형과 특이하게 구불구불한 작은 선이 격자로 반복적으로 펼쳐진 수영장이 중심이 된 삶의 지형도가 보였다. 수영장은 어디에나 있을 수 있고, 특히 육지로 둘러싸인 내륙에는 없어서는 안 된다. 수영장에 들어가면 머릿속으로 어디로든 떠날 수 있다. 캘리포니아 남부의 독특한 지리적 특색을 지닌 지역의 수영장에 들어가면 2차 세계대전 이후 미국의 낙관주의에 관한 통찰을 얻을 수 있다. 이곳은 할리우드가 휴가를 보내는 곳, 사람들이 수영장으로 탈출하던 곳이다. 사파이어색 수영장을 탈출구로 삼는 개념은 미국의 영화와 문학의 도상학에 스며들었다. 혹은 한겨울 아이슬란드의 온천에 몸을 담그면 기분 좋은 온기가 한때 금지된 어두운 밤의 쾌락을 불러낸다. 우리는 현대인의 삶의 중압감을 견디기 위해 수영장을 만들었다. 이렇게 재창조된 물에서 새로운 모습으로 다시 태어날 수 있다.

보통의 수영장에서는 다이빙 보드와 수영장 옆 사다리까지의 거리가 6미터 정도이지만 둘 사이에는 훨씬 더 많은 것이 있다. 그 공간에서 우리가 무엇을 갈망하는지 엿볼 수 있다. 나는 펠릭스가 처음으로 다이빙 보드에서 뛰어내린 여름을 기억한다. 그날 펠릭스는 다이빙 보드에 서서 애써 용기를 냈다. 나는 아이의 물에 젖은 작은 몸과 저 아래 물 사이의 공간에서 드넓은 대양과 같은 가능성을 보았다. 다이빙 수영장의 수면에서 그리고 아이에게서 나 자신을 보았다. 아이는 도약하며 두 팔을 뻗었고 순간의 영광이 허공에 매달려 있었다. 내가 아이에게 바라는 건 무엇일까? 나는 아이가 물을 근원적으로 이해하기를, 물이 어떻게 다른 어디로든 열린 문이 될 수 있는지 깨닫기를 바랐다. 아이는 허공에서 물로 떨어지며 둔탁한 소리와 함께 물보라를 일으켰고, 물보라가 역광으로 빛났다. 아이가 다시 수면으로 올라와 잠시, 아주 잠깐 그대로 멈췄다. 그리고 수영하기 시작했다.

에필로그

2018년 5월 초에 킴 챔버스는 길랭 바레 증후군Guillain–Barré syndrome을 진단받았다. 몸의 면역계가 신경을 공격해서 무감각과 마비를 일으키고, 마비가 급속히 몸 전체로 퍼지는 희귀한 신경계 질환이다. 어느 날 아침 왼발에서 마비가 시작되어 빠른 속도로 다리와 팔로 올라와 호흡곤란까지 일어난 채로 응급실에 도착했다. 나중에 의사들은 90분만 더 지났어도 호흡마비까지 올 뻔했고, 그때라도 병원에 오지 않았다면 질식사했을 거라고 말해주었다. 집중치료실에서 나왔을 때는 허리 아래로 마비되었고 말하기도 어려운 상태였다. 길랭 바레 증후군은 아직 원인이 밝혀지지 않았고 치료법도 없다. 이 질병에서 회복한 성인의 약 80퍼센트가 진단받은 뒤 6개월이 지나서야 혼자 걸을 수 있고, 60퍼센트는 1년 안에 운동 기능을 완전히 회복한다.

킴은 병원에 들어간 지 5주 만인 마흔한 살 생일에 샌프란시스코만으로 돌아왔다. 5분간 잠수하는 데 휠체어와 세 시간의 회복 수면과 수많은 친구가 필요했다. 킴은 몸이 마음을 따라간다고 말한다. 그녀는 태어나서 두 번째로 다시 걷는 법을 배우며 하루 종일 물리치료를 받았다. 하지만 피로와 완치되지 않은 마비와 신경통은 그녀에게 바쁜 일상에서 이따금 하늘을 보도록 일깨워주었다. "저는 처음 겪은 불행한 병으로 수영을 시작했어요. 제게 일어난 최고의 사건이었어요. 덕분에 저기 어딘가에 또 다른 근사한 무언가가 존재하는 것을 알았으니까요. 또 그것이 무엇인지 겸허한 자세로 알아보고 싶어졌어요." 킴은 시작하는 순간, 그러니까 스스로 해보기로 하는 순간이 가장 두려운 법이라고 말했다. 다리 한쪽을 잃다시피 한 채 처음 수영장 물에 뛰어들거나 패럴론섬에서 칠흑같이 어두운 밤에 거대한 백상아리가 아가리를 벌리고 있을지 모르는 채 배에서 뛰어내리는 순간처럼. 그래도 킴은 두 눈을 부릅뜨고 새로운 삶에 뛰어든다. 그리고 물이 그녀의 부활을 기꺼이 받아줄 산파임을 깨닫는다.

감사의 글

이 책은 많은 분의 따스한 관심과 지원으로 세상에 나올 수 있었다. 바쁜 와중에 시간을 내서 수영하며 살아온 삶의 이야기를 들려준 여러분께 감사의 마음을 전한다. 특히 나를 집에도 초대해준 구드라우구르 프리드소우손, 진솔한 삶의 이야기로 기쁨과 경이를 전파시킨 킴 챔버스, 나의 믿음직한 펜팔 친구가 되어준 제이 테일러, 사무라이 수영의 놀라운 세계로 인도해준 이시비키 미도리에게 감사드린다.

그동안 바쁜 분들을 귀찮게 하며 수많은 질문을 던졌는데, 다들 기꺼이 참을성 있게 답해주었다. 특히 폴 세레노, 히로후미 타나카, 신고 카지무라, 크리스 스트링어, 레나토 벤더, 니콜 벤더, 멜라니 러드, 애너 기슬렌 같은 과학자 여러분께 감사드린다. 다큐멘터리 〈물속에서 걷기Walking Under Water〉에서 바야우족을 다룬 영화감독 엘리자 쿠바르스카에게도 감사드린다. 덕분에 이 책에서 바야우족을 생생히 그릴 수 있었다. 대러 토레스, 린 콕스, 루이스 퓨, 람 바카이 같은 나의 수영 영웅들에게는 수영할 때 무슨 생각을 하는지 말해달라고 졸라댔다. 운동선수의 머릿속을 들여다보게 해준 브루스 겜멜과 짐 바우만에게도 감사드린다. 구드라우그순 기록보관소를 성심껏 안내해준 알란 알리손과 베스트마나에이야르 역사박물관의 헬가 할베르그스도티르에게도 감사드린다.

내게 처음 에세이를 써보라고 제안한 아론 레티카에게 고마운 마음을 전한다. 내 글을 읽어준 새러 허프털링, 제임스 윌슨, 이선 워터스, 앤드리아 워커, 캐롤린 폴에게도 감사드린다. 시빌 트와일라잇의 캐롤린, 새러 맥카시, 하퍼 호넌에게 매번 새벽 순찰을 함께 해주어 감사하다고 전하고 싶다. 이분들 덕에 서핑에서도 인생에서도 늘 행복하고 맑은 정신으로 열심히 살아갈 수 있었다.

나의 직장 아내이자 호텔 아내이자 여동생과 같은 레이철 레빈에게는 먼 길을 함께 걸어주고 늘 너그러운 친구가 되어주어 고맙다고 말하고 싶다. 레이철의 예리하고 활기찬 피드백 덕에 지금까지 신나게 걸어왔다. 나의 직장 남편이자 글쓰기 친구인 크리스 콜린에게는…. 특유의 유머 감각과 음악과 명쾌하고 사려 깊은 태도에 감사의 말을 전한다. 덕분에 나도 더 예리해졌다.

어느 모로 보나 훌륭한 사람인 나의 에이전트 대니얼 스베트코프브에게도 감사드린다. 내 편이 되어 주는 걸 알기에 늘 설렜다.

지금까지 언급한 분들 대다수는 샌프란시스코 라이터스 그로토San Francisco Writers' Grotto라고, 누구에게나 꿈과 같은 최고의 글쓰기 공동체를 통해 내 인생에 들어온 분들이다. 그로토는 폭풍우가 몰아치는 삶에서 언제나 항구가 되어 주었다. 수영인이면서 글도 쓰는 토드 오펜하이머, 브리지트 퀸, 조슈아 모르, 매튜 재프루더에게 특히 감사드린다. 나를 노토 모임에 데려가 준 리베카 스클루트에게도 감사드린다. 노토에서는 항상 모든 창의성에 연료가 될 만한, 좋은 대화가 오간다(로렌 브레이트먼, 매리 로치, 말리아 올런에게 드리는 말씀입니다).

나의 유능한 편집자 에이미 개시에게도 무한히 감사드린다. 에이미 같은 편집자와 함께 일하는 건 행운이다. 에이미의 현명하고 예리한 감각이 이 책을 날카롭게 다듬어주었다. 알곤킨 출판사의 가족이 될 수 있어 더없이 황홀하다. 알곤킨의 모든 관계자가 내 비전을 알아보고 처음부터 믿어주었다. 수영하는 분들이 그렇게 많다니요! 크레이그 파펠라스, 우리는 동족이에요(포틀랜드로 이사하니 더 가까워지겠네요). 이 책이 연착延着하지 않도록 도와준, 브런슨 홀과 카피의 마법을 부린 켈리 폴리셀리에게 감사드린다. 근사한 표지를 디자인해준 제이슨 휴어, 우아한 내지 디자인을 완성해준 스티브 고드윈에게 감사드린다. 이 책을 세상에 알려준 마이클 맥켄지와 스테파니 멘도자에게 감사드린다.

나의 소중한 친구들에게도 감사의 말을 빠트릴 수 없다. 초창기의 글쓰기 친구이자 신경과학 상담가인 톰 데이비드슨, 바다에서 늘 활기차고 열정적인 스티브 도슨 그리고 제니 푸, 린 제이 스키바, 멜리차 깁슨, 에스더 차크, 애너 벨라, 마라 글래드스톤, 미셸 보루타에게 감사드린다. 내가 가장 힘들 때 힘이 되어준 친구들이다.

아쉽게도 이 책에 실리지 못한 이야기를 들려주신 분도 많다. 모두 소중히 담고 싶었다. 헬렌 가르시아, 케스 로스아처, 제인 콜터, 바브라 스타크 조던, 낸시 브라운…. 그리고 우리 수영장의 시장님, 크리스텔 포이에튼! 모두 감사드린다. 생각이 익는 데는 시간이 걸렸다. 오랜 시간 다양한 형식으로 내 생각을 다듬어나가도록 지면을 내준 〈뉴욕타임스〉 편집자 여러분께 감사드린다.

볼리나스의 오두막을 빌려준 린다와 밥 발잔 부부에게도 감사드린다. 우리 가족에게 항상 영감을 주는 곳이다.

나의 코치 여러분, 예전의 낸시, 롭, 케빈, 케이틀린 코치! 지금의 캐롤 코치, 키이스, 레슬리에게 감사드린다(이 책을 마무리하면 꼭 수영하러 갈게요!).

앤디, 스티븐, 크리스, 당신들은 영원히 내 팀이에요.

내게 물을 사랑하는 법을 가르쳐준 부모님께도 감사드린다.

끝으로 나의 가장 소중한 세 남자에게 사랑과 감사의 마음을 전한다. 펠릭스와 테디, 너희는 물에서든 물 밖에서든 언제나 내 삶에 기쁨을 안겨준단다. 나의 남편 매트, 우리가 할 수 있다고 하신 할아버지의 말씀만 믿고 나와 함께 조지호를 건너기로 해줘서 고마워요. 북극곰 클럽에는 당신만 들어올 수 있어요. 사랑해요.

주석

1부. 생존

1. 석기시대의 수영

1 구드라우구르 프리드소우손을 직접 만나 그의 경험담을 들었다. 그의 사연은 아이슬란드어와 영어로 된 신문과 여러 매체에 널리 보도되었다. "The Light in the Islands Were His Guiding Light," *Morgunblaðið*, March 12, 2004.

2 Coco Ballantyne, "Hypothermia: How Long Can Someone Survive in Frigid Water?," *Scientific American*, January 16, 2009.

3 "Why the Fat Icelander Survived His Arctic Swim," *New Scientist*, January 23, 1986.

4 "Exceptional Case of Survival in Cold Water," *British Medical Journal 292* (January 18, 1986).

5 United Nations, "Factsheet: People and Oceans," Oceans Conference, June 2017, https://www.un.org/sustainabledevelopment/wp-content/uploads/2017/05/Ocean-fact-sheet-package.pdf.

6 Tara Duggan, "California Abalone Season Sunk until 2021 to Give Stressed Population Time to Rebuild," *San Francisco Chronicle*, December 13, 2018.

7 John Branch, "Prized but Perilous Catch," *New York Times*, July 27, 2014.

8 "Cave of Swimmers, Egypt," The British Museum, https://africanrockart.

britishmuseum.org/country/egypt/cave-of-swimmers/ (accessed April 13, 2019); "Exploring the Rock Art of Gilf Kebir," Bradshaw Foundation, http://www.bradshawfoundation.com/africa/gilf_kebir_cave_of_swimmers/index. php (accessed April 13, 2019); Stathis Avramidis, "World Art on Swimming," *International Journal of Aquatic Research and Education* 5 (2011).

9   Peter deMenocal and Jessica Tierney, "Green Sahara: African Humid Periods Paced by Earth's Orbital Changes," *Nature Education Knowledge 3*, no. 10.

10 Peter Gwin, "Lost Tribes of the Green Sahara," *National Geographic*, September 2008; National Geographic Society, "Stone Age Graveyard Reveals Lifestyles of a 'Green Sahara,'" *ScienceDaily*, August 15, 2008, https://www.sciencedaily.com/releases/2008/08/080815101317.htm.

11 Helen Thompson, "Meet the Mighty Spinosaurus, the First Dinosaur Adapted for Swimming," *Smithsonian*, September 11, 2014.

12 *People*, "50 Most Beautiful People of 1997," May 12, 1997.

13 Jennifer Blake, "Introduced Species Summary: Nile Perch (Lates niloticus)," Columbia University, http://www.columbia.edu/itc/cerc/danoff-burg/invasion_bio/inv_spp_summ/Lates_niloticus.htm (accessed April 13, 2019).

14 "Human Origins," Smithsonian National Museum of Natural History, http://www.humanorigins.si.edu (accessed April 13, 2019).

15 Andrew Lawler, "Neandertals, Stone Age People May Have Voyaged the Mediterranean," *Science*, April 24, 2018.

16 Chris Stringer, "Neanderthal Exploitation of Marine Mammals in Gibraltar," *PNAS 105* (September 22, 2008).

17 Claire Marshall, "Global Flood Toll to Triple by 2030," BBC, March 5, 2015.

18 G. Griggs et al. (California Ocean Protection Council Science Advisory Team Working Group), *Rising Seas in California: An Update on Sea-Level*

Rise Science, California Ocean Science Trust, April 2017, http://www. opc.ca.gov/webmaster/ftp/pdf/docs/rising-seas-in-california-anupdate-on-sea-level-rise-science.pdf;Kurtis Alexander, "Climate Change Report: California to See 77 Percent More Land Burned," *San Francisco Chronicle*, August 27, 2018.

19 Jennifer Senior, "Not if the Seas Rise, but When and How High," *New York Times*, November 22, 2017.

2. 우리는 육지 동물이다

1 Josh Gabbatiss, "The Strange Experiments That Revealed Most Mammals Can Swim," *BBC Earth*, March 21, 2017.

2 Renato Bender and Nicole Bender, "Swimming and Diving Behavior in Apes," *American Journal of Physical Anthropology 152* (2013).

3 E. Goksor et al., "Bradycardic Response during Submersion in Infant Swimming," *Acta Pediatrica 91*, no. 3 (March 2002); Kate Gammon, "Born to Swim?," *Popular Science*, March 6, 2014.

4 Plutarch, "The Life of Camillus," in *The Parallel Lives*, vol. 2, Loeb Classical Library (Cambridge, MA: Harvard University Press, 1914).

5 "The History of Goggles," The International Swimming Hall of Fame, http://www.ishof.org/assets/the-history-of-swimming-goggles.pdf (April 13, 2019)

6 "Diving Apparatus," Online Gallery: Leonardo da Vinci, The British Library, http://www.bl.uk/onlinegallery/features/leonardo/diving.html (April 13, 2019).

7 National Research Council, *Physiology of Breath-Hold Diving and the Ama of Japan: Papers* (Washington, DC: The National Academies Press, 1965), https://doi.org/10.17226/18843.

8 Benjamin Franklin, "The Art of Swimming," "Ben Franklin's Inventions,"

The Franklin Institute, http://www.fi.edu/benjamin-franklin/inventions(April 13, 2019).

9 J. Emerson, Device for Teaching Swimming, US Patent 563,578, granted July 7, 1896, https://patents.google.com/patent/US563578.

10 *The Publisher: The Journal of the Publishing Industry 89* (1908); "Deans, 'Miller Collection' rare 'Swimeesy Buoys,' original showcard 1908-1920," Vectis Auctions LTD, https://www.vectis.co.uk/deans-inch-miller-collection-inch-rare-swimeesy-buoys-originalshowcard-1908-1920_24498 (April 13, 2019).

11 "New Ideas and Inventions," *Popular Science*, May 1930; *Chop Yourself a Piece of Bathing Suit—Wooden Swimming Outfits Make Their Appearance at Miami—Ruth and Ruby Nolan Getting Dressed in Their New Spruce Swimming Suits, Made of Thin Strips of Wood* [사진], ca. 1930, Library of Congress, Prints and Photographs Division, Washington, DC, https://lccn.loc.gov/96524801.

3. 바다 유목민의 교훈

1 바야우족에 관한 다큐멘터리 물속에서 걷기Walking Under Water(2014년)의 감독 엘리자 쿠바르스카를 만났다. Carl Zimmer, "Bodies Remodeled for a Life at Sea," *New York Times*, April 19, 2018.

2 Anna Gislen, "Visual Training Improves Underwater Vision in Children," *Vision Research 46*, no. 20 (October 2006); Brian Handwerk, "Sea Gypsies of Asia Boast 'Incredible' Underwater Vision," *National Geographic Ultimate Explorer*, May 14, 2004.

3 "The knowledge That Saved the Sea Gypsies," *World of Science 3*, no. 2 (April-June 2005; Carrie Arnold, "Indigenous Myths Carry Warning Signals about Natural Disasters,"*Aeon*, April 13, 2017.

4 Kathryn Schulz, "The Really Big One," *New Yorker*, July 20, 2015.

5 Human Rights Watch, *Stateless at Sea: The Moken of Burma and Thailand*, June 25, 2015, https://www.hrw.org/report/2015/06/25/statelesssea/moken-burma-and-thailand.

6 Loren Eiseley, *The Star Thrower* (New York: Harvest, 1979).

7 Michael Kimmelman, "The Dutch Have Solutions to Rising Seas. The World is Watching," *New York Times*, June 15, 2017.

4. 인간 물개

1 어부이자 아이슬란드 대학교의 교수인 라그나르 아르나손Ragnar Arnason을 만났다.

2 John McPhee, "The Control of Nature: Cooling the Lava—I," *New Yorker*, February 22, 1988.

3 여기에 언급한 통계치, 사건, 날짜는 주로 헬가 할베르그스도티르와의 인터뷰와 베스트마나에이야르 역사박물관의 기록보관소에서 수집한 내용이다.

4 Simon Edge, "The Strange Story of the Human Seal," *Express*, July 9, 2013.

5 Dan Kois, "Iceland's Water Cure," *New York Times Magazine*, April 19, 2016; Egill Bjarnason, "Swimming with the Locals: 10 of Iceland's Best Pools," *Lonely Planet*, August 2017

6 "President of Iceland Takes Ocean Swim," *Iceland Review*, October 2, 2017.

7 Hálfdán Helgason, "Survival of Atlantic Puffins *(Fratercula arctica)* in Vest mannaeyjar, Iceland during Different Life Stages," 아이슬란드대학교 생명 및 환경 과학부 논문, 2011, pdfs.semanticscholar.org/50b8/861d211d54daf 9245a1ec0d36d2167e828fb.pdf. 이 논문에는 추가로 참조할 만한 과학적 자료가 많이 실려 있다.

8 Damon Young, "Why Swimming Is Sublime," *Guardian*, February 7, 2014.

2부. 건강

5. 치유의 물

1 Kate Stanton, "American Politicians Who Loved Skinnydipping," United Press International, August 20, 2012; Philip Hoare, review of *Downstream: A History and Celebration of Swimming the River Thames* by Caitlin Davies, *Guardian*, April 24, 2015.

2 Adee Braun, "The Historic Healing Power of the Beach," *Atlantic*, August 29, 2013.

3 W. Caleb McDaniel, "Spreading the News about Hydropathy: How Did Americans Learn to Stop Worrying and Trust the Water Cure?," paper presented at the annual meeting of the Society for Historians of the Early American Republic, Baltimore, MD, 2012, Rice University's Digital Scholarship archive.

4 *The Water-Cure Journal: Devoted to Physiology, Hydropathy, and the Laws of Life*의 기조는 "씻어서 치유하기Wash and Be Healed"였다. 1845년에서 1862년 사이에 출간되었고, 국제 심령술사 및 오컬트 간행물 보존 협회International Association for the Preservation of Spiritualist and Occult Periodicals에서 운영하는 온라인 데이터베이스에서 참조할 수 있다. http://www.iapsop.com/archive/materials/water-cure_journal/.

5 "The Water Cure," *Boston Medical and Surgical Journal* (published by *New England Journal of Medicine*) 35, no. 18 (December 2, 1846).

6 Russell Thacher Trall, *The Hydropathic Encyclopedia: A System of Hydropathy and Hygiene, in Eight Parts* (New York: Fowler and Wells, ca. 1851), 래드클리프 협회Raddiffe Institute의 슐레진저Schlesinger 도서관에서 참조할 수 있다.

7 Roger Charlier et al. "The Healing Sea: A Sustainable Coastal Ocean Resource: Thalassotherapy," *Journal of Coastal Health* 25, no. 4 (July 2009).

8 A. Trousseau, *Lectures on Clinical Medicine, Delivered at the Hotel-*

Dieu, Paris, vol. 35 (London: New Sydenham Society, 1868).

9   Jason Gelt, "Making Waves: The Benefits of Swimming on Aging Populations," *University of Texas Education Magazine*, June 2014; Markham Heid, "Why Swimming Is So Good For You," *Time*, March 2, 2017.

10 Mohammad Alkatan et al., "Improved Function and Reduced Pain after Swimming and Cycling Training in Patients with Osteoarthritis," *Journal of Rheumatology 43*, no. 3 (March 2016).

11 Melissa Hung, "To Swim Is to Endure: On Living with Chronic Pain," *Catapult Magazine*, April 17, 2017.

12 "Brady Press Briefing Room," The White House Museum, http://www. whitehousemuseum.org/west-wing/press-briefing-room.htm (April 13, 2019).

13 Troy Johnson, "We Hold the Rock: The Alcatraz Indian Occupation," National Park Service, www.nps.gov/alca/learn/historyculture/we-hold-the-rock.htm(마지막 업데이트 February 27, 2015); 이 장의 배경 정보는 주로 앨커트레즈섬의 역사와 문화에 관한 국립공원공단의 방대한 자료를 참조했다. Jerry Lewis Champion Jr.'s *The Fading Voices of Alcatraz* (Bloomington, IN: AuthorHouse, 2011).

14 로이 가드너Roy Gardner의 헬카트라즈Hellcatraz: 절망의 바위섬The Rock of Despair. 살아 있지만 죽은 자들의 묘지The Tomb of the Living Dead는 1939년에 자비로 출판되었다.

15 "Dummy Heads Used to Fool Guards During the 1962 Alcatraz Breakout to Be 3D Scanned by the FBI Amid Fears the Originals Are Decaying Quickly," *Daily Mail*, August 7, 2017.

16 "Girl, 17, Swims from Alcatraz: Crossing Easily Made by Soldier's Daughter," *San Francisco Bay Chronicle*, October 18, 1933.

6. 우리의 혈관에 흐르는 바닷물

"Acorn Worm Genome Reveals Gill Origins of Human Pharynx," *Science Daily*, November 19, 2015.

Natalie Angier, "The Wonders of Blood," *New York Times*, October 20, 2008; Burnside Foster, ed., *The St. Paul Medical Journal*, vol. 7 (Saint Paul, MN: Ramsey County Medical Society, 1905).

"Long, Cold Swim," *New York Times*, August 9, 1987.

린 콕스를 직접 만나 인터뷰했다. 콕스는 또한 2016년의 저서 Swimming in the Sink에서 연구 참가자로서의 경험을 시간순으로 기록했다.

Keating, William, "Arctic Swims." *Polar Record 24*, no. 148 (1988).

Rich Roberts, "Orange County Woman Swims Bering Strait," *Los Angeles Times*, August 8, 1987.

James Butcher, "Lewis Gordon Pugh—Polar Swimmer," *Lancet*, Medicine and Sport special issue, 366 (December 2005).

Hirofumi Tanaka et al., "Arterial Stiffness of Lifelong Japanese Female Pearl Divers," *American Journal of Physiology Regulatory, Integrative and Comparative Physiology 310* (March 2016), https://www.physiology.org/doi/pdf/10.1152/ajpregu.00048.2016; Laura Kiniry, "On the Job with Japan's Legendary Female Ama Divers," CNN, February 22, 2017.

Takeshi Matsui and Sho Onodera, "Cardiovascular Responses in Rest, Exercise, and Recovery Phases in Water Immersion," *Journal of Sports Medicine and Physical Fitness 2*, no. 4 (2013).

A. Mooventhan and L. Nivethitha, "Scientific Evidence-Based Effects of Hydropathy on Various Systems of the Body," *North American Journal of Medical Sciences 6*, no. 5 (May 2014).

P. Huttunen, L. Kokko, and V. Ylijukuri, "Winter Swimming Improves General Well-Being," *International Journal of Circumpolar Health 63*, no. 2 (2004).

12 Gretchen Reynolds, "How Body Type May Determine Runners' and Swimmers' Destinies," *New York Times*, August 14, 2018.

13 나는 신고 박사와 그의 연구에 관해 한참 대화를 나누었다. 그의 연구 간 행물에 관한 자세한 정보는 샌프란시스코의 캘리포니아대학교 웹사이트 https://profiles.ucsf.edu/shingo.kajimura#toc-id5에서 참조할 수 있다.

14 람 바카이가 튜멘에서의 경험을 기록한 글을 참조했다. "Done! Nothing Can Explain the Sense of Euphoria after Completing Such an Intimi-dating Challenge." *Siberian Times*, December 23, 2012, https://siberiantimes.com/sport/others/features/done-nothing-canexplain-the-sense-of-pride-and-euphoria-after-completing-suchan-intimidating-challenge/; 내가 직접 바카이와 통화해서 그의 수영과 국제얼음수영협회를 설립한 과정에 관해 들었다.

15 Paul Tough, "A Speck in the Sea," *New York Times Magazine*, January 2, 2014.

16 넉튼은 차가운 물 수영에 관한 논문 몇 편을 발표했다. https://www.researchgate.net/scientific-contributions/9800957_Thomas_J_Nuckton.

17 Beat Knechtle et al., "Ice Swimming and Changes in Body Core Temperature: A Case Study," *SpringerPlus*, August 5, 2015, https://doi.org/10.1186/s40064-015-1197-y.

7. 바다에서 경외감을 느끼다

1 Julia Baird, "Forget Calories. Exercise for Awe," *New York Times*, May 6, 2017.

2 Melanie Rudd et al., "Awe Expands People's Perception of Time, Alters Decision Making, and Enhances Well-Being," *Psychological Science*, August 10, 2012.

3 Gretchen Reynolds, "Why Deep Breathing May Keep Us Calm," *New York Times*, April 5, 2017; Katherine Ellen Foley, "Scientists Finally Understand Why Deep Breathing Physically Reduces Stress," *Quartz*, March 31, 2017.

4 Lidia Yuknavitch, "I Will Always Inhabit the Water," *Literary Hub*, April 12, 2017, https://lithub.com/lidia-yuknavitch-i-will-always-inhabit-the-water/.

5 "Americans' Participation in Outdoor Recreation," National Survey on Recreation and the Environment, USDA Forest Service, Recreation, Wilderness, and Demographics Trends Research Group, http://www.srs. fs.usda.gov/trends/Nsre/Rnd1t13weightrpt.pdf (accessed April 13, 2019).

6 *The Journals of Captain James Cook on his Voyages of Discovery, Volume III, Part One, The Voyage of the Resolution and Discovery, 1776-1780* (London: Cambridge University Press, 1967), Google Books, https://books.google.com/books?id=Ty4rDwAAQBAJ.

3부. 공동체

1 Alexander Smith, "Baghdad, Iraq, Is Hottest City in World with Temperatures at 120 Degrees," NBC News, July 31, 2015.

2 이 기간의 수영장과 바그다드에 대한 묘사는 바그다드 수영팀 회원들과의 인터뷰에서 나왔고, 지도와 사진과 뉴스 기사도 참조했다. 특히 도움이 된 자료는 William Langewiesche, "Welcome to the Green Zone" (*Atlantic*, November 2004), Yochi Dreazen, "In Baghdad's Green Zone, Echoes of U.S. Occupation (*Atlantic*, September 14, 2011)이다. 이라크에서 사진을 많이 찍은, *내셔널 지오그래픽*의 사진작가 데이비드 구텐펠더David Guttenfelder도 만나서 배경 지식을 얻었다.

3 Geoff Manaugh, "Saddam's Palaces: An Interview with Richard Mosse," *BLDGBLOG*, May 27, 2009, http://www.bldgblog.com/.

4 제이 테일러는 2009년 해외 자원봉사자를 위한 국무장관상을 받았다. https://www.aafsw.org/services/sosa/2009-winners.

8. 누가 수영을 하게 될까?

1 제프 월츠Jeff Wiltse의 저서 *Contested Waters* (Chapel Hill: University of North Carolina Press, 2007)와 제이 타일러와의 인터뷰에서 배경지식을 얻었다. 또한 정보를 얻은 그외 출처는 다음과 같다. Linda Poon's "Remembering Beaches as Battlegrounds for Civil Rights, *CityLab*, June 21, 2017, and the New York City Department of Parks and Recreation (https://www.nycgovparks. org/).

2 미국질병통제 예방센터와 미국수영재단의 2014년 연구 자료를 참조했다. 미국수영재단은 2017년에 멤피스 대학 건강 연구를 의뢰하여 수영 참여와 능숙함에 미치는 요인을 조사했다. Julie Gilchrist and Erin M. Parker, "Racial/Ethnic Disparities in Fatal Unintentional Drowning among Persons Aged ≤29 Years—United States, 1999–2010," *Morbidity and Mortality Weekly 63*, no. 19 (May 16, 2014), https://www.cdc.gov/ mmwr/preview/mmwrhtml/mm6319a2.htm; C. Irwin et al., "Factors Impacting Swimming Participation and Competence Quantitative Report," USA Swimming Foundation, May 31, 2017, www.usaswimming foundation.org/docs/librariesprovider1/mas/factors-impacting-swimming-participation-and-competence-finalquantitative-report-may-31-2017.pdf.

3 Steven Simon, "The Price of the Surge," *Foreign Affairs*, May/June 2008.

4 "A Chronology of English Swimming, c. 1750–1918," *International Journal of the History of Sport 24*, no. 5 (2007). 그밖에 NSS에 관한 다른 날짜와 세부 내용과 초창기의 수영클럽과 영국 수영의 주요 사건도 이 자료를 참조했다.

5 Harriet Martineau, *Health, Husbandry, and Handicraft* (London: Bradbury and Evans, 1861).

6 "Swimming and Gender in the Victorian World," *International Journal of the History of Sport 24*, no. 5 (2007).

7 "The Swimming of Witches: Indicium Aquae," The Foxearth and District

Local History Society, http://www.foxearth.org.uk/SwimmingOfWitches.
html (accessed April 13, 2019).

8 *Swimming Lesson* [사진], 1906, Hulton Archive, Getty Images, https://
www.gettyimages.fr/detail/photo/swimming-lesson-photo/HE3155-001.

9 이 통계치와 이 장의 다른 통계치는 세계보건기구 자료를 참조했다.
Global Report on Drowning: Preventing a Leading Killer, 2014, https://
www.who.int/violence_injury_prevention/global_report_drowning/en/.

10 Perry Klass, "Keeping Children Safe at the Beach or Pool," *New York
Times*, June 11, 2018.

10. 혼돈과 질서

1 세실리아 골딩Cecilia Golding과 닉 피네건Nick Finegan이 감독한 수영클럽*The
Swimming Club*(London: British Film Institute in association with Dazed Digital, 2016)은
런던의 트랜스젠더와 성소수자 수영 그룹에 관한 다큐멘터리고, 라라 스톨
먼Lara Stolman이 감독한 수영팀*Swim Team*(Brooklyn: Argot Pictures, 2017)은 뉴저
지의 자폐 스펙트럼 수영팀에 관한 다큐멘터리다.

4부. 경쟁

1 The Nature Conservancy, *A Landscape Risk Assessment Framework for
Salmon*, July 30, 2015, https://www.conservationgateway.org/Conserva
tionByGeography/NorthAmerica/UnitedStates/alaska/scak/Documents/
Landscape_Risk_Framework_July_2015.pdf.

2 Kira Gerwing and Timothy McDaniels, "Listening to the Salmon People:
Coastal First Nations' Objectives Regarding Salmon Aquaculture in British
Columbia," *Society and Natural Resources 19*, no. 3 (2006).

3 H. N. Couch, "Swimming among the Greeks and Barbarians," *Classical
Journal 29*, no. 8 (May 1934).

4　Herodotus, *Herodotus*, 윌리엄 벨로William Beloe가 그리스어를 번역한 판본 (Philadelphia: Thomas Wardle, 1839).

5　고대 무술과 초점이 군사 기술에서 운동경기로 선수로 옮겨간 과정에 관해 참조한 자료. 익명의 *The Science of Swimming* (New York, 1849), Stathis Avramidis의 "World Art on Swimming," *International Journal of Aquatic Research and Education* 5 (2011).

6　루이스 퓨를 직접 만나 북극 수영에 관한 그의 기록에 관해 인터뷰했다.

11. 첨벙첨벙 질주

1　대러 토레스를 만나서 수영선수로서의 오랜 경력과 특히 베이징 올림픽의 50미터 경기에 관해 길게 인터뷰했다. 베이징 올림픽 50미터 경기 영상은 다음 주소에서 볼 수 있다. http://www.youtube.com/watch?v=IJx FvVU0nso.

2　T. R. Henwood, S. Riek, and D. R. Taaffe, "Strength Versus Muscle Power-Specific Resistance Training in Community-Dwelling Older Adults," *Journals of Gerontology: Biological Sciences and Medical Sciences 63* (2008).

3　For FINA 50-meter-pool world records as of November 23, 2018, http://www.fina.org/sites/default/files/wr_50m_nov_23_2018.pdf.

4　이 장을 집필하며 참조한, 최초의 근대 올림픽에 관한 자료. Bill Mallon and Ture Widlund, *The 1896 Olympic Games: Results for All Competitors in All Events, with Commentary* (Jefferson, NC: McFarland, 1998); Olympic Studies Centre, *Aquatics: History of Swimming at the Olympic Games*, 국제올림픽위원회 참고 자료, March 2015, https://stillmed.olympic.org/AssetsDocs/OSC%20Section/pdf/QR_sports_summer/Sports_Olympiques_natation_eng.pdf.

5　Linda Borish, "Charlotte Epstein: 1884-1938," *Jewish Women's Archive Encyclopedia*, https://jwa.org/encyclopedia/article/Epstein-Charlotte

(accessed April 13, 2019). 국제 수영 명예의 전당도 참조. ishof.org/charlotte-
epstein-(usa).html.

6   Benjamin Marcus, Surfing: An Illustrated History of the Coolest Sport of
All Time (Minneapolis, MN: MVP Books, 2013).

7   에덜리에 관해 추가로 참조한 자료. Glenn Stout's Young Woman and the
Sea (New York: Houghton Mifflin Harcourt, 2009).

8   George Witte, "Freak Insurance Issued by Lloyd's," Springfield News-
Leader, July 25, 1926.

9   "Local Mermaids Favored for Titles," New York Times, January 30, 1927;
"Miss Epstein to Head Women's Swim Club," New York Times, November
14, 1928; "Intensive Preparations for Olympic Games Planned by Women's
Swimming Association," New York Times, November 28, 1931; "Back-
Stroke Record Broken by Kompa Sisters in 'Gertrude Ederle Day' Meet,"
New York Times, August 9, 1936; "Three Titles Won by Women's
Swimming Association Stars in A. A. U. Meet," New York Times, July 10,
1938.

10 국제우주정거장ISS은 시속 17,500마일 이상이나 초속 5마일 정도로 이동해
야 궤도에 머무를 수 있다. "Space Shuttle and International Space Station,"
Kennedy Space Center, http://www.nasa.gov/centers/kennedy/about/
information/shuttle_faq.html#14 (April 13, 2019).

11 벌새는 평균 초속 60에서 80비트로 날개짓한다(하지만 다이빙할 때는 폭발적
으로 빨라진다); "Photo Ark," National Geographic, https://www.nationalgeo
graphic.org/projects/photoark/[accessed April 13, 2019]); 눈을 깜박이는 시간은
10분의 1초다(Ben Mauk, "Why Do We Blink?," Live Science, October 24, 2012).

12. 암살자처럼 수영하는 방법

1   러데키의 코치 브루스 젬멜을 만나서 러데키가 워싱턴 포스트를 비롯한 여러
매체와 인터뷰한 내용에 관해 물었다(스탠퍼드대학교와 대리인을 통해 러데키에게

여러 번 인터뷰를 요청했지만 시간 제약을 이유로 이 책을 위한 인터뷰를 거절당했다).

2   Tim Layden, "After Rehabilitation, the Best of Michael Phelps May Lie Ahead," *Sports Illustrated*, November 5, 2015; Jon Fortt, "The 'Craziest' Thing Michael Phelps Did to Be the Greatest Swimmer of All Time," CNBC, March 5, 2017(펠프스의 대리인에게 인터뷰를 요청했지만 펠프스를 직접 인터뷰하지 못했다).

13. 상어와 피라미들

1   Dave Sheinin, "How Katie Ledecky Became Better at Swimming Than Anyone Is at Anything," *Washington Post*, June 24, 2016, 인터렉티브 그래픽스와 동영상 포함.

2   US Masters Swimming, https://www.usms.org (April 13, 2019).

14. 사무라이 영법

1   이 장의 배경 정보는 일본수영연맹과 일본 영법 전국위원회의 회원 다수와 일본 영법 수련자들과의 인터뷰에서 얻었다. 더불어 다음의 중요한 자료도 참조했다. *Swimming in Japan* (Tokyo: International Young Women and Children's Society, 1935); Matthew De George's *Pooling Talent: Swimming's Greatest Teams* (Lanham, MD: Rowman & Littlefield, 2014); Antony Cummins's *Samurai and Ninja: The Real Story Behind the Japanese Warrior Myth that Shatters the Bushido Mystique* (North Clarendon, VT: Tuttle Publishing, 2015). 참고한 학술 논문은 다음과 같다. Andreas Niehaus "Swimming into Memory: The Los Angeles Olympics (1932) as Japanese *lieu de mémoire*," *Sport in Society* 14, no. 4 (2011); Atsunori Matsui, Toshiaki Goya, and Hiroyasu Satake, "The History and Problem of Swimming Education in Japan," 2012년 5월 플로리다주 포트로더데일의 국제 수영 역사 심포지엄 및 필름 페스티벌에 제출된 논문. 이시비키 미도리가 직접 번역한 일본 영법에 관한 역사서를 소개해주었다. *Stories at Random about Japanese*

Swimming.

2 이시비키 미도리와 이마무라 마사키와의 인터뷰.

3 *Swimming in Japan* (Tokyo: International Young Women and Children's Society, 1935): 쓰루타가 일본 전통과 평영에 관해 쓴 글이다.

4 Marie Doezema, "The Murky History of the Butterfly Stroke," *New Yorker*, August 11, 2016.

5 스포츠 재팬Sports Japan은 이시비키 미도리가 소개한 방송이다. 다음의 주소에서 볼 수 있다. http://www.youtube.com/watch?v=WwDvJeP4WOg.

6 이시비키 미도리와의 인터뷰.

7 토니 쿤디는 이시비키 미도리의 소개로 만났다.

8 브랜든 앰브로시노Brandon Ambrosino가 데이먼 영을 인터뷰한 기사. "Exercise Can Make You More Thoughtful, Creative, and Ethical," *Vox*, February 12, 2015.

9 아츠히로 사와이가 사무라이 수영의 이상에 관해 설명한 글. "My Introduction to Bujutsu," 슈도칸 무술협회Shudokan Martial Arts Association 협회지 2005년 여름호, https://www.smaa-hq.com/articles.php?articleid=16.

5부. 몰입

1 Mihaly Csikszentmihalyi, *Flow: The Psychology of Optimal Experience* (New York: Harper & Row, 1990).

2 Merrell Noden, "Lord of the Waterways," *Sports Illustrated*, May 25, 1987.

3 Thomas Medwin, *Conversations of Lord Byron* (Princeton, NC: Princeton Legacy Library, 2015).

4 Jacques Barzun, "Byron and the Byronic," *Atlantic*, August 1953.

15. 종교의식

1 Robert Nideffer, "Getting into the Optimal Performance State," https://

www.epstais.com/articles/optimal.pdf (April 13, 2019).

2 이글먼이 관련 주제로 쓴 논문. "Does Time Really Slow Down during a Frightening Event?," Chess Stetson, Matthew P Fiesta 공저, *PLoS ONE 2*, no. 12 (2007).

3 Wallace Nichols, *Blue Mind* (New York: Little, Brown, 2014).

4 올리버 색스가 수영에 대한 평생의 사랑에 관해 쓴 글. "Water Babies," *New Yorker*, May 26, 1997.

5 "It's True: The Sound of Nature Helps Us Relax," *Science Daily*, March 30, 2017에서 커샌드러 굴드Cassandra Gould가 서식스대학교에서 진행한 새로운 연구를 소개한다. Laura Schiff and Hollis Kline, "Water's Wonders," *Psychology Today*, September 2001.

6 Albert Einstein, *The Travel Diaries of Albert Einstein* (Princeton, NJ: Princeton University Press, 2018).

7 맥신 쿠민의 웹사이트, https://maxinekumin.com, Poetry Foundation, https://www.poetryfoundation.org (accessed April 13, 2019).

16. 액체 상태

1 펠프스의 책, *No Limits: The Will to Succeed* (New York: Free Press, 2008), 앨런 에이브러햄슨Alan Abrahamson 공저.

2 빌 클린턴과 주디 우드러프Judy Woodruff의 인터뷰, "Bill Clinton's Advice for His Wife on Running for President: 'Get Healthy,'" PBS *NewsHour*, September 23, 2013, https://www.pbs.org/newshour/nation/bill-clintons-advice-forhis-wife-on-running-for-president-get-healthy.

17. 수영하는 사람이 수영하는 사람에게

1 Rebecca Solnit, *A Field Guide to Getting Lost* (New York: Viking Penguin, 2005).

추천의 글

- 대단한 작품이다. 앉은 자리에서 끝까지 읽었다. 나는 이 책을 사랑한다.

  _크리스토퍼 맥두걸Christopher McDougall, 《본 투 런Born to Run》 저자

- 매혹적인 책이다. 모험과 명상과 찬양으로 충만한 물에 관한 역작. 보니 추이가 수영에 관해 쓴 글을 읽는 것보다 더 나은 것은 직접 수영하는 것뿐이다. 둘 다 최고다.

  _수전 케이시Susan Casey, 《파도The Wave》 저자

- 실감 나는 저널리즘의 빛나는 사례다. 보기 드문 수작이고, 물의 경이로움과 물속에서 우리의 위치에 보내는 찬가다.

  _제임스 네스터James Nestor, 《깊은Deep》 저자

- 이 책은 사막 한복판에서 출토된 최초의 수영에 관한 기록에서 사라져가는 물의 사회, 바다 유목민의 이야기로 우리를 안내한다. 보니 추이는 이 책을 쓰기 위해 태어났다.

  _리베카 스클루트Rebecca Skloot, 《핸리에타 랙스의 불멸의 삶The Immortal Life of Henrietta Lacks》 저자

- 절묘한 책이다. 보니 추이는 세계에서 뛰어난 수영선수들에 관한 흥미로운 이야기와 뚜렷한 목적도 없이 물에 뛰어드는 것이 유인원에게 어떤 의미인지에 관한 심오한 성찰을 통합한다. 뛰어들어도 후회하지 않을 것이다.

  _칼 짐머Carl Zimmer, <뉴욕타임스>의 과학 칼럼니스트 · 《웃음이 닮았다She Has Her Mother's Laugh》 저자

- 물처럼 스며드는, 물처럼 시원한, 물처럼 깨끗한 글. 물이 주는 온갖 정화와 치유의 메시지로 가득한 책이다. 인간이 물에서 얻는 기쁨을 극대화하는 방법, 그것이 바로 수영이기 때문이다. 이 책을 읽으며 나는 수많은 두려움을 내려놓는다. 물을 무서워하는 나, 수영을 못 하는 나, '난 몸치라서 안 돼!'라는 자기혐오까지. 모든 두려움을 내려놓고, 이 책을 읽는 동안에는 에메랄드빛 지중해 어딘가에서 한가롭고 느긋하게 헤엄을 치며 온 세상을 다 가진 듯 뿌듯한 미소를 짓는 또 하나의 나를 만난다. 이 책을 통해 깨닫는다. 우리 마음속 깊은 곳에는 오래전 물과 너무도 가까웠던 원시인류, 물속에서도 얼마든지 살 수 있었던 최초의 기억이 분명 살아 숨쉬고 있음을. '수영'이란 인간과 물이 만들어내는 가장 아름다운 관계맺음이다.

  _ 정여울, 작가 · 《끝까지 쓰는 용기》 저자

- 오랜 시간, 물 앞에서의 내 모습을 미워해왔다. 그 안에서 느낄 두려움과 무능력함, 좌절감에 작아졌다. 나 같은 사람들에게 작가는 말한다. 수영은 내 몸과 물을 통제하는 일이 아닌, 물에 나를 맡기는 일로부터 시작한다고. 이 문장을 만나고 그가 쓴 모든 글이 삶에 관한 이야기로 읽힌다. 망망대해처럼 깊고 넓고 무한한 이야기를 통해 이 책이 전하는 핵심적인 메시지는 수영은 즐겁다는 것. 이 대목에서 또 한 번 무릎이 꿇리는 기분이다. 하지만 괜찮다. 이 한 권이 나에게 바다이자 수영장이 되었으니까. 수영을 못 하고, 배울 마음도 없던 내가 이렇게 빠져들어 읽게 될 줄 몰랐다. 다 읽고 나니 어느새 마음은 물에 들어갈 준비가 됐다. 이제 몸만 움직이면 된다.

  _ 김신회, 에세이스트 · 《아무튼, 여름》 저자

WHY
WE
SWIM